SALVAME A MI PRIMERO

200 FORMAS DE SOBREVIVIR
EN UN HOSPITAL

POR
JACKIE TORRES

JACKIE TORRES

SALVAME A MI PRIMERO
Título en inglés: SAVE ME FIRST
Autora: Jackie Torres
www.jackietorres.com
Diseño de portada: Mario Ramírez Reyes

© 2016, Torres, Jacqueline "Save me First" Library of Congress
© 2010, Torres, Jacqueline "The Violet Wall" Library of Congress
© 2008, Torres, Jacqueline "Miracle's Hospital" Library of Congress

Editorial Jakmar
P.O. Box 2771
Toluca Lake, CA 91602
jackietorresnet@gmail.com

Primera edición publicada: 2016
ISBN 978-0997627022
La reproducción no autorizada de este libro, parcial o totalmente por cualquier medio o procedimiento, está prohibida.
Hecho en EUA

INTRODUCCIÓN	4
COMO ENFRENTAR LAS EMERGENCIAS	7
COMO OPTIMIZAR LA EXPERIENCIA DEL PACIENTE	43
PREOCUPACIONES DEL PACIENTE	83
COMO SOBREVIVIR UN CUARTO DE HOSPITAL	123
EL ARTE DE LA CONVIVENCIA EN UN HOSPITAL	162
QUE EVITAR, QUE ACEPTAR Y QUE ENCONTRARÁS EN UN HOSPITAL	199
LO QUE TODO PACIENTE DEBE SABER	242
ENCUENTRA ALIADOS; LOS ENEMIGOS VENDRÁN SOLITOS.	278
QUE ESPERAR DURANTE LA REHABILITACIÓN	317
DOMINANDO EL ARTE DE SER PACIENTE	347

Introducción

LA ESTADÍA EN UN HOSPITAL es una experiencia no deseada por la mayoría de las personas pero es casi inevitable para todos, en algún momento de nuestras vidas. En mi caso, dicha emergencia llegó en la mañana del primero de octubre del 2006. En ese entonces me encontraba pintando una pared en mi hogar en North Hollywood, California. Dado a que la escalera que tenía era muy bajita, tuve la "brillante" idea de improvisar una mas alta, poniendo una madera con ruedas bajo la misma. Dejé que mi prisa y no mi intelecto dictara mi destino pues al tratar de alcanzar la parte superior de la pared, la escalera resbaló; se cayó de la madera con ruedas al piso, y yo caí con ella. ¿Que pensarán de mi los compañeros de escuela? Tanto diploma y ¿para qué? ¡Iba a morir de la manera mas tonta!

Mientras volaba por los aires rumbo al suelo, sentí que me movía en cámara lenta como si alguien me hubiese girado en el aire para que no cayera sobre mi espalda. Mi estómago aterrizó estrepitosamente sobre un pequeño tubo que tenía la pequeña escalera de sólo tres peldaños en la parte superior; no penetró mi piel pero sentía como si tocase mi espina dorsal. Me quedé sin aire; apenas podía respirar. Sabía que algo dentro de mi vientre estaba roto. Percibía el olor a muerte; mi espíritu sentía que estaba a punto de abandonar el cuerpo. Caminé lentamente a un sofá cercano, sintiendo un dolor inaguantable. Desde allí, traté de pedir ayuda pero sólo un murmullo salía de mis labios. Tenía que alcanzar la puerta; de lo contrario, nadie me escucharía. Me dirigí a ella, consciente de que cada paso podría ser mi último. Llegué casi sin aliento pero pude dejar la puerta abierta y pedí ayuda con la poquita voz que me quedaba. Varios minutos pasaron pero nadie escuchó; el usualmente ocupado pasillo estaba totalmente desierto. Mi esposo no estaba en casa; en ese momento estaba aterrizando en el aeropuerto de los Ángeles luego de haber estado trabajando fuera del estado por varios meses.

Mi intención era darle un agradable recibimiento con una sala de un nuevo color. Mi descuido, sin embargo, me puso al borde de la muerte y me trasladó a un hospital donde junto a mis familiares enfrenté las mas desafiantes situaciones. En múltiples ocasiones deseé contar con un manual que me guiase en torno a como enfrentar una estancia en el hospital con el menor número de tropiezos posibles. Como no encontré dichas instrucciones por escrito, me tocó vivirlas en carne propia y decidí recopilarlas y presentarlas en este libro para que quienes las lean puedan estar mejor orientados sobre que esperar de un hospital y como sobrevivirlo. Ojalá y este libro sea para ti el manual que no tuve y te evite grandes dolores de cabeza y hasta pueda salvarte la vida cuando las inevitables emergencias surjan.

Capítulo 1:
Como enfrentar las emergencias

1. El 911 responde rápido pero puede costarte una fortuna.

DESPUÉS DE VIVIR UNA VIDA RODEADA DE FAMILIA Y AMIGOS, no quería morir sola. En el peor de los casos, tenía que fallecer con alguien a mi lado, sosteniendo mi mano con un agarre firme, mostrándome que importaba que fui amada mientras viví en este planeta que sería extrañada. Para este entonces, estaba consciente de que quizás nadie escucharía mis clamores de ayuda. Consideré otra opción; podía llamar al 911, el número para emergencias en Estados Unidos. Mi teléfono celular estaba al alcance; sólo tenía que marcar tres números que podrían salvar mi vida.

Luego recordé: -¿quién pagará los $2000.00 dólares que corresponden al pago de la ambulancia, los policías, y bomberos que responden a una llamada discada a través del

911? No se para que tanta gente responde a una llamada del 911 pero así es California de ostentoso; todo se hace como en las películas. De sólo pensar en esos gastos, ni ganas le da a uno de quedarse entre los vivos. Si ya se, lo mas probable estás pensando que soy una avara. ¿Como escatimo en salvar mi propia vida? Pues te diré que antes, al igual que muchos, veía todo de la manera Americana: compre ahora, pague después, hasta un día en que los gastos subieron tanto que ya no había con que pagar después.

Estaba moribunda pero mi cerebro aun estaba consciente de mis deudas, primordialmente pagos a tarjetas de crédito, con intereses súbitamente incrementados por los bancos del 7 o 9 al 19 y 24 por ciento. No me quedaba presupuesto para pagar ni por el servicio del 911 ni por un plan médico que cubriera mis gastos. ¿Qué harían en una situación como esta los reyes y las reinas? Ya sé, llamarían a sus asesores reales.

2. Si un familiar o amigo te ayuda,
tus oportunidades de sobrevivir aumentan.

Eso era justo lo que necesitaba, una asesora real que me guiara en torno al curso a seguir. Recordé que mi amiga Elba había llamado minutos antes del accidente. ¿Quien mejor para ayudarme? Mi amiga fue empleada del hospital USC del Condado de los Ángeles por 33 años, así que seguramente estaba preparada para lidiar con este tipo de emergencias. Su diminuto cuerpo de apenas cinco pies, contrasta con el aplomo de su dominante personalidad. Tiene la misma edad de mi madre pero se comporta con la energía de alguien mucho menor. Tal y como los consejeros reales, siempre tiene una solución para todo, así que a ella acudí para que me ayudara.

El dolor me había dejado sin fuerzas para marcar un número telefónico completo pero con sólo presionar el botón de "talk" (hablar) tres veces, mi amiga estaría al otro lado de la línea. Tan pronto marqué, Elba respondió. Un sentimiento de alivio invadió todo mi ser y me apresuré a hablarle: -acabo de caerme. -Ven a ayudarme por favor. Le murmuré. Elba se rió; no me creyó. Supe que tenía que llamar su atención de forma mas contundente o no viviría para contarlo. -Ven rápido, me estoy muriendo. Le dije con el dramático tono de las novelas y mi melodrama surtió efecto de inmediato. Elba entendió y con la voz nerviosa de alguien a punto de llorar respondió: -voy para allá. Mi corazón parecía palpitar mas rápido; pronto llegaría mi salvación.

Luego colgué el auricular y oré silenciosamente. Este es el momento en que los creyentes oramos a lo que profesamos, el punto en que clamamos a la máxima fuerza espiritual, ya sea que le llamemos Dios, El Señor, Alá o cualquier otro nombre con el cual identifiquemos el origen de todo lo que existe. En mi caso, me puse en manos de Dios. Me encomendé a él con la fe de alguien que quiere vivir pero que reconoce su inhabilidad para detener la muerte. Al mismo tiempo, continué haciendo lo que podía para mantenerme con vida y consciente en lo que llegaba mi amiga, respirando tanto como mi adolorido pecho me permitía y tratando de no enfocarme en mi inaguantable dolor.

No pude evitar, sin embargo, pensar en consecuencias. ¿Y si muero? ¿De que tengo que ocuparme mientras aún estoy respirando? ¿Con que plan podrían mis familiares pagar por mi entierro? Si no tengo uno médico para mis días con vida, menos voy a tener uno para mis días de muerta. En este lado del mundo es caro vivir pero es mucho mas caro morir. Así que mejor me concentro en vivir. ¡Apúrate Elba; no tengo dinero para un entierro!

3. Busca soluciones; no pierdas tiempo en tenerte lástima.

El teléfono sonó; era Elba otra vez, quería decirme que había llamado a Manuel, un amigo mutuo que practica medicina alternativa. Curiosamente, Elba no le tiene mucha fe a sus remedios. Ella trabajó toda su vida en un hospital, quizás por ello piensa que la sanación efectiva es la que imparten los doctores. Por mi parte, soy amante de los remedios naturales y esta sería la primera solución que trataría. Quizás un buen masaje terapéutico de mi amigo Manuel es todo lo que necesito. Estaba ponderando esto, cuando mi amiga llegó. Se veía nerviosa. Había estado llorando. No era la persona fuerte que conocía.

Le dije que no llorara, que no se preocupara. Mi meta era no desperdiciar ni una onza de mis escasas reservas de energía en auto-lástima y esperaba que quienes me rodearan se comportaran igual. No poseía experiencia en estar al borde de la muerte pero si la tenía en producir y dirigir TV, películas y espectáculos teatrales. Ellos me habían enseñado que para hacer realidad cualquier meta, debe desarrollarse un plan de trabajo que sea seguido por un equipo. Mi plan era mantenerme viva; mi equipo estaba aun en proceso de selección. Para integrarse al mismo era imprescindible una actitud positiva. Mi amiga entendió y aunque aún estaba nerviosa, en segundos se transformó en la persona en control necesaria para encontrar soluciones.

-Manuel ya viene. Comentó Elba para animarme. Luego tomó mi mano y la acarició suavemente. Su cariño alimentaba mis esperanzas de sobrevivir. De repente, recordé que mi esposo Mario ya debería estar esperándome en el aeropuerto de Los Ángeles; bonito recibimiento le voy a dar después de no haberlo visto por tres meses. El ha estado trabajando en una película como actor, en Phoenix Arizona. Lo peor de todo es que si salgo con vida de esta, mi esposo desquitará su susto burlándose de mi todo el tiempo. ¿Alguna vez te has accidentado después de que alguien te advirtió que no hicieras lo que estabas haciendo?

Mi esposo no me advirtió pues no estaba conmigo pero tampoco sabía que pintaría la pared, así que lo mas probable me cuestionará por qué lo hice. No soy adivina pero predigo que la expresión "no hubieras" se escuchará en unos cuantos reclamos. Escuchar esas palabras luego de caerte, cortarte o simplemente accidentarte de alguna manera, casi te duele mas que la caída. -¿Estás bien? -¿Que quieres que haga? Preguntó Elba mientras acariciaba mi cabello. -¿Podrías buscar a Mario al aeropuerto? Le dije a mi amiga buscando solución. -El llega a casa hoy e iba a buscarlo. Mi amiga no vaciló y me dijo: -claro, sólo esperemos por Manuel y luego voy. Esa era la actitud que yo quería ver, la de los que encuentran soluciones. En minutos llegó Manuel, y Elba fue a buscar a Mario al aeropuerto.

4. En casos graves, los masajes deben evitarse hasta conocer la condición del paciente.

La especialidad de mi amigo Manuel es masajes terapéuticos y su querida Jackie necesitaba uno desesperadamente. Sin tener que pedírselo, él me dio un sutil masaje de reflexología que comenzó en mis pies. Instantáneamente, sentí la sanación caliente de sus manos pero lo que quería era que se apurara a darle un masaje a mi estómago; ahí era donde me dolía, no en mis pies.

Me percaté de que mi amigo no se daba prisa. Su toque era tan ligero, que parecía que tenía miedo de darme el masaje. No imaginaba que el breve sobo de mis pies, le había revelado que uno o mas órganos míos estaban en malas condiciones. Como lo supo, no sé. En algunas ocasiones, él me ha mostrado una ilustración de cómo se conectan los nervios de los pies con otras partes del cuerpo. Al parecer, al llegar a la parte central de mi pie y ver la reacción de dolor, supo que algún órgano ubicado en la región central de mi cuerpo estaba muy mal. Por eso mi amigo decidió, sin comunicármelo, esperar a ver mis Rayos X, antes de realizar un masaje mas completo. Que bueno que supo cuando parar. Si el orgullo lo hubiese guiado, quizás me hubiese malogrado mas. Otras personas que se dedican a la medicina natural no son tan prudentes y esto trabaja en contra del paciente, pues pierde valioso tiempo y dinero en remedios que no resolverán una emergencia.

Mi esperanza era que la medicina natural fuera suficiente para aliviarme y recibir a mi esposo en mejor condición pero tuve que cambiar mis planes. Ni modo, el recibimiento a mi marido en vez de consistir en una exótica cena donde le acompañaría con mis glamorosos zapatos de tacón, un traje bonito, prendas, y maquillaje contará en cambio con un apetitoso suero, una desteñida bata, y una estadía indefinida en un cuarto hospital.

5. Si la medicina alternativa no es suficiente, no vaciles en ir de inmediato al hospital.

Mi esposo llegó al aeropuerto de Los Ángeles, probablemente con la sonrisa de quién finalmente se reúne con su ser amado después de una larga separación. Una de nuestras costumbres como pareja era salir a comer a un buen restaurante luego de un viaje en avión, así nos daba la impresión de que la "buena vida" continuaba, aun después del viaje. Al fin llegó mi rey a su conmocionado reino pero su reina no pudo ir a recibirlo y le tocó a mi amiga Elba contarle lo sucedido. Desconozco lo que ella le dijo a Mario mientras manejaba rumbo a nuestro hogar pero a juzgar por el rostro de mi esposo cuando me vio, parece que le dijeron que me estaba muriendo. Y Mario, con justa razón, se veía pálido, como si estuviese viendo a la muerte en persona; parecía temeroso de perder a su esposa.

Para colmo, no sólo estaba su adorada Jackie en malas condiciones sino que la casa estaba "patas arriba". No era la glamorosa bienvenida que la reina había planeado; en vez de letrero de bienvenida había una pared a medio pintar, una bandeja, latas de pintura, periódicos, plásticos cubriendo el suelo, brochas regadas, y una escalera caída junto a una plataforma de madera con ruedas. Los globos de bienvenida brillaban por su ausencia, al igual que el ambiente festivo. Rápidamente mi esposo me divisó recostada en el sofá y se me acercó con cautela como si no quisiera hacer ningún movimiento que me malograra aun mas.

En otra ocasión, él hubiese hecho un chiste para alivianar la situación pero parecía demasiado preocupado para usar el buen humor que le caracteriza como comediante. Creo que me dio un beso en la mejilla pero no era el efusivo recibimiento que nos distinguía. El fue rápidamente a buscar una hierba que Javier, un naturópata amigo, le había recomendado a Manuel para que yo bebiese y así evitase una diabetes repentina por el susto. Sabía horrible pero bebí, convencida de que me ayudaría.

Hasta ahora, había tenido la esperanza de que mi accidente fuese algo con lo cual pudiese lidiar en mi propia casa. Ese ilusionado deseo había llegado a su fin. Luego de dos horas pasado el accidente, tenía que aceptar que no me estaba sintiendo mejor, que la posibilidad de morir aun era muy real, y que la medicina natural no sería suficiente para salvarme en este momento; necesitaba intervención médica drástica. -Llévame a tu hospital. Le dije a Elba. -Si alguien me va a salvar, van a ser ellos.

6. Los empleados de la sala de emergencia pueden parecer fríos, no lo tomes personal.

Entramos al estacionamiento de la sala de emergencias del Centro Médico USC, por una angosta calle reservada solamente para ambulancias. Molesto de ver a un auto no oficial en el área de vehículos de emergencias, un empleado del hospital exigió que nos moviéramos rápidamente. Todos acordamos que Elba entraría conmigo, pues pensábamos que así lograría una admisión mas rápida mientras Mario y Manuel movían sus vehículos, para estacionarlos en un área "legal", lejos del furioso empleado.

En el vestíbulo de la sala de emergencias mientras Elba explicaba lo acontecido a un empleado, otro me acostó en una cama y formuló preguntas básicas: nombre, edad, que había sucedido, que sentía. Adolorida, respondí todas las preguntas. Elba quería añadir mas información pero el empleado, el cual se comportaba mas como robot que como humano, no le hizo caso y empujó mi cama hacia otra área. A Elba no le fue permitido entrar; hasta ahí llegaron sus conexiones. No me quedó mas opción que entrar sola.

7. Las salas de emergencias de los hospitales públicos siempre están llenas a reventar.

Mientras entraba a la sala de emergencias, me sentí abrumada. Mas que un hospital, parecía una zona de combate, igualita a las que se ven en las películas; gente gritando con dolor, doctores corriendo a salvar a alguien, enfermeros empujado camas con pacientes llenos de tubos, sueros consistentes en substancias líquidas inyectadas directamente a las venas y equipo intimidante. Esta era, después de todo, la segunda sala de emergencias mas ocupada de la nación. Aparentemente, la mas visitada está en Nueva York pero no podía visualizar otra sala de emergencias con mas caos que esta, a menos que cuenten las de lugares en guerra. Habían personas con ataques al corazón, con heridas abiertas sangrando, con quemaduras de tercer y cuarto grado, gente que tenían que ser salvadas en ese instante o morirían y yo, así parecía, podía todavía esperar unos minutos.

Esto no lucía en nada como la sala de emergencias del programa de TV "ER", donde me había tocado trabajar en una ocasión como actriz. Esta era la realidad y era mucho mas espeluznante, ocupada y aterradora que el show de TV. No había actuación aquí; era la lucha entre la vida y la muerte, en vivo y a todo color. La sala era 100 veces mas ocupada que la que salía en la tele. Hasta aquí duró mi impresión de que la televisión exageraba el panorama de los hospitales. Ahora la verdad se asomaba y ponía todo en perspectiva. El empleado me dejó en una esquina, al lado de la puerta de un cuarto, donde estaba un anciano acostado con oxígeno puesto y otros equipos médicos pegados a su cuerpo.

La sala de emergencias estaba llena a reventar. Como dirían en mi país natal, Puerto Rico: -no hay cama pa' tanta gente. Si a esas vamos, ni cama ni espacio. Decir que esta sala estaba sobre poblada es un diminutivo. No había ningún cuarto o lugar vacío. Por eso, al igual que la mayoría de los otros pacientes, me tuve que conformar con el único rincón que el personal encontró para poner mi cama: en medio de un pequeño pasillo, junto a muchos otros pacientes. ¿Que dirían mis súbditos si me vieran en tan precarias condiciones? Supongo que las apariencias eran lo que menos importaban en este momento. Mi dolor era el que mas me preocupaba; era tan agudo que no podía contener las lágrimas. Hasta ahí llegó el hacerme la fuerte. No quería nada de melodrama pero no pude contenerme y lloré como una Magdalena. Eso sí, no hice ruido; la clase es lo último que se pierde. Ni a mi esposo ni a mis amigos los habían dejado entrar así que el llorar solita, sin audiencia, no era muy divertido.

8. Para que te atiendan, si tu gravedad no es evidente, debes llamar la atención de alguien.

Un asistente de enfermero que pasaba me vio y supliqué su socorro mientras agarré su mano. Ya no podía hablar pero mis ojos "gritaron" claramente: -ayúdame, estoy adolorida. El me miró con compasión y acarició mi mano. Mi corazón comenzó a latir otra vez. Este era el primer indicio de esperanza. Sujeté su mano, tal y como la persona mal herida se aferra a su posible salvador, con el agarre desesperado de alguien que teme una muerte cercana. El enfermero me miró tiernamente y luego de un fuerte apretón de manos, que parecía decirme que le importaba, me soltó.

Desesperada, traté de sujetarlo otra vez. No quería quedarme sola en medio de este doloroso lugar. Ya había pasado mas de una hora y él era el primero que me hacía caso. No lo podía dejar ir. En mi mente, este momento se sentía como los que habrán vivido muchos soldados en el campo de batalla; era el instante crucial en que el guerrero mal herido sería abandonado por sus amigos o por sus enemigos. Si las bombas no le matan, las aves de carroña lo harían. No estaba en mis planes el dejar que esas crueles aves me comieran viva, así que trate de agarrar la mano del enfermero, decidida a no contarme entre los muertos. Pero no podía moverme, ni siquiera una pulgada, así que no pude alcanzarlo.

9. No te darán nada para el dolor hasta que te hagan pruebas; aguanta, es por tu bien.

Tuve que aceptar mi destino. -Deje ver a quién puedo conseguir. Me dijo con ternura el asistente de enfermeros y se fue. Lo único que esta paciente quería era una inyección de medicina contra el dolor. ¿Por qué era esto tan difícil de conseguir en un hospital? Los doctores pasaban por mi lado pero por mas que trataba de llamar su atención, era como invisible para ellos. De repente, sentí mi cama moverse abruptamente. -Finalmente, algo de ayuda. Pensé. Las aves de rapiña no me comerían después de todo. Pero, para mi sorpresa, todo lo que vi fue a una asistente de enfermera

Asiática que estaba moviendo mi cama, para sacar a su paciente de la habitación contigua.

Como me encontraba situada en el pasillo, obstruía la entrada de dos cuartos. Como dice el dicho: -cuando naces para martillo, del cielo te caen los clavos. Me estaba sintiendo de la patada y en vez de ayudarme, esta enfermera me saca del camino como si fuese basura que había que remover. Durante lo que debió haber sido menos de quince minutos pero que se sentían como si fueran una hora por mi dolor, me movieron varias personas para atrás y para delante en el pasillo, para sacarme del medio. Supongo que si hubiese estado en buenas condiciones no me hubiesen molestado las vueltitas pero no sean malos, esto de mover mi cama de un lado para otro duele. No es carrusel. ¿Que no ven que estoy adolorida?

El espacio era escaso; nunca parecía aterrizar en un lugar "seguro". Cada movimiento repentino era una agonía total y los asistentes eran de todo, menos sutiles. Supongo que era porque esta paciente no lucía tan mal como los otros y porque no manifestaba mi dolor con quejidos; no sólo porque no tenía suficiente oxígeno para hacerlo sino porque además no quería comportarme como los enfermos ruidosos. Quizás por eso el personal pensaba que no me encontraba en tan mal estado.

De repente, el asistente de enfermeros que había visto no hacía mucho regresó. -Vas a entrar. Dijo. Sonreí. El también sonrió, consciente de lo que estas palabras significaban para alguien en mi condición. Mi dolor pronto se iría; aunque en ese instante no entendí porque no lo habían calmado con algún medicamento tan pronto llegué al hospital, descubrí mas tarde que no me dieron nada porque la ubicación de mis dolencias le revelaría a los doctores donde hacerme los exámenes. O sea, el tener dolor era malo para mi pero bueno para los doctores, les daría el lugar preciso de mis males.

Ajena a esta información, sentí un gran alivio cuando otro asistente de enfermeras suavemente empujó mi cama, para llevarme a la sala de cirugías. Una sutil sonrisa cubrió mi rostro. -Voy a lograrlo. Pensé una vez más mientras nos alejábamos de la desastrosa zona de combate y nos dirigíamos a tierras amigas, la sala de cirugías.

10. Los documentos que firmas determinan tu tratamiento; si no entiendes, pregunta.

Si en los pasillos reinaba el caos, en el cuarto de cirugías regía la calma. Era como entrar a un oasis, luego de haber cruzado un inhóspito desierto. Habían muchos doctores, hombres y mujeres, pero todos lucían en control, nada de gritos ni melodramas. Me trajeron a un cuarto con el equipo médico más sofisticado que había visto jamás, inmensa maquinaria que ni tenía idea para que era. Una enfermera con un tono de voz muy dulce se me acercó y me dijo: -¿que pasó? -Me caí de las escaleras mientras pintaba una pared en mi casa.

Respondí, mi voz ahora sólo un murmullo y rompí a llorar. Aquí va la Magdalena otra vez. -Va a estar bien. Me dijo con ternura la enfermera mientras tomaba mi mano. Luego cambió mi ropa y me limpió. Ni por casualidad me preguntó porque había pintura en mi vestimenta. ¡Que discreta! Igualita a tantas personas que conozco.

Inmediatamente, una doctora vino y al ver mis lágrimas exclamó: -no llores. -Nosotros te cuidaremos. Ay que alivio sentí. Esto es exactamente lo que quería escuchar. -¿Quién dará permiso para cualquier procedimiento? Otra enfermera preguntó. —Yo. Respondí sin vacilar. Rápidamente trajeron algunos papeles. En ese momento mi preocupación era deshacerme del dolor; no es el mejor instante para llenar papeles pero no te dan tratamiento hasta que los firmes. Los documentos son para definir que es aceptable y que no en el cuidado al paciente. Aquí se decide si el enfermo aceptará o no transfusiones de sangre, resucitación, o hasta vida artificial. No me sentía muy bien como para leer algo tan importante o siquiera entenderlo. Era como firmar un contrato de por vida, sin abogados o personas que te orienten. Pero para que me atendieran, tenía que expresar con mi firma lo que deseaba en mi tratamiento, así que recibí algo de orientación preguntando lo que significaba cada interrogante.

-¿Para qué es esto? Pregunté. Estaba moribunda pero no tonta. Quería cerciorarme de no firmar mi propia sentencia a muerte. -En caso de que necesite una transfusión de sangre;

firme si está de acuerdo. Me dijo la enfermera. Firmé. -¿Y esto? Continuó mi interrogatorio. -En caso de que necesite plasma. Aclaró la enfermera. Me urgía que me quitaran el dolor así que firmé todos los documentos, una vez me aclararon que significaba cada pregunta. Toma un poco mas de tiempo preguntar pero trabaja a favor del paciente y del hospital. Firmar papeles sin saber para que son, no es saludable para nadie.

Luego, varios doctores rodearon mi cama, cada uno con una expresión aún mas compasiva que el siguiente. Me sentí aliviada. -Estoy en sus manos ahora y Dios los puso ahí, así que se que estoy en buenas manos. Les dije conmovida por su atención. Todos los doctores sonrieron; creyesen o no en Dios, sabían que les estaba halagando. La buena química fue instantánea. La medicina para el dolor llegó o quizás fue la anestesia; a mi me importaba poco cual fuese, había sido finalmente liberada de mi inaguantable dolor y por fin podía descansar.

11. Hasta que le asignen un cuarto al paciente, alguien debe acompañarle.

Al mismo tiempo que el personal del hospital se preparaba para operarme, otro tipo de operación estaba sucediendo en los pasillos. Mario, mi esposo, estaba tratando de localizarme pero nadie parecía saber a que lugar su esposa

JACKIE TORRES

Jackie había sido trasladada. Por razones desconocidas para él, descubrir donde me tenían era cuesta arriba. Nadie parecía saber donde me encontraba. Para este entonces habían pasado 73 horas desde mi admisión al hospital y ya me habían dado medicamentos para el dolor pero Mario no sabía donde me habían puesto. El había estado a mi lado hacía sólo unos minutos y había salido a comer algo en la cafetería pero cuando regresó, ya me habían llevado a la sala de operaciones. Como nadie se quedó a mi lado en ese breve lapso, no había forma de que el personal notificara donde me habían llevado. Por ello es recomendable que alguien esté al lado del paciente en todo momento, hasta que le sea asignado un cuarto. Si ese alguien debe salir, es positivo que deje a otra persona al lado del paciente; sólo así conocerán su paradero en todo momento. Pero como nuestro matrimonio era primerizo en este tipo de emergencias, a mi esposo le tocó enfrentar la angustia de no conocer mi paradero.

Para Mario era inconcebible que hubiesen permitido que su esposa firmara papeles del hospital en su dopado estado. El rey había perdido el control de su reino. La reina había sido trasladada a otro lugar, sin su consentimiento. Por menos que eso, se hubiese declarado la guerra en tiempos antiguos. Pero este era otro reino y otros tiempos; aquí mi rey no tenía ningún poder. Debía esperar, como cualquier plebeyo, para encontrar respuestas a sus interrogantes.

Mario preguntó a los empleados de recepción y a todos los que encontró en los pasillos pero nadie parecía tener claro donde me habían llevado. Lo único que le indicaron, fue que preguntaron por algún familiar y como nadie respondió, fui trasladada a otro lugar. Para Mario esto era inaudito. ¿Como podría el rey proteger a su reina, si ni siquiera sabía donde estaba? Fue entonces cuando vio a un conserje Hispano y su mecha de estratega se encendió. Tenía un plan, me encontraría aunque tuviese que esconderse tras el bote de basura, para entrar a lugares donde las visitas no podían. Era una estrategia no muy glamorosa, definitivamente por debajo de su estirpe pero en batalla todo es válido.

El rey (Mario) le explicó al plebeyo (el conserje) su dilema y para su suerte, éste entendió su angustia y accedió a que Mario se escudara tras su basurero. Fue así como comenzó el fascinante viaje de "El Quijote" (Mario) y "Sancho Panza" (el conserje). Cada área que visitaban tenía su propio "encanto". No encontraron molinos con los que luchar como el Quijote pero se toparon con obstáculos aun mas peligrosos.

Su primer parada fue el piso 15, para cualquiera que desconozca el hospital, simplemente el piso mas alto; para los que si conocían el lugar como el conserje, el piso donde los reclusos de la prisión de la ciudad recibían tratamiento médico mientras varias cadenas restringían sus movimientos. ¡Ay mamá! Si a la reina la trajesen aquí, segurito que se muere más rápido. Aunque algunos de los prisioneros no lucían agresivos, gran parte de ellos se veían como matones a sueldo. Varios tenían múltiples tatuajes que los identificaban como pertenecientes a peligrosas pandillas. Casi todos tenían su cabeza rapada. La mayoría eran jóvenes y su aspecto era intimidante; muchos eran delincuentes responsables de robos y asesinatos. Todos los prisioneros tenían al menos dos policías monitoreando cada movimiento. Este era un lugar de gran tensión y Jackie ciertamente no estaría aquí, así que Mario y el conserje sólo vieron el lugar desde el ascensor y continuaron su travesía a otro piso que luciese mas amigable.

Pero en esta aventura los lugares seguros eran escasos. Si el piso 15 dejó a Mario sin palabras, pues el no esperaba que su esposa fuera atendida en un hospital que tenía presos convictos tan cerca, lo que vio en el próximo lo dejó boquiabierto. Era una morgue; perfecta para un film de terror, con cadáveres frescos en su tumba, digo, en cajones de aluminio o neveras. El respirar de Mario también sonaba tan acelerado como quién está aterrado. El nunca había pensado en ello. Lo último que uno quiere pensar, cuando lleva a un ser querido a un hospital, es sobre la posibilidad de que esa persona muera allí. Pero eso es precisamente lo que le sucede a muchos pacientes y este es el cuarto donde permanecen, hasta que los envían al lugar escogido por sus familiares para el entierro. Mario estaba conmocionado; no se atrevió a echarle un vistazo a los cadáveres y abandonó rápidamente el piso.

Fue entonces cuando el conserje le dijo a Mario que una joven recién iba a la sala de operaciones y era Hispana de cabello largo y baja estatura. Ambos pensaron que habían encontrado a Jackie y se dirigieron allá. El conserje entonces regresó a sus labores mientras Mario permaneció en el pasillo, viendo a través de un vitral a una dama que aparentemente era su esposa pero que se encontraba demasiado lejos como para poder ser distinguida por él. No le dejaron entrar a esa sala pero Mario permaneció divisando a la joven por largo rato. Lo que menos él esperaba era que su esposa estuviese en el pasillo opuesto; allí divisó a Jackie por casualidad, cuando él giró su rostro para seguir a unos 4 enfermeros que empujaban una cama hacia un elevador de personal cercano. La paciente era su amada esposa. Al verme, Mario quedó en shock; me encontraba irreconociblemente hinchada. La mayoría de mi rostro estaba cubierto por una máscara de oxígeno. Ya me habían operado y me estaban trasladando al cuarto de cuidado intensivo. La reina había aparecido pero el rey no sabía si celebrar o prepararse para lo peor.

12. No te desanimes por las máquinas en intensivo, intimidan pero salvan vidas.

Desesperado, mi Quijote emprendió su viaje por inesperados reinos una vez mas; Sancho Panza ya no le acompañaba, no hacía falta. En esta nueva aventura sólo era necesaria su Dulcinea. Para llegar a ella, sus temblorosas piernas recorrieron el pasillo que conducía hacia su esposa. Parecía una interminable travesía a los umbrales de la restringida sala de terapia intensiva. A pesar de apresurar su paso para llegar al ser amado, su acelerado caminar no lograba que entrase en calor por la fría temperatura del hospital. El olor a rosas o yerbas frescas que percibía en previas aventuras no estaba presente aquí; mas bien el fúnebre aroma a alcohol, medicamentos, y líquidos para limpieza, acompañados por el ruido de aparatos electrocardiógrafos, iban con él en su incierto recorrido.

Sus ojos examinaban cada cuarto que encontraba a su paso; en cada uno había un paciente en estado grave. Las maquinarias de aquellas habitaciones lo intimidaban mas que cualquier villano de sus aventuras previas; temía que su Jackie estuviese igualmente atrapada en las garras de esos fríos aparatos. Finalmente la encontró; estaba ubicada en el último cuarto del pasillo. El valiente espíritu de mi caballero andante se desplomó. La tristeza invadió todo su ser. Ahí estaba su amada, conectada a varias máquinas y con el abdomen abierto por un examen exploratorio. Un respirador artificial cubría la mitad de mi rostro. Estaba totalmente inconsciente. Mario sólo pudo permanecer a mi lado por 5 minutos. Las visitas eran restringidas para dar paso a mi cuidado intensivo.

Aunque los equipos y el delicado estado de los pacientes en la unidad de cuidado intensivo intimidaba, era un alivio saber que el trato médico que estaba recibiendo su esposa era de gran calidad. Mario estuvo entrando y saliendo de la habitación cuando se lo permitían, sin lograr verme despierta, hasta que ya no le fue permitido permanecer allí pues las horas de visita habían concluido. Su travesía ya no era decidida por su inquieta voluntad sino por un gigante con mas poder, el hospital. Debía partir; poner a su dama en manos de extraños y esperar que a su regreso, el próximo día, aun estuviese con vida y quizás un tierno beso de sus labios la despertara.

13. Te pondrán equipo que pensarás que te está matando; en realidad te estará salvando.

Cuando la bella durmiente, la cual no lucía tan hermosa en esta ocasión, despertó no fueron los labios de su amado los que le sacaron de su profundo y prolongado sueño. Un artefacto extraño, con forma de boca de pato y de un duro plástico que bruscamente rozó su boca, fue lo que le despertó. ¡Ay que forma tan poco romántica de regresar de un sueño! ¿Que es eso? Mi primer reflejo fue alejar esa cosa de mi rostro con mi mano, tal como se aleja a un mosquito o a una mosca pero el artefacto regresó rápidamente a mi. Una enfermera Asiática lo estaba sosteniendo para que no pudiese quitármelo. ¿Y esta, de donde salió? No nos han presentando y ya me está obligando a hacer algo que no quiero. Forcejeé para quitarme el artefacto; me daba la escalofriante sensación de estarme ahogando con aire. Pero la enfermera estaba mas fuerte que esta paciente. ¡Que abuso! Así no se vale pelear. ¿Que no ve que apenas tengo fuerzas para mantenerme con vida? ¿De donde voy a sacar las energías para defenderme?

Mi corazón estaba latiendo súper rápido: sentía que se me iba salir o que, peor aún, me iba a dar un paro cardíaco. Un fuerte golpe de aire azotó mi boca y nariz; su presión era como el de una manguera abierta. Nunca había sentido una corriente de aire tan grande en mi vida. Sientes que te asfixias y tu primer instinto es el de proteger tu vida quitándotelo. Un momentito, se supone que aquí salven a uno no que lo maten, o no le informaron a la enfermera o la contrató mi peor enemigo. Pero que mujer tan terca. ¿Que no ve mi desespero? La delgada mujer de desentendida mirada volvió a poner el extraño respirador en mi rostro. Y dale con la mata vivos, siquiera suavízame el momento amargo con una explicación. Ponte creativa, dame una buena razón para aceptar tu aparato. La enfermera ignoró mi inquietud, quizás porque no se la pude manifestar de forma hablada pero el manoteo desesperado de mis manos era bastante claro; no quería esa cosa en mi cara.

Creo que los grillos que se escuchaban fuera del hospital contestaron con mas atención a mi queja. ¿Con que esas tenemos? Si no hay bandera blanca, esto significa guerra. Mis brazos sirvieron de escudo para repeler el acercamiento de la intrusa y mis manos pudieron remover el artefacto mientras mis ojos se llenaban de lágrimas. -Eres malvada. Le dije a la enfermera. Estas palabras parece que le hirieron más que un arma pues ella inmediatamente salió con ojos llorosos contestando: -no soy malvada.

14. *El paciente está en una condición vulnerable; no discutas con él/ella.*

Mi esposo Mario y mi amiga Elba entraron. ¡En hora buena! Unos aliados vinieron a socorrerme de esta inesperada villana. -¿Que pasó? preguntó mi amiga. Con la elocuencia de una moribunda drogada le dije, como mejor pude, lo que había pasado. Con el entendimiento de quien te conoce bien ambos pudieron descifrar mis balbuceos e indignados por la molestia fueron a exigir un mejor trato para su ser querido. Si esta enfermera pensaba que no había quién me defendiese, ellos le demostrarían que estaba equivocada. Me sentía débil, sin aire, y adolorida. Estaba necesitada de mucha comprensión; quizás esa enfermera no me la podía dar pero al menos mi amiga y mi esposo estarían de mi lado. ¡Suerte guerreros! ¡Capturen a la soldado enemigo y sométanla a las reglas del nuevo régimen!

Minutos más tarde mi amiga y mi esposo regresaron. -Debería darte vergüenza. Dijeron. -Esa enfermera, según el doctor, es una de las mejores del hospital. -Ella sólo quería ayudarte. Añadieron entre los dos. ¿Escuché bien? Ahora resulta que la villana de la novela es la buena. Entonces quién soy yo ¿la malvada? Esas palabras, dichas en combinación por ambos mi amiga y mi esposo, sonaban como alta traición para mi. Alerta roja, hay dos desertores en mi batallón. En menos de cinco minutos esta extraña tenía mas credibilidad para mi amiga pero aún más importante, para mi esposo.

¿Y mi sentir qué; esa violenta sensación de estarme ahogando? ¿Le importó a alguien saber que experimentaba la paciente? ¿Que no saben ellos que el mundo gira alrededor mío en este momento? Si tienen razón o no, eso es lo de menos. ¿Le dirías a alguien que se quiere suicidar, lánzate del precipicio? Probablemente no pues sabes que lo haría. Pues este era mi precipicio. Estaba grave, me sentía vulnerable y totalmente inestable física, mental, y emocionalmente. Así que cuando mi esposo trató de añadir unas palabras en torno a como esa enfermera era un ángel y yo el demonio, exploté. -Esta es la segunda vez que me traicionas. Le dije a mi esposo. Soné tan trágica como la villana de una novela.

Mario se quedó sin palabras, algo no muy común en él pues siempre tiene algo que decir. Pero él sabía que estaba en problemas. No me refería a que él me hubiese sido infiel; estaba hablando de otro tipo de traición. En incontables ocasiones mi esposo ha tomado mi lado en todo tipo de asunto. Estuviese de acuerdo o no, a menudo ha encontrado la forma de abanderarse conmigo. También he hecho lo mismo por él, con igual frecuencia. Pero esta vez él hizo lo mismo que había hecho años atrás. Y este incidente volvió abrir aquella vieja herida.

15. Se cauteloso con los voluntarios, pueden ser la manzana de la discordia entre familias.

Recordé inmediatamente aquella ocasión en que mi esposo era el que se encontraba en una cama de hospital y una voluntaria femenina se le acercó. Mario estaba bastante enfermo y necesitaba descansar y la voluntaria comenzó a hablar sobre Dios y la salvación, en lo que para mi sonaba como un tono muy agresivo y nada relacionado al Todopoderoso. No vi con buenos ojos esta agresiva intrusión y le dejé saber a la voluntaria que mi esposo necesitaba descansar. Ella perdió los estribos y me catalogó como un demonio y sugirió a mi conyugue que él estaría mejor sin mi. ¿Qué es lo que ella acaba de decir? En vez de compartir el amor de Dios, esta "predicadora" está fomentando un divorcio. ¿Que no ha leído ella aquello de "lo que Dios ha unido, que no lo separe el hombre"?

No podía creer lo que había escuchado; estaba furiosa pero me mantuve calmada aun cuando el pensamiento de romper cada hueso en el cuerpo de aquella mujer se sentía como lo indicado a hacer. Para su suerte, esta civil no era lucifer como ella sugería así que no me defendí ni con violencia ni con malas palabras. Me amparé en algo mas "civilizado", el uso educado del diálogo. Con el tono filosófico tan ampliamente usado en las redes sociales, le expresé que ni siquiera estaba segura de que el infierno existía.

No le dije mi verdadero sentir, sólo quería desanimarla rápido para que se fuese cuanto antes. Casi siempre he sido bastante exitosa en librarme de personas no deseables así que pensé que mi táctica, consistente en una actitud de indiferencia acompañada por un léxico de rechazo, sería suficiente para librarme de la intrusa. Digo, después de todo, se supone que era una mujer de Dios y por ende no me ofendería mas de lo que ya había hecho y entendería que debía partir.

Que inocente fui, por no decir totalmente tonta, ni mis palabras apelaron a su sentido común ni mi esposo me secundó. El estaba probablemente sintiéndose tan vulnerable como me sentía ahora en el hospital así que en vez de decirle a la mujer que se fuese, lo cual probablemente hubiese sido lo correcto, le permitió quedarse y tuvo que ser su esposa la que abandonara el cuarto. Bonito cuadro; la intrusa es la que se queda y la dueña de la casa la que se tiene que ir.

Ahora los papeles se habían invertido y la esposa era la que estaba en una cama de hospital. Mario había hecho exactamente lo mismo que hizo años atrás, había tomado el lado de alguien mas que apenas había conocido antes de escuchar el punto de vista de su conyugue. ¡Aquí va a arder Troya! Entre los medicamentos y mi enojo no recuerdo si fui tan políticamente correcta como años atrás. Eso si, tomé la precaución de pedir que me dejaran sola. Quería darme tiempo para calmar mi furia, no fuese que los golpes que le tocaban a la voluntaria imprudente le tocaran a alguno de mis seres queridos, metafóricamente hablando, claro está.

16. Ser PACIENTE equivale a tolerar, aguantar, soportar.

Mi esposo y mi amiga se fueron. Tengo que darles crédito; ellos si reconocieron el tsunami antes de que arrasara con todo a su paso: mi cólera hubiese creado una catástrofe en mi ser regular. Pero ahora mi cuerpo no estaba en su condición óptima así que el seguir enojada no hacía nada de lógica. Por esto respiré profundo, tanto como mis adoloridos pulmones me permitieron. Ay como duele ¡y enojada mas! A los pocos minutos la enfermera regresó. Dios, creo que estás poniendo a prueba mi tolerancia y me estoy colgando solita. Tolerar: aguantar, soportar, resistir, sobrellevar; sabía lo que la palabra significaba pero ponerla en práctica era toda una hazaña. Supuse que si me oponía me iría peor así que me quedé callada y permití, con una calma poco común en mi, que la enfermera pusiera el horrible aparato sobre mi boca y nariz.

Imagino que esta es mi prueba de fuego para aprender a tolerar. Me sentía como la víctima, a la cual no le queda mas remedio que someterse a su verdugo. Afortunadamente, después de la tormenta viene el sol y el mío llegó en forma de una hermosa y esbelta joven enfermera que vino a socorrerme.

17. Aunque los tratamientos duelan, aguanta; a la larga te harán sentir mejor.

Si los humanos pudieran ser ángeles, seguramente se presentarían como se me apareció Michelle, una juvenil enfermera con rasgos Hispanos o Caucásicos, de dulce y melodiosa voz. Lentamente se me acercó. Lucía serena y tenía una sonrisa a flor de labios. Esta no parecía amenazante como la mata vivos, la enfermera anterior. Inmediatamente me sentí segura con ella. Eso fue, claro está, hasta que me mostró lo que tenía en sus manos. Era algo que lucía como ganchos de ropa, de alambre o de aluminio, cuando están en posición extendida. Ella me los mostró y me advirtió: -va a ser muy incómodo. Su relajante tono de voz fue suficiente para convencerme de aceptar tranquilamente el procedimiento. Después de todo, alguien con esa bella voz y presencia no me haría daño ¿verdad?

Un breve instante después, el doloroso e incómodo alambre, con un artefacto de metal en la punta, bajó lentamente por mi garganta, sin anestesia ni medicina para el dolor. Ay, ay , ay ¡eso duele! Era, sin lugar a dudas, el dolor físico mas grande que había experimentado en mi vida. ¡Quien me manda a confiar en voces dulces y apariencias inofensivas! Con razón las brujas de los cuentos comienzan siendo mujeres jóvenes, hermosas, y con voz angelical; tan pronto sucumbes a sus encantos, muestran su verdadero lado oscuro. ¡Ay si Blanca Nieves! Resultaste ser la bruja con la manzana o el alambre envenenado.

Pero no era mi intención quedar mal con la amorosa enfermera; después de todo, ella me había advertido. Pacientemente esperé hasta que el artefacto fuese removido, de la misma forma que las inyecciones son rápidamente sacadas. ¿Estoy pasando mi prueba, Diosito? Mira que tolerante estoy; ya pasó un minuto. OK, el artefacto sigue ahí. Ya cubrí mi cuota de tolerancia. ¡Que alguien me quite este alambre de la garganta! Abrí mis ojos tan ampliamente como pude para dejarle saber a la enfermera que era hora de removerlo. -Aún no, tiene que permanecer ahí. Me dijo. Lo primero que pensé fue ¡hija de tu mal vivir! Yo que pensaba que eras la buena de la película, puras villanas en esta historia.

Lloré desesperada y traté de hablar pero el artefacto no me lo permitía. Ah no, hablo porque hablo. Este cable o alambre no va a detener mi queja. Me las arreglé para decir algunas palabras mientras trataba de alcanzar el artefacto. -Sáquelo, me duele. Le dije. -Yo se. La enfermera respondió como si mi queja la tuviese sin cuidado y previniendo que mis manos removieran el alambre. -Pero tiene que quedarse ahí por un rato. Me dijo sin inmutarse. Reaccionó con la misma frialdad de la enfermera anterior, parece que las clonaron. Al principio muy cariñosa pero una vez logró lo que quería, no quiso complacer mis deseos. Aguanté porque no me quedó mas remedio. Con el tiempo, sin embargo, me percaté de que fue positivo el que hubiese tolerado. Ese tubo o alambre libró a mi garganta de recibir una traqueotomía, el procedimiento donde se corta la garganta para hacer un agujero que le permita a la persona respirar.

18. Si tratas de remover tu equipo, te atarán a la cama.

La Magdalena en mi salió a flote una vez mas pero esta vez con desespero. Lágrimas de frustración cubrían mis ojos mientras trataba, con la poca fuerza que tenía, de remover el respirador de mi boca o el alambre de mi garganta. Afortunadamente, como dice el dicho: -no hay mal que dure 100 años ni cuerpo que lo resista. Mi mal no duró tanto. El cansancio me venció lo suficiente como para no darme cuenta de que había sido atada a mi cama, para prevenir que removiera los artefactos que sentía me estaban matando y que, irónicamente, se usaban para mantenerme viva.

Y es que mi mente estaba inconsciente pero mi cuerpo no y mis manos constantemente trataban de remover los equipos. Me tuvieron que atar como si fuese un animalito. De alguna forma, me dio gusto haber quedado inconsciente durante el incidente; se me hubiese caído la cara de vergüenza si hubiese tenido que presenciar el que me ataran.

19. Harás muchas preguntas pero recibirás pocas respuestas; debes ser PACIENTE.

Más tarde, cuando recobré la conciencia y esos artefactos fueron removidos, le comenté a Michelle, la enfermera, cuan espeluznante había sido mi experiencia con ellos. -Ese tubo que baja a la garganta ¿qué hace? Pregunté. La enfermera titubeó un poco en su respuesta. Entonces continué: -porque si no hubiese controlado a mi corazón con mi mente me hubiese dado un ataque al corazón. Ay si, que conocedora; apenas acababa de llegar al hospital y ya era una experta en medicina y en control de la mente. Y como la enfermera no me decía nada, continué hablando con la sabiduría de los pacientes que de tanto visitar al médico se creen ya doctores, los mismos que se auto proclaman expertos en medicina sin estudiarla, doctora y experta en control mental con tan sólo un procedimiento médico.

-Ese tubo ha salvado muchas vidas. La enfermera dijo. Eso no respondió a mi pregunta así que traté de encontrar otra respuesta. -Y estoy segura que ha causado muchos ataques al corazón también. Dije con esperanza de obtener una respuesta que me diera mas información. La enfermera sólo sonrió, por ello decidí formular la pregunta de otra forma. -Sólo quiero saber si hay otra forma de lograr el mismo resultado sin un procedimiento tan doloroso y arriesgado; porque si un artefacto hace sentir al paciente tan mal que sólo quiere dejarse ir y morir, entonces quizás es el momento de encontrar otro medio para curarle. En ese instante verdaderamente buscaba mejorar las condiciones de tratamiento para los pacientes y por eso me atreví a opinar.

La enfermera escuchó mi inquietud atentamente; asumí que era porque raramente tenía una paciente que describiera lo que sentía con una elocuencia tan admirable. Este era un pensamiento mas feliz que reconocer que me escuchaba porque no le quedaba mas remedio. Continué haciéndole preguntas. No recuerdo haber recibido una respuesta concreta y no entendía porque recibía tantas evasivas. Mi post-grado universitario es en Comunicación Pública, lo cual significa que me encanta comunicarme. Creo que hasta añadí un tono sofisticado a mi interrogatorio para que la enfermera se percatara de mi educación. Asumí que estuve brillante y esperaba una aceptación, por parte de la enfermera, de que mis interrogantes eran valiosas y las discutiría con sus superiores.

La enfermera continuó sonriendo y sanando una herida abierta que tenía en mi estómago. Dicha herida era un agujero redondo donde cabía un vaso, a través del cual se veía el interior de mi barriga. Este hueco tenía que permanecer abierto con la ayuda de gasas para que los doctores pudieran tratar las múltiples infecciones que mi abdomen tenía. Michelle estaba curando esta herida mientras continué platicándole. Interpreté su sonrisa como la aceptación de que mi planteamiento estaba bien fundado y añadí: -creo que esta es una relación entre tres: el doctor, la enfermera, y el paciente. Exclamé y culminé con mi "jaque mate": -se debe escuchar a todos ellos, especialmente al paciente porque es quien está enfermo y experimentando dolor y verdaderamente creo que ese tubo que baja a la garganta le traumatiza demasiado. Caso cerrado, pensé.

Desconozco si mi "discurso" causó alguna impresión en la enfermera. Al menos lo saqué de mi sistema. Me encontraba exhausta y la tierna sonrisa y dedicado cuidado que recibí de esta empleada de la salud mientras curaba mis heridas y recargaba las medicinas que iban a mis venas, era todo lo que necesitaba para sentirme mejor. Si ella tenía una respuesta o no para mi, en torno a lo que el tubo hacía o no, no me fue revelado en ese momento. Comprendí que aunque tuviese miles de interrogantes, las respuestas llegarían en un momento no decidido por mi. Ahora debía simplemente confiar en quienes me cuidaban y esperar que sus decisiones fuesen las correctas. En ese momento me correspondía ser PACIENTE.

20. Motiva a los enfermos aunque estén inconscientes pues ellos te escuchan.

Ser PACIENTE no es fácil, en ninguno de los sentidos de esa palabra; conlleva espera, un concepto no muy apreciado por personas desesperadas como yo. El único momento en que la espera no me exasperó tanto fue cuando estuve inconsciente. Supongo que este era el momento para poner a prueba a mis seres queridos; la de mi esposo, por ejemplo, fue cuando me vio con el cable en la garganta. El estaba a mi lado en la unidad de cuidado intensivo y veía como me quedaba inconsciente. Imagino que la molestia del incidente con la enfermera mata vivos ya había pasado; Mario sólo mostraba tristeza en su rostro por mi mal estado físico.

Cuando me vio llorando, débil, y quejándome tenuemente de dolor me dijo: -no te puedes ir todavía; aquí hay gente que te quiere. El dolor se me hacía inaguantable. -Déjame ir. Murmuré y comencé a cerrar mis ojos hasta que mi esposo sólo podía ver la parte blanca de ellos. -No te puedes ir. Mario suplicaba. -Todavía tienes que hacer tus películas. En ese momento quedé inconsciente. Mario, nervioso, continuó hablándome; mencionó los nombres de tres libretos escritos por mi que aún no se habían realizado; los enumeró como si fuesen una lista de razones por las cuales debía permanecer entre los vivos.

Los seres humanos podemos escuchar a nuestros seres queridos aun cuando estamos inconscientes. Esto lo descubrí en ese momento. Mario debe haber insistido alto y claro porque aún cuando no recuerdo haberme dado por vencida y simplemente querer morir, yo sí tenía una clara memoria de haber repetido lo que él me había dicho mientras yo me encontraba en otro lugar.

Capítulo 2:

Como optimizar la experiencia del paciente

21. El paciente que alega haber estado en otra dimensión podría revelar valiosa información.

DEBO ACLARAR QUE quienes verdaderamente me conocen saben que nunca me atrevería a hablar de algo tan sagrado si no lo hubiese experimentado. De hecho, quienes creen en una fuerza espiritual mayor, independientemente de que religión profesen, saben que las consecuencias para cualquiera que invente algo, en torno a cuestiones sagradas, son tan terribles que se ha dicho, en muchas de ellas, que sería mejor para estas personas si nunca hubiesen nacido. Personalmente ni siquiera soñaría en retar esto. No lo digo para que creas lo mismo que profeso. Sólo espero que el saber como siento al respecto te muestre cuan importante es para mi decir la verdad en torno a mi experiencia en el otro lado, en el mundo espiritual al que muchos llaman cielo.

Si alguna vez algún paciente te dice que estuvo allí, no lo des por loco, drogado, o mentiroso. El paciente en estado grave es mas susceptible que los demás seres humanos. Si lo insultas u ofendes, se abstendrá de contar lo que le sucede. ¿Como vas a tratar algo si no sabes que existe? Por ello escucha a dichos pacientes; no tienes nada que perder y si mucha valiosa información que ganar. En el peor de los casos, estos datos te mantendrán al tanto de que motiva o a que le teme el paciente.

Esto es lo que vi en mi estado inconsciente: había un vasto espacio oscuro a mi alrededor pero lejos de hacerme sentir asustada, me relajaba. No me estoy refiriendo a un lugar que se pueda medir; hablo de un espacio tan grande que parecía infinito. Creo que relucían millones de estrellas en el cielo, si no mas; pero no puedo recordar claramente dado a que lo único que me importaba era el comunicarme con una luz que brillaba sobre mi. No me preguntes de donde obtuve la idea de que tenía que dialogar con este radiante rayo de luz que parecía venir de la parte superior del cielo, sólo sabía que tenía que hacerlo.

Se sentía como si estuviese programada para reaccionar a esta luz. Mi espíritu, alma, o como quieras llamarle a tu esencia espiritual sabía como reaccionar en este tipo de encuentro; conocía también con quién me reuniría y como debía comportarme. Mi junta sería con alguien merecedor de toda reverencia. Mi cuerpo físico inmediatamente asumió la posición de orar; mis rodillas estaban dobladas y mis brazos apoyados sobre un pequeño mueble de madera, como los que se usan para orar por muchas religiones alrededor del mundo. Inmediatamente junté mis manos para ponerme en oración. Hasta sabía que tenía que bajar mi cabeza, en señal de respeto hacía quien encontraría.

Me sentía como la única persona en el universo mientras la luz me alumbraba. Supe de inmediato que esta luz era Dios aun cuando no podía ver ningún rostro. No se como sabía esto, simplemente era de mi conocimiento. Este encuentro sucedería en esta "área de espera" para espíritus cuyo destino no se había decidido aun; al menos eso fue lo que deduje. Sabía que no estaba muerta. Una vez mas, no tengo ni idea de cómo lo sabía. Le doy crédito a mi alma por guiarme en que hacer pero en cuanto a mi concernía nunca había estado en este lugar. Eso fue lo que pensé entonces. Pero mas adelante recordé que esta era mi segunda vez en este sitio.

Tenía alrededor de siete años la primera vez que lo visité. En ese entonces hablé a la misma luz en mis sueños. Contrario a mi actual encuentro cuando tenía 7 años no visité el infinito espacio que parece noche. Mi reunión en la niñez sucedió en el patio trasero de la casa de mis padres; pienso que debió haber sido porque era una niña. La oscuridad asusta a los niños. Fue un encuentro muy vívido que recordé con detalle cuando desperté. En ese entonces abrí mis ojos ampliamente y me levanté con una sensación de urgencia.

En mi cuarto de la niñez dormía junto a mi hermana gemela y fue a ella a quién primero vi al despertar de mi sueño. Para mi el encuentro había sido real; por ello me sorprendió ver a mi hermana profundamente dormida. Pensé que no era posible para ella estar a mi lado y no haber sido despertada por la poderosa voz que vino de la luz y que en tono relajante me dijo: -eres buena pero para que te salves tienes que ayudar a otros a salvarse. Sabía, aun a tan corta edad, que quién me había hablado era Dios pero desconocía como lograr lo que me ordenaba.

22. Si quieres vivir, no te rindas mientras haya vida.

Muchos años después estaba ante la misma poderosa luz y a decir verdad no pensaba que había hecho lo suficiente para que otros se salvaran. Hora de ponerme a orar y pedirle a la luz que me de otra oportunidad para quedarme entre los vivos. Curiosamente repetí las mismas tareas que mi esposo me había dicho como las razones por las cuales se me debía permitir quedar en mi cuerpo y no morir aun. Adicional a los motivos que expuse, para que el Todopoderoso me permitiera permanecer en la tierra, le planteé que deseaba vivir no porque tuviese miedo a morir sino porque tenía metas que aun quería lograr en esta vida. -Que se haga tu voluntad que es también la mía. Dije en mis oraciones y espere con una paciencia, hasta ahora poco común en mi, por la respuesta de Dios.

No hubo contestación de arriba; sólo sentía una inmensa fuerza de amor abrazándome. Por mas que me concentré no sucedió nada mas, sobre natural o natural, que me mostrara una decisión en torno a si era mi momento de morir o no. Tenía que esperar; las exigencias de respuestas inmediatas parecen no funcionar en esta dimensión. Seguí orando en mi estado inconsciente, aferrándome con todo mi ser a la vida mientras en el lado consciente mi esposo seguía hablando tan alto como podía, tratando de traerme a mi estado consciente. Me encontraba en un lugar sin preocupaciones y mi esposo y amiga estaban en el caótico mundo de la vida y la muerte en un hospital. Me interesaba regresar a mi cuerpo porque estaba convencida de que mi misión en esta tierra aun no estaba completa pero al mismo tiempo me sentía súper cómoda en el otro lado. Allí no me dolía ni un hueso y si regresaba me dolería todo lo que se llama cuerpo, incluyendo partes que ni se como se llaman. Elba lloraba con tristeza, presintiendo que su amiga no sobreviviría. Yo no reaccionaba pero el equipo conectado a mi cuerpo le dejaba saber que aún estaba entre los vivos. Mi condición era muy seria; mi cirugía había revelado que el páncreas estaba severamente dañado y que mis pulmones no estaban trabajando adecuadamente.

Debido a que en el otro lado ninguno de estos achaques se sentían, de terca seguí pidiéndole a Dios que me dejara regresar a mi cuerpo. En lo que el Señor dilucidaba, mis doctores habían decidido remover líquidos que venían del páncreas a través de un tubo que limpiaría mi estómago de derrames indeseados de órganos dañados; dos tubos que sacarían los ahora peligrosos líquidos pancreáticos de mi cuerpo y un tubo de alimentación que llevaría una leche fortificada directo a mi estómago, sin pasar por mi boca; o sea que ni el sabor de la comida iba a poder disfrutar. Sabía que permanecer en mi cuerpo representaría una recuperación dolorosa pero era mi intención vivir y no me daría por vencida mientras tuviera vida. Si la muerte llega mas rápido a quienes la desean, conmigo tendría que ponerse en lista de espera pues no le daría razones para que me incluyera en su grupo.

23. Muchos pacientes temen que quienes le cuidan le hagan daño.

De repente salí del área de espera donde me encontraba inconsciente y al abrir mis ojos lo primero que vi fueron muchos aditamentos extraños pegados a mi cuerpo. Estaba de regreso en el hospital. Diosito me estaba dando permiso para quedarme otro rato en la tierra. Esto merecía una celebración. Traté de moverme pero no pude. Festejar no era posible en este cuerpecito malogrado; me dolía todo y casi no podía respirar, ni con la ayuda de un incómodo oxígeno que tenía puesto.

Supuse que era tarde en la noche pues no se escuchaban los ruidos que caracterizan a los hospitales durante el día. Miré a mi alrededor, tratando de reconocer el lugar y me percaté de que había una mujer durmiendo a mi lado; era la enfermera que acusé de ser malvada, la mata vivos, la misma que inicialmente me puso el oxígeno en la cara. Diosito, apenas acabo de llegar del otro lado y me pones al lado de esta mujer. ¿Qué no ves que me lleva la delantera porque se puede mover y yo no? Me entró un gran temor ¿qué tal si la enfermera me enviaba de vuelta al otro lado pero esta vez para que me quedara allí y no regresara al planeta tierra? Entre mi gravedad y los medicamentos me sentía tan vulnerable que temía que alguien me hiciese algún daño físico, especialmente si esa persona era la última a la que le había maltratado justo antes de caer inconsciente.

La fragilidad física de un paciente hace que tema que quienes le cuidan le hagan daño; por ello cuando vi a la mata vivos me alarmé. Me tocaba cambio de pañal y la empleada se me acercó. ¿Acaso me mataría con un pañal sin cambiar? La enfermera, ajena a mi paranoia, rápidamente buscó unas toallas de bebé, las cuales calentó en un micro-hondas. Me limpió con ellas suavemente y el calorcito del paño protegía mi piel del helado frío del cuarto. ¡Que culpable me sentí! Mi temor vislumbraba a una posible asesina cuando en realidad me estaba socorriendo, a pesar de que fui antipática con ella. Ella no era malvada, como le había llamado anteriormente; la enfermera sólo hacía su trabajo. Lo único que quizás pudo haber hecho diferente fue la forma en que se comunicó conmigo; si me hubiese advertido dulcemente sobre ese horrible respirador, no la hubiese percibido como una amenaza a mi vida pero como no me dijo nada, sólo forcejeó conmigo para mantener aquella horrible manguera de aire sobre mi cara, asumí que lo hacía de maldad.

Mientras la observaba cambiando mi pañal, sin quejarse ni una sola vez ni visual ni verbalmente, entendí que ella no quería hacerme daño. De repente el sentimiento de rabia que tenía hacia ella fue intercambiado por uno de admiración y gratitud. Nos miramos a los ojos con ternura y me atrevo a especular que ambas comprendimos lo que era estar en la posición de la otra.

*24. La mejor receta para el paciente es el amor
y apoyo de sus seres queridos.*

Al amanecer del próximo día desperté a una realidad mas feliz; mi madre y mi hermana gemela habían llegado desde Puerto Rico y Florida para estar conmigo. Mi mamá se llama Violeta; es una mujer guapa, alta, blanca, de ojos color ámbar, cabello corto rubio, y una maternal mirada que conmueve. Mi hermana se llama Janet y es atractiva (si digo lo contrario trabajo en mi contra pues es mi gemela) delgada, de baja estatura, de ojos oscuros y cabello corto color marrón con unos pocos rayos dorados. Su posición de ejecutiva moldea su gran seguridad en el mirar; sin embargo, mi presencia en tan mal estado en aquella cama de la sala intensiva derretía su actitud de negocios; allí ella era sólo mi tierna hermanita.

Por mi delicada condición las visitas eran limitadas a cinco minutos por cada hora. Si un familiar deseaba ver a cualquiera de los pacientes que estábamos en esta sala mas de una vez, tenía que esperar hasta la próxima hora cuando podría obtener otros 5 minutos. Mario, mi esposo, llevaba tres días sin dormir pues no quería dejar pasar ese breve tiempo al que tenía derecho por cada hora.

Violeta y Janet apenas se estaban integrando a esta rutina y dedicaron esa primer visita a reafirmar cuanto me querían, como iban a estar a mi lado hasta que mejorara, y cuanta gente estaba orando por mi rápida recuperación. Ninguna me llamó la atención por haberme trepado a la escalera, o por el reguero que dejé en la casa, o por ninguna otra cosa. Se dedicaron mas bien a comunicarme cuan importante era para ellas, para el mundo, y cuanto era necesaria mi presencia aquí. Así sí dan ganas de quedarse entre los vivos, con alguien que te recuerde sólo las cosas buenas y que no te echen en cara nada negativo ni por casualidad; sus palabras de amor y apoyo eran mas efectivas que cualquier medicina.

25. Un hospital público tratará tu condición con igual o mayor pericia que uno privado.

Justo a los cinco minutos una enfermera llegó para inyectarme medicamentos. Mi madre y mi hermana sabían que tenían que partir. También estaban exhaustas de su largo viaje. Dijeron adiós con la promesa de regresar al día siguiente. Todo parecía tan color de rosa con la presencia de mi mami y mi gemela en el hospital que no pasó por mi mente el que tuviesen alguna preocupación. Sin embargo, tenían muchas aunque nunca me lo manifestaron. Ninguna de las dos sabía que me encontraba tan grave y no estuvieron conformes con la decisión de mi esposo de esperar varios días para decirles de mi accidente. Ellas sentían, con justa razón, que tenían igual derecho de estar envueltas en el proceso desde el inicio.

Janet también estaba preocupada con la selección del hospital. No esperaba que me estuviesen atendiendo en uno público y tan atestado de personas. Si la selección hubiese sido de ella, me estaría quedando en el mejor cuarto de un hospital privado; ella no hubiese escatimado en mi cuidado. Mi punto de vista era otro; en primera instancia, un hospital público ofrecía la tranquilidad económica que necesitaba. No era mi interés acrecentar mi estrés con la sustanciosa carga de gastos adicionales que se incurren en muchos hospitales privados.

Pero mas allá de las razones monetarias, mi sentir era que aquí tenía mas oportunidades de sobrevivir. Mientras doctores amigos le habían comentado a mis familiares que nunca habían escuchado de un caso como el mío, en este hospital habían tratado a uno similar. Aquí atienden a tantas personas con múltiples condiciones difíciles diariamente que me atrevo a decir que tienen mas práctica que otros hospitales mas lujosos. Además tienen mas maquinaria que uno privado. Era mi convicción que este hospital público tenía tanta o mas pericia que cualquiera de los mas costosos para salvarme.

26. Brinda caras alegres a los pacientes; las tristes les preocupan o les irrita.

Cada miembro de mi familia tenía una posición distinta en torno a como y donde debía ser atendida. Los lazos familiares se pondrían a prueba como nunca antes; había choque de personalidades, culturas, y sexo (en mi familia inmediata todas son mujeres excepto mi esposo, el único hombre). Mis familiares debían manejar esas diferencias a manera de que no afectaran mi recuperación. Mi madre y mi hermana exhibían una gran sonrisa y por ello mi interpretación era que no habían problemas. Mi esposo, sin embargo, no mostraba la cara súper contenta que portaban mi mami y mi hermana. Quizás era porque no había dormido en varios días o porque tuvo que encargarse de todo el desastre heredado por mi accidente; lo cierto es que exhibía un rostro de tristeza que no me gustaba ni un poquito y hasta me irritaba.

No estaba al tanto del caos que mi imprudencia había causado. El dolor y gran malestar que estaba experimentando hacía que sólo me enfocara en mi condición; por ello no entendía la cara de sufrimiento de mi esposo. Si la que estaba en cama era su esposa ¿por qué era mi media naranja quién lucía en peor condición? Por lo general, Mario exhibe un humor de primera; es comediante y siempre tiene un chiste o forma graciosa de reaccionar a todo. A ese era el esposo que quería a mi lado, no a este impostor que parece sacado de una novela trágica. Dicen que el amor todo lo puede; esta era una buena situación para poner esa premisa a prueba. Aquí sobraba el amor, el desafío era manifestarlo de tal manera que no afectara mi recuperación. Por suerte me sentía tan contenta con la llegada de mi familia que al otro día me levanté con mi primer mejoría desde que había sido admitida al hospital.

27. Un paciente que piensa en lo espiritual
se concentrará menos en su gravedad física.

Eran apenas las cinco y treinta de la mañana pero para mi que prácticamente no había podido dormir por no poder respirar bien y sentirme tan mal, era tardísimo. Con expectativa miraba al aun brumoso cielo, loca por ver los primeros rayos del sol y poder junto a ellos comenzar mi día. Cuando finalmente aparecieron y empezaron a calentar la ventana frente a mi, sentí algo de alivio pero al mismo tiempo estaba súper inquieta; tenía la sensación de que Dios mostraría algo grande al mundo a través de mi y no tenía idea de que.

No se si mi angustia por sentirme en tan mal estado físico provocaba que mi mente tuviera la necesidad de concentrarse en asuntos espirituales. Lo cierto es que de alguna inexplicable manera mi deseo de aferrarme al plano espiritual era mayor que el de pensar en mi extenuante dolor; mientras mas fuerte se hacía, mas mi mente pensaba en temas como vida después de la muerte. Deduje que mi alma quería que me preparara, en caso de que me tocase dejar el mundo físico para reintegrarme al espiritual.

El primer doctor que me vio esa mañana fue Jeremy. Su amable sonrisa iba perfecta con sus bellos rasgos físicos; era rubio, alto, y con ojos verdes ¿o eran azules? ¿Acaso audicionan a estos guapos doctores? Mi salud era delicada pero esto no evitaba que me sintiese feliz al abrir los ojos y ver tan hermoso espectáculo visual. Este médico era el mas joven de su grupo y por lo regular era el primero en llegar. Me preguntó como me sentía con el tono optimista le caracterizaba y le respondí que estaba ansiosa.

Todo el cuerpo me temblaba y aunque desconocía por qué, no me quedaban dudas de que no era por la presencia del doctor. Descubrí lo que me tenía tan inquieta luego de que Jeremy formuló otra interrogante: -¿por qué estás ansiosa?

Entonces, como por arte de magia, mi mente supo la respuesta: -porque hoy es el día de Dios. ¿Que quise decir con eso? Ni yo misma sabía. Las palabras salieron de mis labios pero ignoraba como habían llegado allí. El doctor me sonrió. En California, en el mundo "normal," el sólo hecho de mencionar la palabra DIOS puede ser tan peligroso como encender fuego en un cuarto lleno de dinamita. No me refiero a que la gente no crea en Dios sino a que hay tanta variedad de religiones e instituciones espirituales que manifestar la personal puede ser la mecha que encienda un desagradable enfrentamiento.

Afortunadamente, me encontraba frente a un doctor, lo cual significaba que allí había una persona que por sus años de educación y entrenamiento dominaba el arte de no mostrar sus puntos de vista personales. En vez de esto, el sólo sonreía y mi interpretación de ese dulce gesto era que a él le importaba mi bienestar lo suficiente como para no contradecirme. En mi caso también tenía muchos años de educación pero no me encontraba ni remotamente cerca al punto de prudencia de este doctor. Por ello me era normal expresar abiertamente mi espiritualidad. Lo cierto es que mi deseo de enfocarme en materias espirituales hacía que le dedicara mucho menos tiempo a pensar en mi dolor físico.

28. Cada aparato removido representa un gran logro para el paciente.

El tiempo que llevaba en este hospital me había enseñado a no tratar de abundar en temas espirituales con los doctores pues ninguno continuaba la plática; por ello optaba por hablarles sobre mi condición física. Quería que me removiesen el tanque de oxígeno; me molestaban las mangueritas plásticas en los huecos de mi nariz. Ya me habían quitado el respirador en forma de pato que me hacía sentir como si me ahogara con aire. También me habían librado del tubo que raspaba dolorosamente la garganta, cortesía de Blanca Nieves, quiero decir Michelle, la enfermera de voz dulce con no tan dulces intenciones. ¡Ay que alivio era poder tragar, aunque fuese saliva, sin sentir ese horrible sabor a metal en mi boca! Mi plan en esta ocasión era usar mi ternura femenina para desarmar la coraza masculina del doctor y lograr que removiese esos tubitos de mi nariz.

Con la mas dulce de las voces y la actitud mas inocente que pude encontrar le dije a Jeremy: -¿podrías remover mi oxígeno por favor? -Ya no lo necesito. Le hablé con dulzura pero con un toque de la arrogancia del paciente que ya se siente sanado. -¿Removerlo? El joven doctor no estaba seguro de haber escuchado bien. –Si, por favor, me duele y no lo necesito más. Reiteré con voz sutil de súplica y una tierna mirada que conmovía tanto como el gato con botas en los dibujos animados de Shrek. -Deja ver que puedo hacer. Respondió el doctor mientras salió del cuarto.

Que alegría tan grande sentí cuando un enfermero vino y removió mi oxígeno, pocos minutos después de haberle hecho la solicitud al médico: "pedid y se os dará". Cuanta sabiduría hay en dichas palabras. Una máscara y un cable menos restringían mis movimientos y esto significaba que me estaba poniendo mejor. Además era una gran motivación para mi el poderme mostrar a mis seres queridos sin aparatos en la cara; el ver a quien uno ama con tanta maquinaria asusta. Apenas puedo esperar a ver que cara pondrán.

29. La morfina inicialmente te hará sentir "feliz".

Cuando mis familiares llegaron, inmediatamente se les dibujaron grandes sonrisas en sus rostros. Pensé que esto de que me hubiesen quitado las máquinas había sido todo un éxito. No me percaté de que les estaba causando gracia algo mas. Resulta que luego de que unos empleados me quitaron el oxígeno me dieron otro aparato para remover la flema que expulsaba mi cuerpo a través de mi boca; tenía un aspecto similar al instrumento que usan los dentistas para succionar los líquidos indeseados de los pacientes. Con cautela lo traté y con gran gusto descubrí que usarlo no incomodaba en lo absoluto; removía las flemas que venían del pecho y evitaba que me ahogara con ellas.

Me sentía tan contenta utilizándolo; el aparato era alargado y delgado y cuando lo introducía en mi boca lucía como las pipas de fumar al estilo de las estrellas del cine antiguo. Ay si, la Marlene Dietrich con su pipa. Nunca había fumado, quizás por ello mis familiares se rieron cuando me vieron. Tampoco encuentro los cigarrillos glamorosos pero al igual que muchas otras personas asocio las pipas de fumar con las actrices famosas de los 40's y los 50's. Para completar el tan abstracto cuadro de mi "glamorosa fumadera", estaba bastante dopada porque durante la noche me habían inyectado morfina para ayudarme a combatir el dolor. Al parecer, finalmente la medicina estaba surtiendo efecto y según avanzaba la mañana me sentía mas y mas "alegre". No tenía ni idea de que la morfina era la que estaba provocando mi inusitada "felicidad". Nunca había estado tan medicada en mi vida así que ni por la mente me pasó que este era el primer efecto de una droga para el dolor. Lo cierto es que comencé a comportarme y a hablar mas raro de lo normal.

No me percataba de que aun cuando daba unos impresionantes discursos no era el momento mas adecuado para darlos. ¿Sería porque en ese instante me estaban cambiando el pañal? Mis parientes estaban muy sonrientes, y yo estaba convencida de que mi discurso estaba sonando entretenido y gracioso. Bueno, al menos fueron decentes y me dejaron creer que mis sabias palabras eran las que los tenían tan atentos. Pero como en mi mente estaba convencida de que mis discursos eran todo un éxito, busqué una audiencia mas amplia. Mi primer espectador sería el primer doctor o enfermero que entrara a mi habitación.

30. Tomar un té de hierbas amargas podría evitarte una diabetes.

El doctor vino a verme una vez más. Ni modo, a él le tocaría disfrutar mi "recién estrenada" sabiduría. El médico había regresado porque quería mostrarme los resultados de varios exámenes. Parecía satisfecho; esta paciente había respondido favorablemente a la operación. La primera batalla contra los devastadores resultados de mi accidente había sido ganada. Además de estar viva (el resultado positivo mas evidente) no mostraba síntomas de diabetes aún cuando mi páncreas estaba totalmente partido a la mitad.

Si usted desconoce en que se relacionan el páncreas y la diabetes, no se preocupe; la mayoría de las personas, incluyéndome, no tenemos idea. Si sabe cual es la relación entre el páncreas y la diabetes, felicidades, puede saltarse la próxima oración ya que sabe algo que a mi me tocó aprender gracias a un incómodo accidente. Lo que me explicaron en el hospital, no se si fue el doctor, alguna enfermera, o si lo busqué en el Internet, o le pregunté a todo el que encontré, o la suma de todas las anteriores fue que el páncreas produce enzimas y hormonas que procesan todo lo que uno come. Una de esas hormonas es la insulina que a su vez controla la diabetes.

Por supuesto, esto lo aprendí después del accidente; antes me hubiesen preguntado qué es el páncreas y lo máximo que hubiese podido decir era que es un órgano del cuerpo. Pues resulta que mi preciado órgano llamado páncreas conservaba, para mi suerte, su capacidad para crear insulina. La doctora que me atendió en esa ocasión se molestó con un enfermero que había olvidado inyectarme con una medicina para evitar diabetes repentina. Afortunadamente, la hierba que me habían dado mis amigos antes de salir al hospital era para evitar una diabetes. Se llama Fenogreco y es para bajar el nivel de glucosa en la sangre sin medicamentos. Gracias a mis amigos no desarrollé la enfermedad. Me gustaba la idea de no haber desarrollado diabetes pues de chica había visto a mi abuela sufrir mucho con dicha condición pero no tenía idea de cuan afortunada era. Me hicieron la prueba de diabetes dos veces; el doctor no creía que fuese posible que no la hubiese desarrollado. Dado a que mi páncreas había quedado partido a la mitad, era prácticamente imposible que pudiera ejercer sus funciones a cabalidad. De hecho, cuando me comenzaron a alimentar a través de un tubo, lo hicieron pues estaban convencidos de que el páncreas no podía hacer su trabajo en dicho estado.

Este órgano, cuya relevancia era desconocida para mi, de repente adquirió una importancia inmensa; mas aun cuando me dejaron saber que contrario a órganos tales como el hígado, el páncreas no se regenera. Ay mamá, que significa eso ¿tengo o no tengo arreglo?

31. Los medicamentos crean problemas de concentración y memoria a los pacientes.

–¿Como nos estamos sintiendo ahora? El doctor me hizo aterrizar con su pregunta. –Grandiosamente. Respondí, sin embargo me sentía muy inquieta porque no podía concentrarme; mis pensamientos carecían de orden y esto me causaba gran ansiedad. -Que Dios te bendiga Jeremy. Le dije al doctor mientras él me observaba con una sonrisa; ni mi falta de concentración me hacía olvidar agradecerle lo que estaban haciendo por mi. -Me siento bien. Continué conversándole. -De hecho, fui curada desde el día número dos. -Dios me dijo. Le aseguré al doctor. ¿De donde habré sacado ese número? No tenía idea pero deduje que mi mente estaba tratando de recordar algo que El Todopoderoso me había revelado cuando estuve en el otro lado pero mi memoria estaba en blanco y desconocía por qué.

-¿De veras? Exclamó el doctor y sus palabras me hicieron aterrizar otra vez en el hospital. El siempre tan prudente y aparentemente interesado en lo que su paciente tenía que decir. -Por supuesto. Respondí. -Pero nadie me cree. Esto lo comenté porque le había dicho a mi familia pero como ninguno, fuera de mi santa madre, me había manifestado su euforia por tan pronta sanación (dos días para sanar de un páncreas partido es un tiempo record) pensaba que simplemente no me creían. Me creyeran o no estaba segura de que mientras estaba inconsciente Dios me había dado una misión específica que cumplir. Enfocarme en esta misión era lo mas importante. No podía recordar cual era mi misión pero estaba convencida de que Dios me aclararía, en ese día, lo que estaba supuesta a hacer por él en mi adolorido cuerpo.

32. El examen de estado mental, realizado por doctores, determina opciones de tratamiento.

El doctor respondió a mi "hallazgo" con una pregunta. Que inteligente el muchachito; si no tienes una respuesta, formula otra interrogante y quizás obtengas la contestación que necesitas. Sencillo pero simplemente ¡brillante!   -¿Donde estás? Me cuestionó. Ya me habían hecho este tipo de preguntas varias veces en el hospital. Sabía lo que venía, una serie de interrogantes que los doctores formulan para cerciorarse de que su paciente esta consciente y dentro de la "realidad". Al menos esa era mi impresión en ese momento. Estaba convencida de que estas preguntas tan tontas eran para indagar si el paciente estaba delirando. Por ello contestaba orgullosa de saber las respuestas para que supieran que no estaba loca.

Con una amplia sonrisa y la actitud del paciente "conocedor" respondí al doctor: -estoy en el centro médico de LAC-USC. -¿Por qué estás aquí? Continuó el interrogatorio del médico. -Me caí mientras pintaba una pared. Fui rápida en responder y mas rápido fue Jeremy en formularme la próxima interrogante: -¿que fecha es hoy? -No tengo un calendario pero debe ser Octubre 3 ó 4. Contesté con la alegría de una niña que ya ha respondido varias preguntas acertadas y sabe que va a pasar la prueba. El doctor también sonrió al reconocer en mi la misma seguridad de pacientes previos que festejan lo que entienden es el primer indicio de que están en mejor condición.

No era de mi conocimiento, en aquel entonces, que estas preguntas son para descubrir el estado mental del paciente y detectar si el tratamiento que está recibiendo, como los medicamentos, son adecuados o si hay que cambiar algo. Pero como esa información me era ajena en ese momento, el responder estas preguntas para mi era probar que no estaba delirando. De algo si me percaté y fue que el médico desvió mi tema de conversación y lo llevó de mi planteamiento espiritual-religioso, a una platica médica con su paciente. Ni modo, me tronchó la oportunidad de incluirlo en mi salvación espiritual del mundo y me trajo a su propia forma de salvar al universo, atendiendo la salud de su paciente. El médico obtuvo respuestas no sólo a través de las preguntas que me formuló sino también por medio de mi comportamiento; cada movimiento mío le dejaba saber cuanto el medicamento estaba alterando mi persona.

33. Demasiado medicamento para el dolor impedirá el discernimiento entre lo real y lo irreal.

—Regresaré pronto con el equipo. Dijo Jeremy, mi médico. Se estaba refiriendo a otros cuatro doctores que habían trabajado con él en mi operación. Mientras él partía, experimenté mucha ansiedad pues los medicamentos para el dolor estaban mezclando todos mis pensamientos y creando en el proceso un mundo alterno; de alguna forma, mi confundida mente se las había ingeniado para lograr todas mis metas al mismo tiempo y en este hospital. Por un lado, tenía la intención de premiar el buen trato que me estaban dando los doctores y enfermeras a través de una carta de agradecimiento que le enviaría a ellos, a sus superiores, y hasta los medios de comunicación del mundo entero. ¿Por qué no? Me encontraba fuertemente medicada y por ende pensaba que todo era posible así que si iba a enviar una carta de agradecimiento, lo ideal era que lo supiera el mundo entero.

Debo admitir que bajo medicamentos era tan ambiciosa como lo soy en la vida real pero carecía de los límites que establece la realidad. Al mismo tiempo que quería lograr que el universo supiera lo bien que me estaban tratando en el hospital, también me creía capaz de lograr todas mis metas profesionales. Estimaba que podía alcanzar en un solo día y con un solo evento lo que me había tomado toda una vida y aun no había podido cristalizar en su totalidad; hacer realidad uno de mis libretos fílmicos mediante un estudio reconocido de Hollywood con grandes estrellas Hollywoodenses. ¿Qué tal? Mi medicada mente no pensaba en chiquito.

En mi vida real había tenido la suerte de realizar varias películas independientes con gran éxito. Quizás por ello mi mente medicada veía muy normal el que desde la sala de cuidado intensivo hubiese encontrado grandes presupuestos, estudios, y estrellas para mi próxima película. Estaba convencida de que el personal del hospital y las celebridades que quería envueltas en mi filme estaban trabajando ya juntas para hacer todas mis metas realidad. ¡Que complaciente estaba mi cerebro! No había obstáculos para él. Debió haber entrado mucha morfina por mis venas porque el tener doctores y celebridades trabajando juntos en un hospital y para complacer las necesidades de alguien sin gran fortuna o fama, no es algo muy común.

El día anterior, mi dolor había sido tan agudo que cuando me dieron una de esas mangueras con un botón para que mas medicina fuese a mi sangre, no podía parar de presionar. Por lo tanto, estaba en un "viaje" donde no hacía falta pasaporte y según la mañana seguía progresando me sentía mejor y mejor.

Como diríamos en mi pueblo ¡Yupiiiii! Estaba viajando en una nube. ¿Alguien le podría avisar al presidente de Estados Unidos que de momento no puedo atenderlo? Por favor que alguien saque a esos elefantes rosas de mi cuarto. ¿Qué no saben que ya acabó la hora de visitas?

34. Parecen entenderte pero los pacientes medicados podrían estar interpretando otra cosa.

De repente el mismo doctor que me había visto una hora antes regresó con un hombre maduro que vestía un fino y caro traje. -Ella es. Dijo Jeremy al hombre elegante. Ellos intercambiaron unas pocas palabras mientras su paciente les miraba sonriendo. -¿Como nos estamos sintiendo el día de hoy? Preguntó míster elegante. –Grandiosamente. Respondí. -Me da gusto oír eso. El caballero respondió con una sonrisa. Su impecable gusto en la vestimenta y su apariencia tan cuidada y refinada me impresionaron. Rápidamente lo identifiqué como alguien de poder que al mismo tiempo era una buena persona; definitivamente cierto aquello de "la primera impresión es la que cuenta".

Luego míster elegante y Jeremy partieron y concentré mi atención en las palabras dichas por mi doctor: -ella es. En mi mente dicha expresión se tradujo como: -ella es… la escogida. Lo mas probable los doctores estaban hablando de que mi operación había sido un éxito o algo por el estilo pero mi confundida mente interpretó otra cosa; estaba ahora segura de que mi doctor se había percatado de que mi accidente había ocurrido pues el Todopoderoso me había seleccionado para convencer al mundo de su existencia; mi rápida sanación sería la prueba mas contundente.

El tener medicamentos en mi sangre no alteraba mi fe en Dios, lo que si hacía era relajarme tanto que me daba la sensación de que la misión para ganar adeptos del mundo entero para el Omnipotente sería alcanzable desde mi cama de hospital. Mi cerebro comenzó a crear una situación en la cual me dirigiría al mundo entero a través de una conferencia de prensa que sucedería en el teatro de la Universidad USC, el cual en mi mente y para mi conveniencia se encontraba justamente al lado de mi cuarto y estaba llenándose de estudiantes en su doctorado, la facultad, personalidades importantes, y hasta celebridades tales como: Mel Gibson, Susan Sarandon, Oprah Winfrey, y hasta el presidente de los Estados Unidos. O sea, no sólo tendría la misión de proclamar la existencia de Dios sino que también uniría a celebridades, políticos, no creyentes, y creyentes en el proceso.

Tengo que darme crédito, desde una cama de hospital había logrado algo prácticamente imposible: unir a ricos, políticos, y famosos para servir a Dios. Además me las había ingeniado para traer a los actores que quería envueltos en una de mis películas a ese auditorio y no había invertido ni un solo centavo. Esa medicina debió haber sido muy buena pues en una noche me había permitido llegar hasta el tope del entretenimiento, la política, y el mundo espiritual y todos ellos estaban trabajando juntos y de forma pacífica.

Mientras tanto, en mi mente seguían resonando las palabras del doctor: -ella es. Curiosamente me parecía milagroso el que hubiese sanado en dos días del páncreas pero no miraba como fuera de lo normal el que fuese apoyada por tantas personas famosas que ni me conocían, en estos momentos difíciles. Eso lo consideraba como el justo desenlace de mi carrera profesional y por ende no era parte del milagro. Como me sentía tan bien aumenté la magnitud de mis deseos. Mi meta ya no era simplemente probar que Dios me había sanado; ahora quería encontrar suficientes pruebas de su existencia para que hasta los mas escépticos creyesen en él. Digo, si ya había logrado que hasta el mismísimo presidente viniese a escucharme, lograr convertir a los escépticos era pan comido.

35. Doctores y estudiantes trabajarán juntos para salvarte.

Mientras mi cerebro continuaba ideando la manera de mostrar mi hallazgo, entraron a la habitación alrededor de 20 médicos que seguían al doctor Jeremy. Cuando los vi dirigiéndose a mi cama, me sentí súper importante. Ellos tienen tantos pacientes que atender que a menos de que uno esté en condición muy delicada lo mas probable sólo los verá una vez al día y en la mañana; por ello cuando se me acercaron fuera del horario regular, para estudiar mi caso, me causó gran emoción.

La mayoría de los médicos que acompañaban al Dr. Jeremy estaban en su práctica doctoral. Los saludé felizmente: -hola a todos. Ni un político en campaña electoral hubiese podido igualar mi entusiasmo. Ellos respondieron cortésmente y el interrogatorio entre ellos y varios de sus profesores comenzó. Discutieron mi caso y estaban muy satisfechos de ver que estaba respondiendo al tratamiento positivamente. Los profesores le preguntaban a los doctores que me operaron que habían hecho y luego preguntaban a los médicos practicantes que otras opciones pudieron haber sido seguidas y por qué no se escogieron. Al final los doctores que realizaron la operación: Dr. James Pierce (cirujano), Dr. Ali Salim (profesor), Dr. Hammond (profesor), Dr. Hansen, y Dr. Rhee fueron felicitados por un trabajo bien hecho.

También aproveché para darles las gracias pero como estaba todavía medicada lo hice como toda una hippie de los años 60's. Con mi tono filosófico les dije: -todo lo que necesitan es amor y ellos me dieron mucho de eso. Creo que soné igualito a unos de esos comerciales famosos de esa época donde gente proveniente de muchas partes del mundo cantaba sobre la fraternidad mundial con su atuendo hippie. No sólo sonaba como ellos sino que probablemente estaba tan dopada como esos jóvenes de la década de "paz y amor".

Los doctores salieron con sonrisas en sus rostros. No era de mi conocimiento si estaban sonriendo porque les gustaron mis palabras o porque sabían que estaba "alegre." Eran todos tan prudentes que nunca me hubiesen dicho el verdadero motivo de sus sonrisas. De todas formas mi cerebro no registraba el hecho de que estaba bajo los efectos del medicamento para el dolor así que estaba convencida de que ellos se habían enamorado instantáneamente de mi. Ni por la mente les pasaba que en mi imaginación eran sólo unos pocos de los doctores que estarían presentes en el magno evento que había sido preparado para hablar de mi supervivencia milagrosa.

No se encontraba en mi archivo de datos mentales el hecho de que estos doctores ven milagros como estos casi todos los días. Aún cuando mi condición era muy especial para ellos, sus otros casos eran igualmente importantes. Pero como en mi historia yo era el centro de atención, estaba obstinada en pensar que era única; el mundo entero giraba en torno a mi y por eso estaba convencida de que mi accidente era el mas especial de todos y para probarlo tomaría un vaso de agua, para así impresionar a los asistentes a mi conferencia con mi habilidad para sobrevivir lo que para otros era mortal.

Aunque nunca he considerado meterme en la política, mi actitud era idéntica a la de un político en campaña cuando quiere ganar votos; escuchaba, agradecía, y trataba de agradar a todos con mis discursos. A un lado señor presidente, aquí hay una mujer buscando votos, digo buscando convencer escépticos.

36. Haz sentir bien a quienes te cuidan,
y ellos te harán sentir bien a ti.

Estaba ponderando mi próxima estrategia para ganar escépticos cuando un enfermero entró a mi pequeño cuarto en la unidad de cuidado intensivo. ¡Perfecto! Pensé. Hora de ganar a otro "votante" para mi "campaña". -Hola Norboll. Le dije mientras leía su identificación. Me causaba mucho orgullo el poder leer los nombres de quienes me cuidaban antes de que ellos dijesen el mío; era mi forma de expresarles que eran importantes para mi. La respuesta que obtenía era una sonrisa agradecida y una apertura instantánea hacia mi, por el sólo hecho de reconocer y agradecer su ayuda al pronunciar sus nombres. Nunca me fallaba, hacía sentir bien a quienes me cuidaban y ellos buscaban hacerme sentir bien.

-Hola joven dama. Respondió el enfermero con la más tierna sonrisa. -¿De dónde eres? Le pregunté a Norboll mientras notaba sus rasgos Asiáticos. –Tíbet. El respondió y mi sonrisa creció aun mas. Ese era un tema en el que tenía algo de conocimiento. Ahora me tocaba ganar a este enfermero comentándole las cosas positivas que conocía de su tierra. -De ahí es el Dalai Lama. Le dije con el entusiasmo de quien cree haber encontrado el tema apropiado para ganar su simpatía. -Así es. El aseguró con evidente alegría. Bingo, había dado con el tema indicado. -Tu gente es muy evolucionada espiritualmente. Le dije, luego de respetuosamente dejarle saber que soy creyente en Jesucristo pero respeto a todas las religiones. La sonrisa del enfermero se acrecentó. -Aún nuestra Biblia menciona a tu gente como unas de las mas avanzadas espiritualmente cuando en el Apocalipsis son mencionados como los hombres de las cabezas afeitadas. Le dije y estaba segura de que me lo había ganado. Quizás el sabía que esta aseveración no se encuentra en la Biblia o tal vez él estaba simplemente consciente de que los medicamentos estaban alterando mi percepción de las cosas; de todas maneras el parecía haber entendido que yo simplemente quería que se sintiera incluido en mi plan de salvación para el mundo y reaccionó con igual clase.

Efectivamente el enfermero estaba felizmente sorprendido de escuchar esto de mis labios. -Eres muy sabia. Me dijo y comenzamos una conversación muy amigable mientras él me inyectaba medicina y examinaba mis signos vitales. Con lo buen enfermero que era no dudo que me hubiese tratado súper bien aunque no le hubiese agradado pero no estaba en mis planes desperdiciar ganármelo y a la vez reclutarlo para mi gran misión. Hablamos de temas espirituales y me sorprendí cuando el enfermero Budista mencionó a Jesucristo y a su madre María con gran respeto y reverencia. No habían dudas en mi cabeza de que este enfermero era enviado por Dios y me ayudaría a probar su existencia al resto del mundo.

37. No creas todo lo que dice una persona medicada pero tampoco le digas que miente.

En ese momento mi mamá y mi hermana gemela vinieron a visitarme. Por eso detuve la conversación con mi recién "contratado" asistente Budista. En mi mente, ya contaba con sus servicios de ayudante en la misión de ganar creyentes para Dios. Ahora me concentraría en dos de las invitadas de honor a mi "conferencia de prensa". Era mi deber comunicar a mis familiares del magno evento que sucedería hoy mismo en honor a mi milagrosa sanación. Ni en mi mejor estado físico hubiese podido realizar una conferencia de prensa que contase con la presencia de personalidades del mundo entero, en menos de un día. ¡Explícale eso a un cerebro bajo los efectos de las medicinas!

Me prestaba a dejarles saber las buenas noticias a mi mamá y mi hermana cuando sus rostros se iluminaron con la alegría de alguien que ve mejoría en su ser querido. Su adorada Jackie no tenía el tubo que bajaba a la garganta ni respirador en su boca y hasta mejillas rojas en sus cachetes. Nos saludamos felizmente con abrazos y besos. Rápidamente, como toda buena organizadora de eventos, me dispuse a recibirlas y enviarlas al lugar donde deberían sentarse para disfrutarlo. -Estoy feliz de que hayan venido, la ceremonia ya va a comenzar. -Uno de mis doctores estaba hablando al presidente de la universidad y le dijo que yo era la elegida. -Soy la primer paciente de este hospital en curarse del páncreas en dos días.

Dije esto con una convicción tan grande que mi santa madre lo creyó de inmediato. -Eso es maravilloso. Respondió mi madre feliz. -¿Estás segura de que era el presidente de la universidad? Preguntó dudosa mi hermana. Me pareció aceptable su duda y le contesté con "gran sabiduría": -lucía como si lo fuese. Que simplón estaba mi entendimiento. Por lo regular soy una asidua investigadora, gracias a los tantos profesores que así me lo exigieron en la universidad pero lo único que hizo falta fue un poco de medicamento en mi cerebro para que toda esa necesidad de verificar hechos se viniese al piso. Me dejé llevar por la apariencia de la persona como si esto probara quien era.

La comunicación de mi "gran sabiduría" continuó. -Van a hacer una conferencia de prensa en pocos minutos. -¿Una conferencia de prensa? Mi hermana preguntó, aun dudando. -Si, miembros de la facultad van a estar allí, muchos estudiantes de doctorado, mis doctores, Oprah Winfrey, Mel Gibson, y

Susan Sarandon. Le dije a mi hermana con gran seguridad. Tan pronto ella escuchó los nombres, supo que algo andaba mal en mi cabecita. No noté la incredulidad de mi hermana pues estaba concentrada en organizar mi evento.-Vayan al auditorio y siéntense en la primera fila; estamos a punto de comenzar. Le dije a mi hermana Janet y a Violeta, mi mamá. Mi progenitora creyó todo rápidamente y de inmediato salió hacia el auditorio. Ella había venido directo de Puerto Rico, por ende las celebridades de los Estados Unidos no le eran familiares. Además, por años su adorado retoño había realizado eventos, conferencias de prensa, y programas de televisión de un día para otro así que no le sorprendió que su hija se hubiese movilizado tan rápido para preparar un evento así. O no le sorprendió o se percató de inmediato de que su niña estaba medicada pero como era tan prudente igualmente salió del cuarto, respetando mi petición y dejándome la impresión de que había aceptado mi información como cierta.

Janet, sin embargo, sabía que lo que su gemela había dicho no era cierto y no estaba tan dispuesta como mi madre a simplemente hacer lo que se le solicitaba. Ella había estado viviendo en Estados Unidos casi tanto tiempo como su querida Jackie; por lo tanto, no sólo sabía sobre las personas que mencioné sino que además era de su conocimiento que tenerlas juntas en el mismo lugar no era tarea fácil, ni siquiera para su hermana productora y mucho menos en su condición de salud. Mientras mi gemela buscaba la forma de comunicarme que no habría ninguna conferencia de prensa sin romperme el corazón, mi esposo, desconociendo el suceso, entró al cuarto.

Era mi intención comunicarle a Mario rápidamente de la conferencia de prensa pero como todavía estaba molesta por el incidente de la enfermera a la que defendió sobre mi, opté por llamar su atención. Le regañé sutilmente por el incidente; era evidente que mi mente tenía algunos asuntitos de resentimiento que trabajar, ni siquiera el fuerte medicamento me había hecho olvidar lo sucedido con la enfermera mata vivos. Pero Mario estaba tan feliz de verme mejor que rápidamente pidió disculpas; definitivamente sabia decisión por su parte. Discutir con alguien bajo medicamentos fuertes para el dolor es perder el tiempo. El marco de realidad es otro así que no se puede lidiar con este paciente de la misma forma que con una persona sin químicos en la cabeza. Toda tu mente está alterada y por ende tu realidad es distinta a la del resto del mundo. No se si Mario estaba consciente de eso o simplemente hizo algo que muy pocas personas hacen y el siempre hace, pedir perdón. Tengo que darle crédito por ello; él ha sido siempre mas rápido que su esposa para pedir perdón. Acepté sus disculpas y lo envié al auditorio para que tomara un asiento en el evento. El no me cuestionó y salió afuera feliz.

Que bueno que nadie discutió conmigo. No lo hubiese tomado muy bien. Para mi este mundo alterno, creado por el medicamento, era real. Por ello estaba agradecida de que mis parientes me escucharan con respeto. Pero como los medicamentos alteran el enfoque de una persona, mi mente continuó realizando múltiples tareas sin culminar la anterior. Por eso puse en espera mi papel como productora de la conferencia de prensa y cambié mi rol; ahora mi nueva posición era la de encuestadora.

38. Los empleados de un hospital evitan hablar de Dios para mantener neutralidad.

Quería concentrarme para mi gran presentación frente a una audiencia mundial pero como no tenía un libreto con el cual prepararme, decidí hacer una pequeña encuesta con todas las enfermeras, doctores, asistentes, empleados, y cualquiera que se me acercara en la unidad de cuidado intensivo. Al menos el medicamento no alteró mi deseo de presentar mi hallazgo de la manera mas completa posible. Planeaba usar las respuestas de los entrevistados cuando llegara el turno de hablar frente al podio de mi auditorio imaginario. -¿Crees en Dios? Le preguntaba a cada persona que venía cerca de mi.

Aún cuando estaba segura de que la mayoría de ellas creían en Dios, no anticipaba que gran parte preferiría evitar el tema. El hablar del robo, asesinato, guerra, droga, o crimen del momento es aceptable en nuestra sociedad; basta con sólo poner el noticiero de cualquier canal para darnos cuenta. La violencia o los excesos no parecen espantar a nadie pero mencionar la palabra Dios no es aceptable. Esa reacción si que no me la esperaba.

Pude formular la pregunta a personas de varias etnias, religiones, e idiomas. La gran mayoría estaba renuente a responder y los que si contestaban, titubeaban. No se si era porque consideraban el tema controversial o si querían ser políticamente correctos evitando hablar de religión o política, o si pensaban que mi pregunta era capciosa y por ende comprometería sus trabajos, o si simplemente tenían miedo a admitir su espiritualidad. Lo cierto es que formulé a más de veinte personas la misma interrogante pero sólo tres admitieron creer en Dios. ¿3 de 20? ¿Acaso sólo 3 creían y el resto eran ateos? Estaba segura de que dentro de esos 20 tenía que haber mas creyentes; de lo contrario, mi labor era aun mayor de lo que había planeado.

39. *No tomes agua si te lo prohibieron, te podría matar.*

Está bien, pensé con la decidida intención de no desanimarme; a grandes males grandes remedios. Los doctores no me dejaban tomar agua; aparentemente cualquier líquido por boca podía ser mortal en mi delicada condición.

Así que pensé que si bebía agua y nada pasaba frente a la audiencia esto convencería a todos de que estaba curada. Me sentía tan bien por la medicina para el dolor en ese momento que mi mente interpretaba este bienestar como prueba de mi total sanación.

Menos mal que los empleados del hospital, quienes también eran mis encuestados, sabían que en mi estado no tenía uso de razón y dejaban todo líquido lejos de mi alcance. Hacían bien en no confiar en mi; con la sed que tenía y el poco sano juicio, gracias a los medicamentos, me hubiese tomado un galón de agua. Mi confundido cerebro no sabía si darle prioridad a mi sed, a la encuesta, o ¿que otra cosa tenía que hacer? Ah si, la conferencia de prensa.

40. Usa la diplomacia para llevar de regreso a la realidad a un paciente medicado.

Estaba pensando en la conferencia de prensa cuando mi hermana entró al cuarto una vez más. Antes de entrar, un enfermero le había dicho que esta paciente estaba diciendo algo irreal y se me debía decir la verdad. Janet manejó la situación de forma inteligente; usó la diplomacia para llevarme de regreso a la realidad. -Tenemos que ir al auditorio, la gente está esperando. Le comenté a mi hermana con urgencia; quería que nos apresuráramos para no llegar tarde al evento. -No hay mas gente. Ella respondió. -Sólo estamos mami, yo, tu esposo, y los doctores que ya vinieron. Que brillante era mi hermana. Me dijo quienes estaban allí pero no me informó que no habría conferencia de prensa y como no me llevó la contraria, asumí que simplemente no habían asistido otras personas a mi gran evento.

-¿Esos son todos? Le pregunté, desilusionada del poco público que había venido a la conferencia. Ella con gran ternura respondió: -esos son todos los que necesitamos por ahora, tu familia. –Okay. Respondí, aceptando mi fracaso como organizadora de eventos. Ya me sentía tan cansada que en realidad no me quedaban energías para hablar en el podio así que no me molestó no tener que hacer la conferencia. Además me arrullaba el dulce tono de voz de mi hermana.

Los químicos en mi cabeza eran los responsables de que no me afectase la poca asistencia a un evento tan importante. Si esto hubiese sucedido en mi vida profesional regular, la tristeza y frustración del fracaso me hubiesen afectado pero como con drogas en la sangre el razonamiento no es racional, la noticia no me afectó en lo mas mínimo. Ahora mi nuevo enfoque era otro; el descanso era mas importante que cualquier conferencia de prensa. En esos momentos mi energía ya comenzaba a disminuir y necesitaba descansar.

Con una breve y amorosa conversación mi hermana me convenció de que el milagro ya había sido comprobado; yo estaba viva, reaccionando fabulosamente, y rodeada por la gente que amaba. Dios había escogido probar su existencia de esta forma. ¡Que sabia fue mi hermana! Me dijo justo lo que quería escuchar. Si Dios había escogido probar su existencia así ¿quien era yo para cuestionar? No se si ese fue el razonamiento de Janet en ese momento pero así fue como lo percibí; también ayudó el hecho de que no me confrontó ni me llevó la contraria, no me habló con dureza ni me irritó ni me dijo que estaba alucinando. Su tono de voz era tan dulce y pacífico que mi mente lo interpretó como que me estaba dando la razón.

Capítulo 3:

Preocupaciones del Paciente

41. Transmite tranquilidad a un paciente medicado, y él/ella se sentirá seguro.

UNA PERSONA BAJO LOS EFECTOS DE UNA DROGA tan fuerte no está en todos sus sentidos y simplemente reacciona a estímulos. No se le puede regañar pues todo lo ve amplificado y te verá como un monstruo al que hay que combatir. No se si mi hermana sabía esto o simplemente utilizó el sentido común; lo cierto es que me habló con gran tranquilidad. Mi entendimiento en ese momento no hubiese aceptado razones; me habría alterado con cualquiera que se exaltara, me subiera el tono de voz, o me llevase la contraria. Estuve de acuerdo con las lógicas palabras de mi hermana y decidí descansar después de haber sido aconsejada por ella para hacerlo. También le pedí que trajera a mi mamá adentro y luego a mi esposo. Hablé con todos brevemente y estaban feliz de verme mejor.

Tan pronto partieron conocí a otro enfermero que me cuidaría mientras estuviese en la unidad de cuidado intensivo. El también exhibía la pacífica sonrisa de mis familiares y cada movimiento suyo era pausado, nada brusco. Su lenguaje no verbal me transmitía sosiego y me sentí tan segura a su lado que la encuestadora en mi volvió a relucir; no resistí preguntarle si creía en Dios. El respondió afirmativamente. ¡Me dio tanta alegría! Su entusiasta respuesta estuvo acompañada por un trato cuidadoso mientras curaba mi herida abierta; sabía que estaba en buenas manos. Mi cansado cuerpo tomó un segundo aire y comencé una amigable conversación con quien esperaba se convirtiese en el nuevo integrante de mi misión.

42. Los medicamentos te darán gran sed; si no te permiten líquidos, pide una paleta.

Desafortunadamente la noche no fue tan placentera como el día; el efecto de la morfina se acabó y dejé de volar en el aire para aterrizar en un cuerpo bastante malogrado. Tenía problemas para respirar, me sentía débil, mi corazón latía tan rápido que pensaba que se iba a salir y para colmo los medicamentos que me daban, a través del suero, me hacían sentir de la patada y me daban mucha sed. Mis labios parecían los de una anciana, secos y agrietados. Estaba desesperada, quería beber agua o comer algo de hielo pero los enfermeros ponían todo lejos de mi y como no me podía mover, era imposible saciar mi sed por mi propia cuenta.

Mi nuevo aliado, el enfermero creyente, vino a limpiar mi tubo de alimentación con soda; usaba refresco gaseoso para limpiarlo. El personal del hospital usaba la gaseosa como una especie de limpiador o destapador, de la misma forma que los plomeros usan blanqueador para destapar las tuberías de una casa. Igualmente, los enfermeros usan soda para destapar los tubos que alimentan a los enfermos. Eso significa que la soda es bastante dañina para un cuerpo pero como esta paciente estaba tan sedienta, me parecía el líquido mas preciado en existencia. Ay mamá, esa sodita le vendría súper bien a mi boquita. De sólo verla, salivaba. ¿Por qué la desperdician en un tubo y no me la dan mejor a beber?

Pregunté al enfermero si podía beber un poco. Cortésmente, me la negó; sabía que podía ser mortal. -Pero puedo darte una paleta. Dijo el gentil hombre buscando alternativas. No era exactamente lo que quería pero era algo así que acepté. El enfermero regresó con una mini esponja de un color pastel, con un palito que lucía como un dulce; definitivamente no era mi definición de una paleta. La esponja estaba mojada pero no hagan trampa; eso no se hace. Chupé la mini esponja y ni cosquillas me hizo la poquita agua que tenía.

¿Por qué son tan tacaños, si estoy viendo todo un litro de soda cerca de mi?

El refresco estaba a unos pasos de mi cama. ¿Acaso no sabían los doctores que la soda es buena para el ser humano? ¿No habrán visto los comerciales que muestran cuan feliz es la gente alrededor del mundo cuando toman algún refresco de cola? ¿Por qué no podía tener algo de esa inofensiva felicidad? Lo cierto es que no me permitían nada por boca, ni sodas, ni jugos saludables, ni siquiera agua. Las pequeñas dichas del cotidiano vivir estaban suspendidas indefinidamente.

43. Los medicamentos provocan insomnio y alucinaciones.

Los días y las noches que siguieron fueron muy difíciles; tuve fiebre constante y luego pulmonía. Para colmo sentía ese cansancio que provoca el no poder dormir. Ay como fastidia el estar súper cansado y no poder conciliar el sueño. Nunca había padecido de insomnio, salvo en pocas ocasiones extraordinarias; por eso el no poder dormir era algo nuevo para mi. Cuanto añoraba una siesta ininterrumpida pero ese era un lujo del cual no había podido disfrutar en el hospital. No podía dormir porque además de no poder respirar bien, la medicina para el dolor me hacía tener alucinaciones y cada vez que comenzaba a quedarme dormida veía sombras que parecían monstruos. Éramos muchos y parió la abuela.

Cuando pensaba que ya eran suficientes los achaques, se sumaron unos monstruos a la lista de calamidades. Y estos ¿de donde salieron? No hay cama pa' tanta gente. Que alguien se los notifique por favor. Hasta aquí llegó el "lado bonito" de las drogas, esa sensación de volar en el aire que me daban los medicamentos, ese alivio inmediato a mi dolor. Había llegado la hora de pagar el precio que costaba ese efímero bienestar. Todo en la vida tiene un precio y el que corresponde a usar drogas es súper alto. De nada sirve alegar que las usaste legalmente, como fue mi caso, que las acepté como parte de mi tratamiento. Las drogas no discriminan entre el usuario legal y el ilegal; los efectos secundarios son iguales para los dos.

Esta paciente había aceptado la morfina para calmar su dolor y le había hecho sentir bien por un rato pero la buena sensación desaparece mas rápido de lo que uno quisiera. Ahora que ya había culminado su efecto medicinal era mi turno de experimentar los otros efectos que produce, la reacción negativa de la mente y el cuerpo o sea el lado feo de las drogas, las alucinaciones.

44. *Las alucinaciones son reales para quien las experimenta.*

Mis alucinaciones incluían ver y escuchar monstruos que querían hacerme daño. Para la gente común, los monstruos son sólo un mito pero para los que están bajo los efectos de una droga, son tan reales como cualquier otra persona. Pero ¿por qué se me presentaban a mi? Deduje que los químicos en mi cerebro, aunado a mi fragilidad física, me hacían el blanco perfecto para cualquier ser de ultratumba que deseara contactar a una persona aun con vida. No podía moverme de la cama y tampoco controlaba mi mente, ahora en poder de los medicamentos; quizás estos seres sabían esto y por eso venían a visitarme en mis sueños. ¿Con que fin? No tengo idea. Puedo teorizar que querían escapar del lugar donde estaban atrapados y pensaban que podía ayudarles o que eran empleados de las fuerzas oscuras del universo y querían llevarme. Otra teoría que aun tengo es que estos son seres humanos que están siendo atormentados en una dimensión donde la tortura para ellos es constante. Ellos parecen no querer estar allí. Tengo la sospecha de que son espíritus atrapados en lo que los creyentes llamamos infierno. Pobrecitos, de sólo pensar que quizás no querían hacerme daño sino que sólo querían comunicarse conmigo pues deseaban que los ayudara a salir de ese lugar tan tenebroso, me da una profunda pena. Lo cierto es que sus quejidos me erizaban la piel en un segundo. Hasta la temperatura del cuarto se sentía aun mas fría. ¡Me estaba congelando!

Al instante que quedaba dormida sentía que mi espíritu se trasladaba a este mismo cuarto de hospital pero no había ningún otro ser humano a mi alrededor; era la única persona con vida allí. Rápidamente mi mente reconocía esta dimensión como una donde no residían los vivos, había cruzado a un lugar escalofriante. Mi sentido de supervivencia me alertaba que tenía que salir inmediatamente de allí. De repente las cortinas al lado mío cobraban vida y sus delicados diseños decorativos comenzaban a transformarse en diabólicos seres que parecían estar emergiendo, germinando, brotando de ultratumba; estiraban sus manos como si estuviesen tratando de salir de la tierra misma, como si hubiesen estado enterrados y finalmente pudiesen salir en libertad. Sus movimientos eran bruscos y movían las partes de sus cuerpos como si un fuego las estuviese consumiendo.

Eran muchos y tenían diversas formas, cada uno era mas aterrador que el siguiente. De sus bocas salían quejidos, como si estuviesen en gran dolor y trataran de salir libres pero no pudiesen; era como si algo los tuviera encadenados y apenas contaban con fuerzas para quejarse. Los lamentos crecían según ellos lograban estirarse mas, salir del hueco donde parecían estar enterrados. A estas quejas les acompañaba un sonido que se parecía al que produce la madera cuando se estira o se encoje. También se escuchaban sonidos semejantes a cuando se abre una puerta cuyas bisagras están enmohecidas o desalineadas.

Me encontraba aterrada pero no vacilaba ni un segundo en hacer lo que estaba segura mantendría a estos espíritus alejados de mi, comenzaba a orar con gran devoción. Curiosamente, mientras oraba, los colores violeta de la cortina tomaban un brillo especial y parecían tomar control de las siniestras sombras. Era como si mis oraciones propiciaran ese brillo en el color violeta y a su vez esas áreas de la cortina adquirieran la fuerza necesaria para mantener a las sombras lejos de mi. Por mas que trataran, ellas no podían tocarme. De todas formas no era mi intención descubrir si las sombras podían llegar a mi; sabía que tenía que salir de allí.

Estaba dormida pero mi inteligencia estaba despierta y alertándome a salir de aquel lugar lo mas rápido posible. Con una sensación de ahogo y de urgencia a la vez, me despertaba súbitamente. No había dormido ni 5 minutos pero sabía que regresar al planeta de los sueños era aun muy riesgoso en mi vulnerable condición. La única forma de evitar los monstruos era no dormir. Ese era el precio que tenía que pagar por mi consumo de medicamentos, mi primer pago por haber aceptado las drogas que me administraban para mi tratamiento.

Desafortunadamente los monstruos no eran el único problema que me habían heredado las medicinas. Mi cerebro creaba situaciones irreales y no me percataba de que ese mundo no existía. No sólo mi mente estaba en peligro, mi cuerpo también; mis piernas se movían solas de forma tan agitada que me era imposible quedar dormida. Sólo había dormido unos pocos minutos y estaba muy cansada pero no quería enfrentar a los monstruos otra vez.

45. Los doctores a veces ignoran quejas del paciente, pensando que él/ella sólo teme morir.

Entre mis dolencias y las sombras mete miedo se las ingeniaron para hacer de mi primera semana en el hospital una no muy placentera. Los achaques, sin embargo, eran los que mas ocupaban mi atención. Cada vez que quedaba dormida sentía como si mi corazón y mi respiración fueran a detenerse. Traté de explicarle esto a una doctora el próximo día y me respondió que podía dormir tranquila; que mi corazón no iba a parar de latir y que mi respirar iba a ser suficiente porque mi cuerpo seguía trabajando aún si me iba a dormir.

No pues que sencillo; sonó igualito que una maestra hablándole a una niña de primer grado. Igual me hubiese dicho: váyase a dormir y déjese de tonterías. Si nos detenemos a pensar, su planteamiento era mas tonto aun. Creo que todos tenemos bastante experiencia en irnos a dormir y saber que nuestro corazón no se detendrá sólo porque caemos dormidos. No tenía miedo a morir mientras dormía. ¿Porqué era esto tan difícil de entender para los doctores? No todos percibimos la muerte como el fin de nuestros días.

En mi caso, estoy convencida de que la muerte es la transición al mundo para el cual fuimos hechos, nuestro verdadero hogar. No es que esté loca por llegar pues casi todos tenemos metas que queremos cumplir antes de partir pero no me causa terror. Simplemente no podía respirar bien y eso no me dejaba dormir. No era morir lo que me preocupaba, era vivir con esa continua sensación de ahogo.

Me imagino que la doctora había tratado a muchos pacientes que le tenían pánico a la muerte y por eso asumió que eso era lo que me estaba pasando. Obviamente la explicación del médico no hizo que me sintiera mejor pero ella fue tan amable en su respuesta que no tuve las agallas de decirle que la razón de mi insomnio era que algo en mi cuerpo no me estaba permitiendo respirar adecuadamente.

46. Si te sientes mal, insiste hasta que tu problema sea examinado en mayor detalle.

Le insistí tanto a la doctora en que algo me asfixiaba que ordenó otra prueba de rayos-X. Eso me dio gran satisfacción; sabía que la maquinaria se encargaría de revelar las razones tras mis problemas para respirar. Antes de partir, la doctora removió una puntada quirúrgica en el lado derecho de mi hombro que al parecer no tenía ningún uso. Ese detallito me conmovió; si se había percatado de algo tan pequeño, obviamente estaba al pendiente de mi. Me agradó mucho con la delicadeza que removió la puntada para cerciorarse de que no me doliera.

Me cayó muy bien la doctora y mejor aun cuando un técnico de rayos-X vino con su impresionante equipo a obtener las pruebas de mi pecho. Eso era para mi trato de realeza; sólo los reyes y las reinas pueden disfrutar el lujo de tan impresionante maquinaria, trasladada a la habitación sólo para no incomodarme con llevarme al cuarto donde dichos aparatos se encontraban. Que importante me sentía. A un lado reyes, duques y príncipes, la nueva reina del hospital está recibiendo rayos X personalizados.

47. El buen cuidado de otros motiva al paciente a querer sanar.

Todos estaban dando el máximo para ayudarme a sanar; el técnico de Rayos X, los dos enfermeros que me cuidaban a todas horas, los doctores, y mi familia. Esa era mi mayor motivación; la abnegada entrega de todos ellos para mantenerme viva. Su esfuerzo y entusiasmo le daba ánimos a mi malogrado cuerpo para continuar funcionando aun a pesar de largas noches sin poder dormir, quedarse inconsciente continuamente, sin poder beber agua o ingerir comida, tener fiebre, vómitos, sufrir dolor inaguantable, sintiendo falta de aire, y muchas complicaciones más. Mi cuerpo si que tenía ganas de tirar la toalla pero como tanta gente estaba pasando trabajos conmigo, no podía quedarles mal.

Cuerpecito, te aguantas porque te aguantas, que a esta gente no les podemos quedar mal. Y fue así como entre todos alcanzamos lo que parecía imposible, logré sobrevivir 10 días en cuidado intensivo y pude ser trasladada en mejor estado de salud al cuarto de traumas. Hasta nunca monstruos chocarreros. Si quieren se quedan en este cuarto a fastidiar al próximo paciente porque en el otro, al cual voy, no serán bienvenidos.

48. El cuarto de traumas tiene mas pacientes y menos personal que la sala intensiva.

Le llaman el cuarto de traumas y ese nombre le viene como anillo al dedo y no lo digo porque aquí son transferidas las pacientes que aun se encuentran en estado extremadamente delicado sino porque tener a varias personas de diferente nacionalidad, etnia, idioma, y creencia religiosa con todo tipo de condición de vida o muerte en un mismo cuarto, es simplemente la receta perfecta para traumar a cualquiera. Claro, llegué ajena a esa realidad. Para mi este era un cuarto de 5 estrellas donde me tratarían súper bien y en nadita de tiempo estaría en casa.

Con esa idea entré a la inmensa habitación. Como aun no podía moverme o caminar por mi cuenta, llegué allí acostada sobre una cama de hospital con ruedas y era empujada suavemente por una asistente de enfermera. Según avanzábamos, mi vista recorría el amplio cuarto. Lo primero que vi fue el baño; en su interior tenía un pequeño inodoro. Lo encontré demasiado angosto pero como todavía no podía ir al mismo, ya que no podía moverme de la cama, no me preocupó. El lavamanos estaba afuera y era también muy chico. La cama seguía moviéndose y pude ver que la habitación tenía alrededor de diez camas sencillas, cinco a cada lado, cada una alineada con la del lado opuesto.

El espacio de cada paciente estaba delineado por cortinas que rodeaban la cama; al lado de cada una estaban los aparatos necesarios para darle tratamiento al paciente: sueros, máquina de signos vitales, etc. Me encontraba aun en condición delicada pero ver a mi mamá, Violeta, mi hermana gemela Janet, y mi esposo, Mario sonriendo a mi lado mientras juntos descubríamos mi nuevo cuarto me hacía sentir mejor. La cama continuó su avanzado paso y vi a una familia Hispana. Escuché su acento mientras conversaban y me percaté de que eran Peruanos. Conozco unos cuantos Peruanos que me caen súper bien así que no pude evitar sonreírles. La mamá se encontraba en la cama del paciente mientras su esposo y sus hijos estaban sentados alrededor de ella. Un inmenso arreglo floral, con brillantes rosas rojas, estaba al lado de la mamá. Ver a esa familia me hizo sentir bien. Pensé que si ella estaba disfrutando de mejor condición de salud, me pasaría exactamente lo mismo y muy pronto.

-Esta es tu cama. La asistente de enfermera me dijo deteniendo su paso repentinamente mientras me ubicaba en la esquina final de la habitación. Me gustó. Era el mejor lugar del cuarto, al lado de dos ventanas grandes que me permitían ver la ciudad de Los Ángeles desde lo alto de aquella habitación ubicada en el noveno piso del hospital. Desde allí se veían los modernos rascacielos de la zona central de la ciudad y la imponente autopista 5, al igual que los cientos de vehículos que transitaban por ella. La esquina también era la parte mas aislada del cuarto y eso me quitaba un peso de encima. ¡Que alivio! Privacidad adicional para sanar más rápido, pensé.

La asistente de enfermera se marchó luego de adiestrarme en como jalar un cordón negro ubicado al lado de mi cama, en caso de que necesitase ayuda. El cable activaba una luz roja contigua a la cama, la cual a su vez conectaba a la recepción donde las enfermeras y las asistentes estaban. Me causó gracia pues se parecía a las alarmas que usaban en los años 60's y 70's en las películas, para alertar que un espía había infiltrado un lugar ultra secreto. Interesante forma de comunicarse con las enfermeras, digna de una paciente amante de las buenas historias.

El traslado de habitación había culminado con éxito y sin ningún percance. Parecía que todo iría a las mil maravillas en este lugar pero cuando mi familia tuvo que partir pues las horas de visita habían concluido, me percaté de que ya no estaría en mi propia habitación siendo cuidada por mis enfermeros "particulares." Ahora tenía otras 9 compañeras de cuarto y esto me causaba cierta ansiedad, quizás porque recordaba lo abrumador que se sentía el estar en una cama al lado de tanto paciente en tan mal condición en el sala de emergencias. Pero bueno, seamos positivos; eso fue allá en la sala de emergencias. Este era un nuevo lugar y todas las pacientes parecían estar tranquilas. Al menos esa primera noche no se escucharon quejas en la habitación. Supongo que el ser vecina de tantas pacientes no impediría mi descanso. ¡Perfecto! Ahora que los monstruos se quedaron en el otro cuarto voy a poder finalmente dormir sin interrupción. Ese pensamiento trajo una sonrisa otra vez a mi rostro y me dispuse a dormir y soñar con los angelitos.

49. Evitar la morfina eliminará alucinaciones, efectos secundarios y adicción.

Eran apenas las 8 de la noche pero me encontraba lista para una buena siesta. Una asistente vino a tomar mis signos vitales mientras otra me ponía oxígeno. Luego una enfermera llegó con dos inyecciones, esas si que no me gustaban ni un poquito; ambas dolieron demasiado y es que mis delgados brazos estaban totalmente llenos de moretones dado a que aunque algunas enfermeras eran buenas poniéndolas, otras tenían la precisión de un paciente con Parkinson. Hijas de su mal vivir, no le atinaban a ninguna vena cuando sacaban sangre y si sólo inyectaban lo hacían donde cayera la aguja, fuese en un lugar lleno de moretones o no.

Cuando recibí mi última inyección del día, a las diez de la noche, pensé que ya había concluido mi dosis diaria de situaciones no agradables y me dispuse a dormir. Cerré mis párpados y con el cansancio que tenía me trasladé en un abrir y cerrar de ojos al planeta de los sueños. ¡Ay que gusto! Era como si una música suave me arrullara hasta que comencé a escuchar los quejidos y el rechinar de puertas y madera. Ay no ¡otra vez no! Los monstruos regresaron. Ya ni la friegan. ¿No quedamos en que podían quedarse en el otro cuarto fastidiando a otro paciente? ¿Porque tuvieron que seguirme hasta aquí?

Era obvio que no quería ver a estas sombras así que mas rápido que un rayo abría mis ojos y permanecía en vela. -Un, dos, el va tras de ti... Esa era la canción que cantaba una de las pequeñas que había sido asesinada por el personaje malvado de una historia de horror. No pensé en esa canción en ese momento pero si me percaté de que estaba en la misma posición de esos niños; no quería irme a dormir para evitar que el maligno se me apareciera en sueños. Bonito dilema el mío; no podía descansar de día por los achaques y de noche por los monstruos.

Estaba convencida de que mi medicamento para el dolor producía estas alucinaciones así que tomé la decisión de no tomar más morfina aunque me doliese todo el cuerpo. Para mi era mas importante poder dormir en paz durante la noche que tener breves momentos sin dolor. Estaba decidido; a primera hora, tan pronto llegaran mis doctores, pediría que eliminaran la morfina de mi tratamiento para así poder despedirme de los monstruos para siempre.

50. Leer las etiquetas, de todo medicamento que te den, podría salvar tu vida.

La morfina no es el único medicamento de cuidado, hay otro que es todavía mas delicado, el que no te ha sido recetado. Precisamente, en ese día, mi hermana, que siempre estaba pendiente a los detalles, detectó que una enfermera había puesto en mi tubo de medicamentos una nueva medicina. De inmediato le preguntó para que era y la enfermera, leyendo la etiqueta, se percató de que la medicina ni siquiera era para mi. De inmediato se llevó el medicamento que por error había llegado hasta esta paciente. No quiero ni pensar en que hubiese pasado si dicha medicina me hubiese sido suministrada. Que bueno que siempre contaba con la compañía de mis familiares, a los cuales no se les pasaban estos detalles.

Ese día aprendí que siempre debes leer la etiqueta de las medicinas que te traigan, si quieres permanecer en el planeta de los vivos. Por lo pronto y como no podía dormir, me dediqué a observar a las pacientes del cuarto y descubrí que de pronto no era tan malo el no haberme quedado dormida. Aparentemente, en la noche también admitían a nuevas compañeras y esas llegadas eran de todo, menos silenciosas.

51. Los gritos de otras pacientes son la parte mas desafiante del tratamiento.

Mi primera experiencia con una paciente admitida durante la noche al cuarto de traumas fue desconcertante. Una joven mujer anglosajona que seguramente no pasaba de 30 años de edad gritaba de dolor mientras la traían dentro del cuarto. Creo que escuché a las enfermeras comentar que la chica había estado en un accidente de auto. Todas ellas estaban tratando a la paciente con gran amabilidad y eficiencia pero la damita no cesaba de utilizar abiertamente un lenguaje tan obsceno que hacía casi imposible no ser perturbado por el mismo. No paraba de maldecir. Parecía estar experimentando mucho dolor y por eso, desde mi esquina, sentí lástima por ella. Obviamente ambas estábamos sintiendo dolor aunque nuestras formas de expresarlo eran bastante diferentes. Pero como ahora, mas que nunca, tenía una noción de cuan perturbador puede ser el dolor físico, sentí empatía por la joven y de corazón quería que se sintiera mejor.

La mujer tenía un artefacto que mantenía el cuello y la espalda derechos. Varias enfermeras y asistentes la levantaron de la cama de traslado hasta ubicarla en la que le tocaría en la sección para traumas. Traté de hacer una pequeña oración por ella pero sus gritos eran tan agudos que me sacaban de concentración; me ponían los pelos de punta, tal y como los gatos se encrespan cuando ven algo inesperado, cada bello de mi cuerpo estaba enchinado con estos ensordecedores gritos. No sabía si orar para que se la llevaran a gritar a otro cuarto o para que apareciera un cazador de elefantes y le disparara un tranquilizante.

Que buenos pulmones tenía esa joven, lo mas probable sus quejas se escuchaban en todo el piso. Cada vez que la nueva paciente maldecía, gritaba, o se quejaba todo mi ser se sentía mas débil. Supongo que a eso se refiere la gente cuando dicen que alguien te chupó la energía; esa joven me dejó sin energía, quedé extremadamente exhausta con sus gritos. Una hora o dos más tarde la nueva paciente paró de quejarse, por lo menos por un rato. Le habían dado la dosis mas alta de medicamento para el dolor y se había quedado dormida.

Mientras tanto, desde mi esquina miraba a la ahora durmiente paciente con algo de preocupación. Dicen que la primera impresión es la que cuenta y la ruidosa entrada de esta chica me había dejado traumada. Si así fue la entrada, ¿como será cuando agarre confianza? Ay no, mejor pensemos en algo mas positivo ¿que tal un enfermero bondadoso cuyas piadosas acciones lo hacen lucir como un mismo ángel?

52. Cuando peor te sientas, contarás con enfermeros que tratarán de descifrar tu problema.

El latido de mi corazón estaba muy acelerado y mis signos vitales revelaron fiebre. Los gritos y maldiciones de la nueva paciente me habían dejado temblorosa. Para mi fortuna, un enfermero Hispano vino a mi rescate; me dio bolsas de hielo para bajar la fiebre y me cambió el pañal. Le dije, con la poca voz que me quedaba, que apenas podía respirar y le comenté de la flema constante que salía de mi boca y que me preocupaba con la posibilidad de ahogarme. Ya se lo había comentado a una doctora pero como no vi que examinaran el asunto de mi ahogo y seguía sintiéndome mal, pensé que el enfermero podía interceder para que investigaran esto mas a fondo.

El enfermero me miró con compasión y me ayudó dándome un masaje en la espalda para que pudiese toser la flema y quizás poder dormir un poco. Su abnegada ayuda me conmovía pero me sentía tan mal que ni su masaje aliviaba mi sensación de ahogo. Cuando el enfermero estaba a punto de irse, lo abracé para que se quedara. Pobrecito, si hubiésemos estado en alta mar y él me hubiese estado tratando de salvar, los dos nos hubiésemos ahogado. Me aferré al empleado tan fuerte como pude. Sentía que si se iba mis oportunidades de salvarme se irían con él.

-¿Qué es? El enfermero me preguntó. Habían lágrimas en mis ojos. El sabía que algo andaba mal pero no estaba seguro de que era. -¿Debo llamar al doctor? Me dijo mientras mis manos lo agarraban fuerte y no lo soltaban ni por casualidad. No podía poner en palabras la agonía que sentía: mi abdomen dolía, mi pecho también. Estaba sudando y ni siquiera tenía fuerzas para sostener mi propio peso.

El enfermero me ayudó a sentar de nuevo, tratando de descifrar como ayudarme. Con un cuidado casi maternal, me hizo sentir que estaba protegida y me dio otro masaje en la espalda. Luego me acomodó en la cama con varias almohadas para amortiguar la incomodidad de mis tubos y me acompañó hasta que pensó que me encontraba mas tranquila. -Si me necesitas, sólo jala el cordón. Me dijo con una suave voz compasiva. Traté de comportarme lo mas civilizado que pude y aunque mi instinto de supervivencia quería aferrarse a él una vez mas y no dejarlo escapar, me resigné a asentir positivamente con la cabeza, sonriéndole para mostrar mi gratitud.

Mi sentido común finalmente había reconocido que no había mucho mas que el enfermero pudiese hacer. Acepté dejarlo partir para no retrasar el socorro que sabía el podía brindar a otras pacientes. Su desinteresada ayuda, sin embargo, conmovió todo mi ser. No vaciló en socorrerme con la misma entrega que sólo se da al ayudar a un ser querido. Aunque el dolor tenía posesión de mi cuerpo en ese momento, mi mente admiraba y reconocía a este ser humano como uno extremadamente avanzado espiritualmente. Este enfermero, en su reluciente uniforme blanco, lucía como un ángel realizando la obra de caridad que le ganaría las alas para subir al cielo.

53. La fragilidad física de un paciente hace que se concentre mas en su espiritualidad.

Aunque en el cuarto tenían camas para mas pacientes, en esa precisa noche sólo habían otras siete. Menos mal que no habían mas; si hubiésemos tenido otra como la del accidente de autos, nuestras probabilidades de salir con vida de allí disminuían y no porque nos fuera hacer daño sino porque era imposible concentrarse para sanar con esos gritos. Por fortuna, el medicamento para el dolor mantenía dormida a la joven del accidente y las demás no hacían nada de ruido, fuera de uno que otro quejido. La mayoría, incluyéndome, teníamos las cortinas cerradas y todas, menos yo, parecían estar dormidas.

Ya era muy tarde en la noche. Hice una breve oración para agradecer a Dios que aun estaba con vida. Siempre había sido creyente pero esta vez me sentía aún más conectada a mi espiritualidad. La fragilidad de mi condición me hacía pensar en cuan poco importante son las cosas materiales, especialmente el cuerpo. Si ya se, quizás estoy sonando un poco cursi pero cuando estás al borde de la muerte toda tu perspectiva cambia. De repente te preguntas cosas que no te habías preguntado hasta entonces. La apariencia física, por ejemplo, es algo de lo cual las mujeres nos ocupamos mucho pero con sólo mirar a un espejo podía percatarme de cuan pasajero es el lucir "bien". Que inteligentes eran los del hospital; no había ni un solo espejo en aquel cuarto.

No necesitaba ver un reflejo para saber que mi peso y figura no estaban en buena forma; tenía enormes cicatrices en la barriga y lucía tan delgada que parecía un fideo parado. El mundo espiritual, sin embargo, me atraía mas. Allí nadie compite para un concurso de belleza. Cada vez que oraba me sentía mas cerca a ese mundo espiritual y mucho más lejos al físico. Tenía conversaciones con Dios y con mis ángeles. No escuchaba sus voces respondiéndome pero sentía que obtenía respuestas inmediatas. Lo primero que pedí a Dios fue que me quitase el dolor; le expliqué que podía lidiar con las inconveniencias de mi condición pero solicitaba que se encargara de mi dolor por un tiempo. Claro, después de que había metido la pata quería ayuda para salir del problema.

54. Los oraciones concentradas crean una pared protectora tangible.

No había dormido bien ni una sola noche desde que me admitieron al hospital; quería dormir desesperadamente. Mi cuerpo estaba cansado, los ojos me pesaban. Miré las cortinas violetas del cuarto y de repente quedé dormida mientras mi mente veía las cortinas llenando el cuarto con un color púrpura. Sentí paz en este repentino sueño. Estaba sintiendo esta livianez espiritual cuando las sombras oscuras comenzaron a formarse una vez mas en las cortinas. ¿Quién las entiende, no se cansan? Tan pronto como cerré mis ojos, los tuve que abrir. Sabía que estaba protegida por Dios pero no me quedaban fuerzas para oír los quejidos de los monstruos. Había llenado mi cuota de gritos con la paciente del accidente de autos. Una vez mas no quedó mas remedio que permanecer en vela.

Fue entonces cuando me percaté de una pared translucida que rodeaba mi esquina. ¿Y eso de donde salió? No parecía amenazante como las sombras; tenía el aspecto de un muro protector. La pared estaba constituida por luz ultra-violeta. Al menos eso me pareció. No puedo recordar si alguna vez había visto luz ultra-violeta. Curiosamente este fue el mismo color que escogí para pintar la pared que causó mi accidente. Lo había escogido pues había leído que es el color mas cercano al sol y por ende el mas próximo a Dios y que también se le atribuye el proveer paz espiritual a quienes lo aprecien. Esta pared era igual a la que pinté en mi casa pero sin la estructura sólida, se podía ver a través de ella.

Debo aclarar que estaba totalmente despierta y no había tomado medicamento para el dolor en horas así que no estaba alucinando. Una voz que sólo yo parecía oír me dijo que la pared estaba hecha de rezos y que me protegería durante los duros tiempos aun por venir. Entonces miré por la ventana y vi como esa pared, compuesta por luz de color púrpura, creció y creció desde el suelo a mi alrededor hasta cubrir todo el hospital. Debió haber tomado miles de oraciones, quizás mas, para formar una pared tan inmensa. ¿Sería esto posible? ¿Estaría tanta gente orando por mi?

Mi mamá y mi esposo siempre contaban sobre las personas que enviaban sus plegarias por mi pronta recuperación. Los recordé a todos mientras miraba atónita a la imponente pared. Estaba mi familia y mis amigos, quienes oraban a diario por mi. Muchos de ellos formaron grupos de oración donde gente que ni conocía habían escuchado sobre mi accidente y decidieron orar por mi. Personas que practicaban diversas religiones me habían puesto en sus oraciones. Un pastor Cristiano con el que Mario había trabajado recientemente oró con su congregación. Un sacerdote Católico retirado, que era mi amigo, complementaba sus oraciones encendiendo un cirio pascual. Esta es una vela usada para rituales muy sagrados. Según él encendió la vela, su llama se extendió a una altura increíble. El le comentó a mis parientes que esto significaba una larga vida aun por venir. Definitivamente las oraciones estaban funcionando. Algunas personas hasta tenían cadenas de oración a través del Internet.

    Siempre supe que orar era importante pero nunca imaginé que las oraciones verdaderamente concentrados pudiesen convertirse en un objeto tangible, una Pared Violeta capaz de confortar y protegernos del mal. Mientras la gente estuviese orando, ningún mal podía acercárseme. Esta fue la única vez que pude ver la Pared Violeta mientras estaba despierta. Veía destellos de ella en mis breves sueños cuando las aterradoras sombras querían estar cerca de mi pero no podían penetrar la pared. No pude ver la Pared Violeta otra vez pero ahora sabía que estaba allí y que las oraciones la alimentaban así que ahora, mas que nunca, oré.

55. Se rápido en manifestar tus dolencias a los médicos o tendrás que esperar hasta mañana.

Luego de una noche que pareció mas larga que las usuales, por mis problemas para respirar, mis doctores vinieron a verme a las 5:00 de la mañana. Que alivio me daba el que fueran tan madrugadores para poder comunicarles tempranito mis dolencias. A pesar de que dormían pocas horas, los médicos siempre tenían grandes sonrisas y eran extremadamente amables conmigo.   -Buenos días. -¿Como estamos el día de hoy? Me dijo el doctor Jeremy. Sabía que tenía que explicar rápido lo que me estaba pasando pues habían demasiados pacientes esperando por los doctores. -No puedo dormir. -No puedo respirar bien. -Siento que mi corazón se va a parar cada vez que trato de dormir y también veo monstruos cuando comienzo a soñar. -Creo que podría ser la morfina. Le dije tan rápido como pude al doctor. Sabía que si no hablaba rápido se me quedarían achaques sin cubrir así que casi ni respiré para poder decir mi lista completa.

Estaba convencida de que el mencionar la palabra "monstruos" llamaría la atención del médico. ¿A quién no le gustaría escuchar la historia de alguien que alega estar conversando con monstruos? Estoy segura de que si hubiese propuesto ese tema para uno de los programas de TV que me habían tocado producir, todo el mundo habría estado de acuerdo en que el mismo atraería gran audiencia. Para mi sorpresa o a este doctor no le impresionaban los monstruos, o ya había tenido otros pacientes con el mismo problema, o simplemente el tema no le llamaba la atención. Ni se inmutó; no movió ni un sólo músculo de su cara o de su cuerpo para indicarme que le había interesado el tópico.

Por lo único que manifestó interés fue por el problema de respiración. Pero que doctor tan aburrido es este. ¿Dónde está su sentido de aventura? ¿Acaso no sabe él que los monstruos son los protagonistas de las historias mas increíbles que se han escrito? Existen convenciones para seguir las hazañas de los monstruos famosos. Sus seguidores tendrían curiosidad en conocer mas sobre ellos. ¿Provienen del espacio o de este planeta? ¿Eran monstruos o mas bien zombis o quizás hombres lobos? Al parecer este médico no había asistido a ninguna de esas convenciones. Su interés por los monstruos era tan grande como el de un niño en hacer sus tareas escolares el día de navidad.

El Dr. Jeremy se concentró en los asuntos de salud; me preguntó si necesitaba mas oxígeno pues se me estaba suministrando menos a través de los pequeños tubos plásticos que iban hacia las fosas nasales. Le manifesté que no necesitaba mas aire sino que algo en mi pecho no me dejaba respirar adecuadamente. Mi teoría era que el problema estribaba en mi corazón, a lo cual el Dr. Jeremy respondió que no debía ser pero que solicitaría otra prueba de Rayos-X para ver que estaba sucediendo con mi pecho. Luego me dijo que el resto del equipo vendría mas adelante y se fue. Que bueno que me aseguré de cubrir todo lo que me preocupaba tan pronto llegó pues el médico sólo estuvo allí unos breves minutos.

Le despedí feliz ante la posibilidad de que mi asunto sería tratado. Eso si, estaba un poco desanimada por el hecho de que mi historia de monstruos no causó la misma impresión en mi doctor que había dejado en mi. Me pregunto si hubiese reaccionado igual si en vez de monstruos le hubiese dicho que se trataba de vampiros. Curiosamente, los vampiros también pasaron a formar parte de mi historia y de una manera poco convencional.

56. Acostúmbrate a las pruebas diarias de sangre.

Cuando los doctores partían, el cuarto se contagiaba del bullicio mañanero. Una de las primeras empleadas en llegar era la que tenía a su cargo el obtener muestras de sangre de casi todos las pacientes para las diferentes pruebas que se hacían diariamente. Ay mamá, si alguien nos causaba terror con su sola llegada era ella. Personalmente le tenía pánico, no porque fuese deficiente en lo que hacía, de hecho era bastante buena pero cada vez que me sacaba sangre se llevaba al menos cuatro tubos. Ni los vampiros de las historias de terror son tan golosos.

Algunas pacientes se referían a ella como la "chupa sangre" y ese nombre le iba como anillo al dedo. ¿Ven como esta paciente no era la única que buscaba entretenerse hasta con los momentos mas desagradables? No me encontraba sola en desear que las cosas ordinarias luciesen mas entretenidas en este lugar no muy excitante; mis compañeras de cuarto tenían la misma necesidad. "La chupa sangre", eso sonaba como el título de una escalofriante historia. De pronto hasta sacaba unas cuantas escritoras de estas pacientes; algunas eran bastante ocurrentes. De hecho, una de ellas apodó a la enfermera que recogía las muestras de sangre como "la vampiro". Recordar este título honorario, conferido por dicha compañera a la enfermera mientras me sacaba la sangre, lograba que me relajara.

La "vampiro" era una mujer Asiática en sus 40's o 50's que medía alrededor de 5 pies 3 pulgadas y tenía un cuerpo delgado. No poseía una presencia física que intimidara pero eso cambiaba cuando veíamos sus agujas, sus tubos, y esas bandas elásticas de goma que apretarían nuestros brazos para sacar sangre de ellos. Supongo que esta sería la profesión en mayor demanda si los vampiros existiesen. La "vampiro" era muy diestra en su labor y aún cuando obtenía varios tubos de sangre, sus agujas dolían menos que la mayoría de las inyecciones que recibíamos diariamente. Si ella hubiese sido la única inyectándonos, hubiésemos estado de pláceme. Desafortunadamente esa enfermera era sólo una entre tantas y cuando partía llegaban otras cuyas inyecciones nos causaban un pánico mayor.

57. Si te dicen: -tienes venas pequeñas,
te tocó una enfermera que no sabe poner inyecciones.

Varias enfermeras parecían haber sido adiestradas por algún descuartizador, no porque tuvieran el deseo de hacernos daño sino porque tenían muy poca precisión para inyectarnos y nos dejaban los brazos repletos de moretones. Parecía que las hubiesen contratado nuestros peores enemigos porque esas inyecciones nos dejaban adoloridas por días. Las excusas mas comunes entre las enfermeras menos diestras para justificarse son: "tus venas son tan pequeñas", o "tienes venas difíciles", o "tienes venas malas." Estaba convencida de que no existía tal cosa porque aún cuando mis venas eran "difíciles de encontrar" si la enfermera era diestra las encontraba de inmediato. De hecho, había tenido a una de esas empleadas tres días antes.

Hoy otra empleada estaría a cargo de mi suero; me iban a hacer varias pruebas y había que reemplazarlo. Los sueros eran sustituidos cada tres o cuatro días para garantizar el flujo del medicamento. La aguja entró en mi brazo la primera vez; fue bastante doloroso. -Tienes venas muy pequeñas. Alegó la enfermera. Ay no, otra enfermera con mal de Parkinson justificando su falta de estabilidad; anunciando su delito como si ella no fuese la culpable de la escena del crimen próximo a suceder. Sabía lo que eso significaba; la enfermera era mala para poner inyecciones, lo justificaría diciendo que la deficiente era la paciente y me tendría que someter a la tortura de al menos tres intentos mas hasta que ella lograse poner el suero en su sitio. Porque no podían simplemente decir algo como: "yo en realidad soy malísima para inyectar a la gente" o "mis destrezas en poner suero son limitadas". Los pacientes no nos sentiríamos precisamente mejor pero al menos sabríamos lo que nos espera.

Desdichadamente a los humanos nos cuesta demasiado admitir nuestros puntos débiles tan honestamente. Supongo que es porque pensamos que si admitimos en lo que no somos buenos perjudicaremos nuestras oportunidades de ejercer nuestros trabajos. Por ende, en vez de admitir que no podemos hacer algo bien, justificamos nuestra ineficacia. ¿Y cual es la mejor forma de justificarse? Echarle la culpa a alguien mas, en este caso al paciente. Si la culpa es del paciente, eso significa que la enfermera queda exonerada de cualquier responsabilidad. Finalmente, luego del tercer intento de la enfermera con mal de Parkinson, mi suero estaba por fin en su lugar y podía descansar, dos moretones mas para mis brazos ya púrpura. Afortunadamente estas enfermeras descubrieron algo que ni los doctores ni los estudios habían revelado, yo oficialmente sufría de ese incurable mal llamado "venas pequeñas".

58. El que todos puedan comer menos tu, es desafiante a la hora de la comida.

Según partía la enfermera con mal de Parkinson, mi olfato se percató de que era hora del desayuno. En el cuarto de cuidado intensivo hasta había olvidado lo que era tener hambre. Recuerdo haber tenido sed pero no hambre. En este nuevo cuarto, sin embargo, no estaba sola; habían varias camas con pacientes que podían comer. Cuando la señora que traía las bandejas con comida entró al cuarto y pude olfatear los apetitosos olores a desayuno recién preparado, se me hizo la boca agua. Supongo que mi sentido de olfato se había agudizado pues mi nariz husmeaba los olores igualito a cualquier animalito que ha percibido el olor de su presa. Es mas, creo que lucía tan desesperada como los vampiros que huelen sangre en las historias juveniles. Me puse a la expectativa, deseaba saborear lo que olfateaba. Por primera vez desde que había llegado al hospital sentí un deseo inmenso de poder comer.

Casi todas las pacientes podían ingerir alimentos, menos yo. Estaba siendo alimentada a través de un tubo que iba desde el lado izquierdo de mi estómago hasta mis intestinos o sea que mi boquita ni cuenta se daba de que el cuerpo ya había comido una empalagosa leche. Según desfilaban frente a mi las delicias que comerían mis compañeras: pancakes, huevos, jamón, fruta, jugo, y café sentí una ansiedad inmensa de poder disfrutar de esos manjares. Me sentía como el conejo Bugs Bunny cuando seducido por el aroma a comida fresca volaba en el aire, guiado por el olfato hacia la atractiva comida. Estaba consciente de que no podía volar como Bugs Bunny pero quizás podría obtener el privilegio de comer por boca. Si un conejo podía volar, que una humana pudiese comer era mucho mas sencillo.

Eso si que era algo motivador, poder comer como cualquier otra persona. Así que cuando el equipo de doctores vino a verme, rápidamente pregunté: -¿cuando voy a poder comer? Y añadiendo la personalidad de niña mansa e inofensiva les dije: -veo a otra gente comiendo y también tengo un corazoncito. Esa carita inocente me había funcionado en ocasiones anteriores y esperaba tener el mismo resultado ahora. A juzgar por las sonrisas de los doctores parecía estar funcionando. -Comencemos a darle la dieta líquida. El profesor de los doctores, un guapo y esbelto hombre Afro-Americano en sus 30's que también era mi médico principal, Dr. Salim, dijo a Alicia, una simpática joven anglosajona que estaba siendo entrenada por él y escribía todo lo que se le indicaba. Ese doctor y su alumna ya me caían bien pero ahora tendrían mi afecto total. Mi boca se hacía agua de sólo pensarme saboreando esa dieta líquida; no sabía lo que eso significaba pero asumí que me alimentarían con caldos o algo por el estilo. A mi me encantan las sopas así que estaba contenta; tenía una sonrisa de oreja a oreja. -Gracias, lo amo. Le dije satisfecha al doctor porque él había accedido a mi petición. Luego de dos semanas sin comer nada por boca, la idea de ingerir algo, aunque fuesen líquidos, era súper alentadora.

El Dr. Salim procedió luego a chequear mis heridas mientras Alicia, la doctora en entrenamiento, reportaba sobre los líquidos que salían de mi páncreas. Me encontraba tan feliz con el hecho de que iba a tener un almuerzo que no tuve suficiente tiempo para recordarle a mis doctores de mis problemas para dormir y respirar. Eso si, me cercioré de decirles que cerraran la cortina al salir; me sentía débil y quería estar segura de que tenía suficiente privacidad para concentrarme en mi sanación y en el suculento almuerzo que comería hoy mismo y en lo relajante que era el inusual silencio que había en la habitación en ese momento.

59. El silencio en un cuarto de traumas es efímero.

Cuando el enorme cuarto de traumas se vació de doctores, enfermeras, y asistentes, decidí aprovechar el nada común silencio para dormir. Llámenme terca pero por alguna razón siempre tenía la esperanza de que iba a poder tomar una buena siesta. Me cubrí con una sábana y cerré mis ojos cuando un repentino sonido, que parecía cadenas pegándole a algún metal, hizo que los abriera abruptamente. Esto ya parece un complot, primero los monstruos, luego la gritona, y ahora ¿qué es lo que está causando ese ruido?

No podía ver lo que estaba sucediendo en el resto del cuarto porque mis cortinas estaban cerradas; sólo podía hacer conjeturas. ¿Sería una tubería averiada? ¿Y si se inunda el cuarto como salgo? El sonido crecía mas y mas alto. De repente la paciente gritona comenzó a hacer alarde de sus aun saludables pulmones; sus quejidos eran insoportables. Si hubiesen tenido espejos en el cuarto, todos se hubiesen roto. ¡Que timbre de voz tan agudo!

De corazón quería que ella se pusiera mejor pero no a costa de que yo me sintiera peor con sus gritos. Me hubiese encantado ayudarla para disfrutar de un cuarto mas silencioso pero no podía moverme. Lo único que restaba hacer era tratar de concentrarme en mi sanación, ignorar el caos que me rodeaba y pensar que era la única allí. Pero esos gritos ¡Dios mío! Hacían prácticamente imposible que la chica pasara desapercibida, podían escucharse en todo el piso. Mi nueva misión era aplacar ese griterío de alguna forma. La táctica que escogí era un poco arriesgada; aconsejaría a esta paciente a que ayudase en su sanación concentrándose sólo en ella. No se que me hacía pensar que tendría éxito donde hasta las enfermeras habían fracasado pero mi teoría era que la joven le haría mas caso a otra paciente que al igual que ella estuviese padeciendo dolor. Estaba pensando en como le comunicaría "mis sabios" consejos a la paciente cuando esta comenzó a acompañar sus alaridos con palabras de súplica: -tengo dolor. Gemía la joven mientras pegaba al metal de su cama. -¡Por favor! Seguía gritando. -¡Tengo dolor!

Inmediatamente una enfermera vino corriendo al cuarto. -¿Que sucede? La enfermera preguntó preocupada a la paciente. -Necesito medicina para el dolor. La joven mujer fue rápida en responder con voz entrecortada. -Pero ya te han dado mucha medicina. La enfermera alegó. -Por favor, por favor. La joven mujer continuaba suplicando. -Déjame preguntarle a tu doctor. La enfermera respondió y rápidamente dejó el cuarto mientras la joven seguía quejándose. Hice una pequeña oración por aquella paciente pero me encontraba un poco temblorosa por los gritos. La empleada regresó, en poco tiempo, con una inyección de morfina que pareció agradar a su paciente de inmediato. Se durmió y con su descanso regresó la paz a nuestro cuarto. Supuse que esparciría mis "inteligentes" consejos a la joven después de que despertara. Ni por casualidad me hubiese atrevido a perturbar sus sueños. Así calladita se veía mas bonita. Despierta no la aguantaba nadie. Pero con ella dormida la paz regresaba al cuarto y todas las demás pacientes nos poníamos felices por el silencio y porque anticipábamos la llegada de nuestros familiares, a quienes les permitían la entrada a partir de las 11 de la mañana.

60. En un cuarto con múltiples pacientes la privacidad es imposible.

Nadie como mi familia para hacerme sentir mejor; sus voces si que eran una dulce melodía para mis oídos, contrario a los gritos de la paciente a la cual no mencionaremos no sea que se le ocurra despertar antes de tiempo. Me encontraba ansiosa, deseosa de recibir cuanto antes a mis parientes. Sus apapachos me harían olvidar los momentos no tan agradables. Eran las once en punto de la mañana y no había nada mas importante que verlos llegar. Las once y uno, las once y dos, las once y tres ¿que pasa que no llegan? Cada minuto de espera en un hospital se siente como una eternidad.

Me preparé para la ocasión tratando de sentarme en mi cama. Como no podía mover mi cuerpo, primordialmente por los tubos que tenía incrustados en mi barriga, la palanca que cambia la cama de posiciones era mi única forma de lograr quedar sentada. Luego de varios dolorosos intentos pude alcanzarla y justo cuando me senté, escuché unas voces en el pasillo. ¡Justo a tiempo! Pensé. Mi corazón se quería salir. ¿Serían mi mamita y mi esposo? Unos pasos se escucharon aproximándose a mi cama. De repente la cortina derecha de mi "cuarto" se abrió. ¡Que desilusión! Era una asistente de enfermera que venía a obtener mis signos vitales. Bueno, al menos eso no dolía. Extendí mi brazo para que ella hiciera su trabajo pero aun escuchaba voces.

Eran dos mujeres que hacían su entrada al cuarto, una dama mayor muy elegante y su nieta, quién debía estar en sus 30's. Ambas entraron al inmenso cuarto a chequear a la joven mujer anglosajona, la cual se encontraba al otro extremo de la habitación. Me dio gran alegría por la joven paciente Caucásica. Su familia había finalmente venido y asumí que ella se pondría contentísima de verles. Lo mas probable eso era lo que tenía tan angustiada a la chica, el hecho de que su familia no había llegado. Debo admitir que mi alegría también era un poco egoísta pues imaginaba que la presencia de su familia apaciguaría los gritos de la paciente.

Las dos guapas damas, de cabellos dorados, parecían preocupadas por la joven. Luego de ojearla y percatarse de que estaba dormida, comenzaron a platicar entre si. -Ella siempre hace esto. La nieta, quién también era la hermana de la joven mujer, le dijo a su abuela. Este comentario me intrigó. Desde mi esquina no tenía mas remedio que escuchar la conversación. No hay nada de privacidad en un cuarto dividido sólo por cortinas así que no piensen que es que me gusta el chisme, nada mas me entretiene; deja parar el oído para ver que dicen.

Abuela y nieta se quejaron de la conducta de la joven mujer, alegando que esta no era la primera vez que lo hacía. ¿Qué hacía que? ¿Tener un accidente de auto? No era de mi conocimiento a que se referían pero ellas si estaban al tanto de algo que esta intrusa que les escuchaba desconocía. Parecían molestas con la paciente y luego de unos breves momentos la nieta fue a buscar a los doctores para obtener mas detalles sobre el accidente de su hermana. Ajena a la razón de su molestia y como toda vecina chismosa hice conjeturas sin tener todos los datos a la mano. Para mi, en ese momento, esas despiadadas villanas se estaban comportando muy mal con la pobre víctima del accidente. Una cosa era que gritara pero otra era no tenerle compasión en estos momentos difíciles.

No cabía en mi cabeza como podían ser tan duras y frías con alguien que apenas estaba sosteniéndose con vida. -No en balde se queja tan fuerte. Pensé. -Con esa familia supongo que también sollozaría. Estaba pensando en esto cuando la nieta regresó, quejándose de los doctores y las enfermeras; parecía que las quejas corrían en la familia. Ambas, la abuela y la nieta, se fueron enfurecidas del hospital sin hablarle a la joven mujer anglosajona. Esto me perturbó profundamente. ¿Qué habría hecho la joven del accidente de auto como para merecer que su familia la tratara con esa indiferencia? Ese si que era un chisme digno de investigación. Tiempo demás tendría para conocer los detalles de esta intrigante novela familiar mientras estuviese en el hospital.

En eso llegó mi bella familia y el chisme de la chica del accidente de auto se me hizo poco atractivo al lado de los gratos momentos que me esperaban con mi consentidora familia. Tu sigue durmiendo allá en tu esquina, joven accidentada cuyo nombre desconozco, que esta paciente disfrutará de sus seres queridos.

Capítulo 4:

Como sobrevivir un cuarto de hospital

61. Consentir al paciente logra maravillas en su sanación.

MIENTRAS LA OTRA PACIENTE ERA PRÁCTICAMENTE IGNORADA por su familia, mis parientes se desvivían en atenciones conmigo. Me escuchaban atentamente según describía los problemas que tenía para respirar y dormir y se encargaban de mi cuidado. Mami cambiaba mi pañal mientras mi gemela buscaba un envase para lavarme el cabello; lo llenó con agua caliente y lo puso sobre la mesa donde se sirve comida. Mami acomodó varias almohadas entre el recipiente y la cama apoyando mi cabeza mientras Janet lavaba mi melena.

Este salón de belleza improvisado me hacía sentir tan consentida como si estuviese en el mas lujoso spa de Beverly

Hills. Mi hermana hasta me hizo una sofisticada trenza en el cabello que me hacía sentir lista para la alfombra roja. Mi madre entonces me cubrió con cobijas para que quedase dormida y permaneció a mi lado mientras mi hermana salió a comprar cosas que deseaba para decorar mi apartamento, a manera de que cuando regresara a casa luciera espectacular. Estos mimos de mi familia eran para mi un escape, un descanso en medio del trabajo intenso que era tratar de ponerse mejor de salud en medio de una condición grave.

62. Las flemas afectan la respiración y provocan ahogos; salir de ellas te hará sentir mejor.

Tal como en un resort de salud, mi madre me acomodó con reconfortantes cobijas y almohadas para que pudiese conciliar el tan ansiado sueño pero continué teniendo problemas para respirar y rápidamente desperté. Le pedí a mi progenitora un masaje en la espalda mientras me inclinaba frente a un envase de plástico para tratar de toser la flema que me estaba molestando. El proceso dolía profundamente pero continuamos haciéndolo por alrededor de veinte minutos. Como me dolía, unas cuantas lágrimas cubrían mi rostro. –Perdón. Le dije apenada a mi mami. -¿Perdón por qué? - No seas zángana. Respondió mi madre con una amplia sonrisa. Apenas sonreí de vuelta; estaba cansadísima pero me sentía mucho mejor.

-Voy a botar esto. Mi madre comentó mientras llevaba el envase fuera del cuarto y regresó en breves instantes a acomodarme en la cama. En eso llegó mi esposo; había comprado uno de esos artefactos MP3 para escuchar música. Me entusiasmé con la posibilidad de que ese aparato me ayudara a dormir. -Tiene mucha música suave y de naturaleza. Mario comentó mientras animado me ponía los audífonos. Mi madre entonces me cubrió con una cobija. -La música durará durante toda la anoche. Mario aseguró con convicción mientras él y mi mamá se despedían; las horas de visita habían acabado y ambos tenían que partir.

Con la cantidad de flema que mi mami me había ayudado a expulsar era mi intensión entregarme al sueño sin preocuparme con ahogarme. La preciosa música instrumental, del aparato que trajo Mario, arrullaba mis oídos y era mi anhelo que me concediera el tan ansiado sueño sin interrupciones.

63. Música instrumental y audífonos sirven para aislarte de un cuarto ruidoso.

¡La música funcionó! Por tres horas pude dormir. Sentía que la melodía establecía la pauta para los latidos de mi corazón y por primera vez, en días, quedé dormida. Mi mente era calmada por los suaves sonidos de naturaleza que estaba escuchando, junto a música instrumental. Mi esposo no tuvo tiempo de escuchar todos los números musicales así que mi repentino sueño fue invadido por los sonidos de una mosca, una vaca, y una pluma de agua goteando. Estos se encontraban en el CD de sonidos de naturaleza. El ruido de la mosca me hizo manotear, tratando de atraparla. La pluma de agua goteando me dio ganas de ir al baño y el mugido de la vaca hizo que abriera mis ojos repentinamente, con el pendiente de que dicho animal se encontrara a mi lado.

Sonreí; basada en la selección musical, Mario, mi esposo, ciertamente no tenía posibilidades como "disk jockey". La música continuó y en esta ocasión era Mozart. Caí dormida otra vez. Estaba feliz de poder aislarme de los perturbadores sonidos de mi cuarto. Pero como todo lo bueno parece durar poco, la música sólo se escuchó durante tres horas. La batería no estaba totalmente cargada y muy pronto regresé a la realidad de mi cuarto de hospital. -¡Necesito medicina para el dolor! La joven paciente del accidente de auto gritó desde el otro lado de la habitación mientras una asistente de enfermera discutía con ella que ya había obtenido suficiente medicina por el día. ¿Alguien tiene un bozal en este cuarto? Denle la medicina para que se calle; con tanto ruido es imposible dormir. Todo esto lo pensé mas no lo expresé, no tenía fuerzas para hablar.

Pero cuanto mas deseaba el silencio mas ruido surgía por doquier. Por un lado la joven que gritaba, por otro, un muñeco parlanchín que le habían regalado a otra paciente no cesaba de bailar y cantar: -eres mi sol, mi único sol. -Me haces feliz, cuando todo está mal... Ay no, aquí hasta los muñecos hablan. Pensé, al menos este ruido no era desagradable, molestoso quizás pero no perturbador. De todas maneras tampoco ayudaba a dormir.

Estaba pensando en esto cuando otro sonido se sumó a la nada silenciosa noche: una mujer comenzó a maldecir. ¡Lo que faltaba! Justo cuando pensaba que este lugar no podía ser mas inhóspito el atractivo sonido de malas palabras emergió. Como me hubiese gustado que mi papá hubiese estado vivo y en ese hospital conmigo, en ese día, para regañar a esa señora. Las malas palabras no eran permitidas en mi hogar así que él hubiese tenido un festín diciéndole a esta mujer cuan inaceptable era decir malas palabras. Desafortunadamente mi papá había fallecido el año anterior y por ende no podía intervenir; a menos que viniese como fantasma. Eso si que hubiese sido interesante. No se si la señora se hubiese preocupado mas por el regaño de mi padre o por el hecho de que fuese un fantasma. Pensándolo bien, con la conducta tan impredecible de esta señora quizás hubiese sido mi padre el que se hubiese asustado.

Era una mujer Afro-Americana madura, probablemente a finales de sus 50's o principios de sus 60's, quién había sido admitida al cuarto de traumas ese día. Discutía con la enfermera en torno al suero; se rehusaba a que le pusieran uno en el brazo. Decía que había estado allí por dos días y que no había recibido atención médica hasta ahora y que por ello se negaba a recibir el suero. La enfermera trató de convencerle pero no pudo completar ese trabajo. Mi meta de poder dormir quedaba pospuesta una vez mas. ¿Acaso habían conspirado todas las mujeres ruidosas del mundo para venir a mi cuarto de hospital?

64. El cuidado de las enfermeras viajeras es el mejor lujo en un hospital.

No pasó mucho tiempo antes de que tuviese frente a mi el descanso que necesitaba, una mujer en sus 30's, Afro-Americana, con una actitud sosegada y pacífica llegó al cuarto a cambiar las gasas que cubrían mis heridas. -Hola, soy Gyolonda y seré tu enfermera esta noche. Dijo la gentil dama con dulce voz. Su tono era música para mis oídos, contrario a los escándalos de mis ruidosas compañeras de cuarto. La sosegada enfermera cambió mis gasas, recogió los líquidos que salían de mi estómago, y hasta cambió mi pañal con una entrega poco usual a su llamado de enfermería. Alguien me amaba en el cielo y mandó a este ángel a mi rescate. Su identificación decía: enfermera viajera. Puse gran atención a eso.

-¿Que es una enfermera viajera? Pregunté intrigada. -Es una enfermera traída de otro estado. -Yo, por ejemplo, soy de Texas. -Voy a ponerte una inyección ahora. -¿Donde te gustaría que la pusiera, en tu brazo o en tu barriga? Dijo la enfermera con un tono tierno. -En ningún lado. Mi mente pensó. Esas inyecciones son muy dolorosas, recordé rápidamente pero la enfermera fue tan gentil que le brinde una respuesta igualmente cortés. -¿Que recomiendas? Inquirí. -Tu barriga. Gyolonda respondió. –Adelante. Le dije, temiendo otra dolorosa inyección. Me viré para mirar las cortinas del cuarto. -Eso es todo. Dijo Gyolonda. -¿Qué? Exclamé. -Eso es todo. Repitió. -¿Te dolió? Preguntó la enfermera viajera. ¿Dolerme? Pero si ni siquiera lo sentí.

Ay gracias Diosito por traerme a una enfermera que sabe poner inyecciones. No le dije esa última frase pero si le comenté: -vaya eres muy buena. Con una sonrisa tímida, la enfermera se marchó. Me quedé anonadada. En pocos momentos comprendí el verdadero sentido del título "enfermera viajera"; significaba perfección en enfermería. ¿Por qué otra razón un hospital traería a una enfermera de otro estado? Esta diestra mujer podía poner una inyección, cambiar un pañal, sanar una herida, y hasta hablar de forma cariñosa. Justo cuando me inclinaba a pensar que el caos en el cuarto de traumas no tenía remedio, esa enfermera llegó para traer la esperanza y el orden.

La empleada hizo que me sintiera protegida e inmediatamente le manifesté mi inquietud, el problema que tenía para dormir y respirar. La respuesta de ella no se hizo esperar; en un abrir y cerrar de ojos llamó a una doctora. Esta enfermera era la solución a mis problemas. Mi plan era que la doctora, llamada por la enfermera viajera, resolviera mi problema de respiración para así poder dormir sin importar cuanto escándalo estuviesen haciendo mis compañeras de cuarto.

65. La inactividad debilita los músculos; caminar les devolverá la fuerza.

En la mañana, el equipo de doctores ya había estudiado los rayos-X. Me dijeron que comenzara a caminar para que el oxígeno fluyera mejor por mi cuerpo y mis músculos se ejercitaran. No era la sofisticada solución que esperaba pero si dar unos pasos me ayudaba a respirar que se preparen los pasillos del hospital que la nueva corredora del maratón de Los Ángeles estaba lista. Nada mas esperaría un momentito por mis entrenadores, mami y mi esposo, para tener en quien recargarme. Tan pronto como ambos llegaron les comuniqué sobre su nuevo trabajo. Ellos hacían lo que les pidiese y me seguían la corriente en mi entusiasmo.

Sin perder tiempo, me ayudaron a levantarme pero como tenía la pompa que me alimentaba incrustada en mi estómago prepararme para la carrera era un poco complicado. Por ello llamamos a una enfermera, para que removiese el artefacto con todo y tubo que lo sostenía. La enfermera o tenía mucho que hacer ese día, o estaba cansada, o simplemente era perezosa; lo cierto es que nos dijo que nos fuéramos con todo y tubo. ¡Que pantalones! Acaso no entiende que lo que tengo que hacer es caminar; el doctor no dijo una carrera con obstáculos. Cargar todo ese palo conmigo era una locura. ¿Estaría esa enfermera tomando morfina?

Con todo y mis dudas decidí aceptar el reto para que el personal se percatara de que estaba cooperando; no fuesen a pensar que era tan problemática como mis compañeras. Así que con una ligera sonrisa en mi cara dirigida a la perezosa enfermera, igualita a la que uno da en un trabajo cuando nuestro superior pide que hagamos algo con lo que no estamos de acuerdo, sostuve el tubo mientras mi esposo y mi madre caminaban a mi lado, aguantándome y ayudándome a cargarlo. A duras penas podía caminar; sentía como si estuviese sosteniendo cadenas pesadas en mi trasero.

Dar pasos ya era suficientemente difícil como para añadir el peso del tubo que sostenía mi pompa de alimentación, el suero, y varios medicamentos. Me pregunto si la enfermera que lo sugirió había estado alguna vez en el hospital pero no como empleada sino como paciente en una cama. Lo cierto es que ella probablemente no tenía idea de cuan difícil era la labor de caminar con una carga tan pensada, teniendo el estomago abierto, los brazos delgados y morados y sosteniendo mas de 30 libras de equipo cuando el paciente a duras penas pesa 98. Me sentía exhausta y respiraba con dificultad. Creo que reaccioné con el mismo cansancio que si de verdad hubiese corrido las 26 millas del maratón de Los Ángeles.

El corazón se me quería salir; estaba palpitando súper rápido. Mi respiración era desesperada; trataba de inhalar pero apenas podía. Mi inactividad había debilitado mis músculos. Luego de caminar unos pocos pasos me sentí fatigada y lentamente regresé a mi cama. Mi mami y mi esposo me ayudaron a sentar. Su corredora no había ni siquiera comenzado la carrera cuando ya se había rajado.

66. No cambies tu rutina de sanación
si quieres mejorar tu salud.

Mas tarde, ese día, una de mis hermanas, Miriam, me visitó junto a uno de sus hijos y su esposo. Feliz de verlos, no paré de hablar. Habían manejado desde San Francisco donde Richard, mi sobrino, estaba estudiando. Platicamos de mi cirugía y de una operación de la esposa de mi sobrino. De repente las operaciones y largas estadías en el hospital eran temas en los que tenía experiencia y estaba contenta de compartir con otros. Pero usar mis pocas energías hablando me puso grave y débil. Durante el día no lo notaba tanto pues tenía mas energía pero en la noche sufría demasiado, tratando de hacer cosas básicas como respirar con las pocas fuerzas que me quedaban. Aprendí la lección: no podía hablar mucho o cambiar mi rutina de sanación si quería acelerar mi salida del hospital.

67. Los problemas de respiración pueden ser causados por líquido en los pulmones.

El doctor Sassani, uno de mis médicos en el cuarto de traumas, vino a mi esquina entusiasmado. Este médico tenía rasgos físicos del Medio Oriente; su piel ostentaba ese bronceado dorado que caracteriza a muchas personas de países Árabes. No era de mi conocimiento cuales eran sus creencias religiosas pero asumí que era Musulmán, quizás porque él parecía mantener cierta distancia de sus pacientes femeninas. Con la alegría de quien cree haber encontrado la solución a un gran problema, me preguntó si daba mi consentimiento para un procedimiento que él estaba convencido me ayudaría a respirar mejor. Lo mire con entusiasmo. Por supuesto que le dije que si. Le respondí antes de que terminara su pregunta y usando el poco aire que me quedaba.

A mi esposo y mi madre se les pidió que esperaran afuera mientras varios doctores en su práctica venían a ayudar al Dr. Sassani. El médico me explicó que con una aguja sacaría líquido de mis pulmones. En ese momento fue que supe que me había dado pulmonía mientras estuve en intensivo; no me lo habían notificado. Ahora entendía por qué tenía las molestosas flemas en mi pecho. Otra cosa que escuché, no recuerdo si en ese momento o después, fue que los sueros pueden llenar los pulmones de agua; al parecer los pobres se estaban ahogando pero nadie me lo había notificado. Con razón sentía que me asfixiaba; eran mis pulmones los que necesitaban un salvavidas.

Entonces ¿por qué me dijeron en mas de una ocasión que me fuera a dormir tranquila cuando les hablaba de mi sensación de ahogo? Me trataban como niña chiquita que se queja por nada cuando ellos sabían la razón. Por suerte, el doctor Sassani parecía estar seguro de haber encontrado la solución. Era la primera vez que realizaría este proceso por si sólo; por ello me pidió aprobación. Los doctores junto a él no estaban tan convencidos; querían esperar por el Dr. Pierce, el cirujano que me había operado. El había realizado este proceso anteriormente.

Pero a mi me urgía poder respirar así que me agradaba mas la propuesta del Dr. Sassani que la de sus compañeros. El Dr. Pierce me caía súper bien pero el Dr. Sassani estaba en mi cuarto en ese momento y por ende él era quien me socorrería en este instante. -Yo confío en ti. Le dije de forma segura y decidida al Dr. Sassani. -Dios te mando aquí a ayudarme así que adelante. Le reiteré con gran seguridad. El doctor Sassani sonrió satisfecho; sus compañeros no objetarían ya a sus intenciones dado a que la paciente había dado permiso de forma tan dispuesta. Esa era la luz verde que el Dr. Sassani necesitaba para comenzar su procedimiento.

Sin perder mas tiempo, el médico principiante me dijo que inclinara mi torso hacia el frente mientras permanecía sentada en mi cama. Esta era una posición muy dolorosa para mi debido a la herida abierta y los tubos en el área del abdomen pero me urgía respirar así que sin pensarlo dos veces me doblé hacia el frente y el proceso comenzó. Con mi espalda hacia el doctor él introdujo una enorme aguja en ella para succionar los líquidos que se habían acumulado en mis pulmones. No sentí gran dolor aun cuando podía ver como dos envases enormes de cristal fueron llenados con líquidos; estos eran extraídos por agujas que estaban dirigidas hacia mis pulmones. Ay mamá ¿toda esa agua estaba ahogándolos? ¡A ver quien se atreve a sugerir que me estaba haciendo la enferma!

Con todo y lo incómodo del proceso me sentía como pavo real mostrando sus bellas plumas. Este era mi momento de presumir que mis quejas tenían un fundamento real y peligroso. Cuando el Dr. Sassani culminó la extracción de líquidos, me entró el pánico. Mis ojos se abrieron ampliamente por el desespero que sentí por no poder respirar. Sentía que me ahogaba. El Dr. Sassani se alarmó junto a mi. Pobrecito, no se quién de los dos hubiese sufrido mas si me hubiese muerto en el proceso, si él por esta ser su primera vez realizando este procedimiento o la paciente porque este hubiese sido mi último. -¿Está bien? Me dijo el doctor. -No puedo respirar. Le dije alarmada y con voz entrecortada. -Tráiganme el oxígeno. Dije tratando de recobrar el aire. Los doctores que asistían al Dr. Sassani agarraron el tubo que venía del tanque de oxígeno y me pusieron una máscara en la boca en menos de un segundo. Creo que al igual que la paciente estaban alarmados. Esta no era una prueba, era una situación de vida y muerte, quizás la primera que varios de ellos tenían que atender.

Luego de unos minutos de tensión recobré el control de mi cuerpo. Respiré por mi misma y tan pronto como pude saqué de la angustia a los doctores. A ellos los preparan para lo peor pero estoy segura de que no querían ver que la catástrofe sucediese con su primer caso. Finalmente me sentí fuera de peligro, esta era una razón para celebrar; si moría un paciente el día de hoy todo parecía indicar que ese alguien no sería yo. Sentí que mis pulmones finalmente podían expandirse, junto a otros órganos, para tomar su forma natural, la que tenían antes del accidente. Era como si esas partes del cuerpo se hubiesen contraído por días, tratando de evitar el agua acumulada en mis pulmones y ahora que los líquidos se habían ido finalmente podían recobrar su forma y posición original.

El Dr. Sassani entendió y esperó a mi lado por cualquier otra reacción. Estoy segura de que estaba tan aliviado como su paciente de que al menos hoy no me despediría de este mundo. En segundos me sentí mucho mejor; mi corazón parecía estar latiendo menos agitado. -¿Estás bien? El doctor Sassani preguntó una vez mas, con cara aun pálida por el susto. Esta vez, sin embargo, pude reportar que ya podía respirar. Me refería a mi aunque no se si el doctor lo tomó literalmente porque el también dio un gran suspiro de alivio y tras él los demás médicos. Todos partieron satisfechos del cuarto mientras mi madre y mi esposo regresaron.

68. Por culpa de los berrinchudos,
los doctores dudan de las dolencias de los pacientes reales.

Orgullosa le mostré a mis familiares los envases llenos con líquido de mis pulmones; ni mostrar un "Oscar" me hubiese causado tanto orgullo. Siempre había pensado que la gente que muestra cosas extrañas a sus familiares y amigos, como piedras que les han removido de los riñones o cicatrices que tienen de cirugías, eran bastante raros pero ahora los entendía perfectamente. Están tan felices de haber sobrevivido el evento que tienen que mostrar evidencia de ello, tal y como un atleta mostraría una medalla. En mi caso me encontraba feliz de presumir los dos enormes frascos de cristal con el líquido que fue removido de mis pulmones; era mi trofeo. En otras circunstancias probablemente hubiese sentido asco de ver eso pero ahora era mi gran premio. Estos líquidos eran los responsables de mis problemas para respirar y se habían ido;

estaban atrapados dentro de esas dos botellas donde ya no podrían herirme a mi o a nadie. Finalmente podía respirar y me sentía súper bien, no sólo físicamente sino mentalmente también. El agua en mis pulmones era la prueba que necesitaba para tener mas "credibilidad" con el personal médico. Dos doctores habían dicho que podía irme a dormir porque seguiría respirando. Ellos pensaban que su paciente le tenía miedo a morir en sus sueños. Eso no era lo que me preocupaba y esta era mi forma de probar que no era un "bebe llorón". Que bonito se siente cuando los hechos confirman tu inocencia. Ya no sería tratada con el mismo escepticismo que se brindaba a varias de las pacientes que hacían berrinches por nada. Este evento me había ubicado en otra categoría, la de los pacientes verdaderamente enfermos que buscan una solución razonable a sus dolencias.

Sin necesidad de juicio salí inmediatamente absuelta de todos los cargos, gracias a las contundentes evidencias de mi inocencia. Lo cierto es que mi credibilidad obtuvo inmediatamente una mejor posición en aquel cuarto; Caso Cerrado en esta Corte del Pueblo.

69. Si te quieren llevar a una prueba no avisada, cerciórate de que es a ti a quien buscan.

Al día siguiente una asistente de enfermera vino a mi cuarto con una cama para llevarme a una prueba. Ninguno de mis doctores me había notificado sobre ello. Por ello cuando la asistente, muy decidida a llevarme, estaba a punto de subirme a la otra cama, rápido la detuve y le cuestioné para que era la prueba. Ella me notificó y me percaté de que dicho examen no tenía nada que ver con mi condición. De inmediato le comenté que no pensaba que fuese a mi a quién estaba buscando y le pedí que me dijera el nombre del paciente al cual le correspondía dicha prueba. Ella entonces buscó sus papeles y efectivamente descubrió que la prueba era para alguien mas que ni siquiera estaba en el cuarto.

Ni quiero imaginar lo que hubiese pasado con otra persona, como alguna que otra que había conocido que nunca cuestionan nada. Hubiesen recibido un examen que no les hubiese ayudado y quizás les habría hecho daño y que para colmo hubiese evitado que alguien que verdaderamente lo necesitase recibiese la prueba.

70. La dieta líquida no saciará ni el hambre ni el paladar.

En un hospital quienes tienen las mejores probabilidades de salir airosos de las dificultades son los que están al tanto de su propio bienestar. En mi caso, el haber pedido comer por boca había propiciado que los doctores me concedieran dicho lujo antes de tiempo. Ese día tuve el gusto de recibir mi primera comida en dos semanas. Por días como este y los días de pago vale la pena vivir. Al son de mi percusión imaginaria, anticipando el tremendo banquete que me daría después de tanto tiempo sin comer, me dispuse a abrir la tapa. La abrí con gran entusiasmo y no pude creer lo que vi. No puede ser. ¿Es una broma verdad? ¿Donde está la cámara oculta? Pensé pues la empleada me dejó la bandeja y se fue antes de que la abriera. Supongo que esa empleada sospechaba cual sería mi reacción. El suculento almuerzo que se convertiría en mi primer comida por boca luego de 20 días en el hospital sería una gelatina, un caldo salado, y un jugo.

No sean malos, tráiganme la misma comida que a las otras. Mi cerebro no podía aceptar mi mala fortuna. ¿Esto era lo que el doctor quería decir con una dieta líquida? En mi pueblo una dieta líquida contaría con un increíble caldo de pollo que despertaría hasta a un muerto. Pero este caldo no tiene ni pollo, ni vegetales y es sólo un recipiente con agua turbia. ¿En serio? ¿A esto le llaman caldo aquí? ¡Que lástima que el doctor no era de mi pueblo! Mi mente no podía parar de quejarse.

Pero calma "que no panda el cúnico" como diría el Chapulín Colorado. Justo a mi lado estaba el santo remedio para mi nuevo problema; mi madre si era de mi pueblo y ella preparaba unos caldos que resucitarían a cualquiera. Le pregunté a mamá si podía traer caldo hecho en casa el próximo día y dijo que si. La música de felicidad volvió a escucharse en mi mente y llenaba todo el hospital. Se me hacía la boca agua de sólo pensarme saboreando ese caldo de pollo sin igual. ¿Quién necesita la dieta líquida del hospital cuando tu propia madre puede preparar los mejores caldos del mundo?

Eso si, me comí la gelatina, el caldo salado, y el jugo por aquello de que "la luz de adelante es la que alumbra". No sabían a nada, la gelatina y el jugo estaban totalmente desabridos y el caldo era pura sal pero con el gran tiempo que había esperado para comer por boca, al menos eran un aperitivo. La verdadera comida vendría mañana junto mi progenitora; si había esperado tanto tiempo para saborearla, un día mas no era nada. Mi felicidad no sería interrumpida por nada en este día. Es mas, ya que no había líquido en mis pulmones y luego de ese gran banquete desabrido que me había dado, probablemente me daría sueño y podría completar otra misión que por días había querido cristalizar y no había podido, dormir sin interrupción.

71. Aprovecha cada oportunidad que tengas para dormir; el sueño es un lujo en un hospital.

Mi madre si que valía lo que pesaba en oro; me cubrió con una manta calientita y me alentó a que durmiera mientras monitoreaba mis sueños. Así cualquiera se duerme tranquilo; no había que temer el ahogarse con la flema mientras dormía. Por dos horas ininterrumpidas dormí. Nada de problemas para respirar, ahogos, o monstruos; había tenido una hermosa y energizante siesta como las que solía tener antes de la caída y desperté feliz de ver a mi madre aún allí.

Que bueno que pude dormir esas dos horas porque la ruidosa del cuarto recién había despertado y eso significaba que nadie mas podría dormir mientras ella estuviese despierta. Esta vez la alarma para despertar no fueron sus gritos sino un sonido de cadenas que estremeció a todo el cuarto. Mi madre espantada miró hacia afuera de las cortinas. -Es la nueva paciente. Le comenté con la arrogancia de quien ya tiene experiencia en la materia. -Tuvo un accidente automovilístico. Le dije con el entusiasmo de alguien cansado por la situación. Con semejante ruido no había posibilidad de seguir durmiendo así que a mi mami y a mi no nos quedó mas remedio que cambiar nuestra atención hacia la paciente del accidente automovilístico.

72. Los pacientes podrán engañar a muchos pero nunca a sus doctores.

Mientras observábamos el escándalo de la paciente, le conté a mami sobre los doctores que habían venido en la mañana y le preguntaron a la chica en torno a los acontecimientos previos a su accidente. Ella respondió que no recordaba nada, y ellos le notificaron que sus exámenes revelaron que había tomado una gran dosis de anfetaminas. Anda pal' cirete, eso si que sonaba como la trama de una novela; gran dosis de anfetaminas casi mata a la dama joven.

¿Por qué habría tomado tantas pastillas? ¿Se habría querido suicidar? La joven señaló que ni siquiera recordaba el accidente. La trama de la novela se complicaba aun mas; la joven víctima sufría de amnesia. Cuando desde mi cama la escuché hablándole a los médicos, asumí que estaba diciendo la verdad pero los doctores no parecían tan convencidos; obviamente ellos sabían algo que era desconocido para mi. Esta historia se estaba poniendo interesante.

<u>*73. Exigir medicina para el dolor constantemente puede indicar una adicción del paciente.*</u>

¿Puedes creer que su abuela y su hermana vinieron y ni siquiera esperaron a que despertara? Hice un paréntesis para poner al día a mami. -Ha estado triste todo el día, aguardando por algún familiar. Le notifiqué a mi progenitora. A ambas nos dio tristeza por la joven, especialmente a mami; ella no podía entender como una madre no estaba al lado de su hija en un momento tan difícil. Ninguna de las dos sabíamos que sucedía en aquel hogar y nuestro punto de referencia era el nuestro donde la familia es lo primero siempre.

Cuando volvimos a escuchar a la paciente gritando para exigir su medicina para el dolor, aun cuando ya le habían dado el máximo hacía poco, me percaté de que quizás su familia no era la villana en esta historia. La mala de la película podría ser ella. El tratamiento para sus golpes parecía no importarle tanto como su dosis constante de medicamento para el dolor. Esa parecía ser su verdadera enfermedad; era una adicta a drogas, fuesen anfetaminas o morfina. Percatarme de esto me alarmó y como me encontraba descansada pues había dormido dos horas, mi cuerpo se sentía con las energías necesarias para ayudar al prójimo.

Decidí que era mi deber socorrer a la joven y de paso al resto de las compañeras del cuarto, incluyéndome. Le enseñaría a esta chica reglas de convivencia y supervivencia en el hospital. Como ya tenía algo de experiencia en la materia, pensé que mis conocimientos instruirían a esta paciente primeriza. Mi labor sería levantarme y caminar hasta su cama, lo cual de por si era un proyecto de gran magnitud. Una vez allí, le dejaría saber a la joven que no estaba sola y que podía ayudarse a si misma.

A un lado motivadores, la nueva entrenadora de vida había comenzado su labor. Con el entusiasmo de quienes dan inicio a un nuevo trabajo le pedí a mi madre que me ayudara a caminar una vez mas por el cuarto. Supongo que mami pensó que de algo le serviría a la joven mis consejos, era eso o no me llevó la contraria porque sabía que necesitaba caminar. De todos modos era un alivio que mi madre me secundara porque sino ni me hubiese atrevido a caminar por el cuarto con el tubo que sostenía mi suero y medicamentos.

Con mi madre sosteniéndome y ayudándome a cargar el tubo me dirigí hacia la joven y le dije, con la poca voz que salía de mi boca: -Dios te ama pero debes amarte a ti misma. -Sólo háblale a Dios y concéntrate en tu sanación. La joven parecía satisfecha de escuchar estas palabras. Sonrió con ternura y asumí que le había conmovido mi corto pero sustancioso discurso o el hecho de que el mensaje provenía de otra paciente que apenas podía caminar y lucía muy enferma.

-Ven aquí, por favor. Me pidió la paciente. ¡Trágame tierra! Esta reacción si que no la anticipaba. ¿Cuál es mi plan de emergencia? Mi mente pensó; me entró el miedo de no saber si hacía lo que se me pedía o al igual que esta paciente fingía amnesia ante preguntas que no supiera responder. ¿No que muy preparada para dar discursos? ¿Cuál es tu plan de defensa si tu audiencia se pone violenta? Mi cerebro seguía buscando alternativas. Ella se veía bastante grande e intimidante. Aun cuando su cuerpo estaba acostado en una cama y era difícil saber su estatura, lucía alta y fuerte. Si no cubría todas mis bases, esa inmensa mujer podría lanzarme de aquí para allá como si fuese sólo una hoja de papel.

Mi cuerpecito era sustancialmente mas pequeño; ella era una Yankee tamaño familiar, versus una Hispana tamaño de bolsillo. No había necesidad de que se pusiese de pie para saber eso. Ella no estaba sobrepeso; era mas bien delgada con una estructura ósea grande. Mi esqueleto era chiquito de arriba abajo y estaba muy por debajo de mi peso ideal; así que el pensamiento de arriesgar mi ya delicada anatomía para tratar de ayudar a esta mujer grandota no hacía nada de sentido.

Titubeé por breves segundos pero finalmente opté por ser un buen samaritano y me acerqué a la joven mujer con mucha cautela. Diosito cuídame mucho que si no vas a tener que recibirme bastante golpeada allá arriba. Mi madre estaba detrás de mi y ella es bastante grande así que si algo salía mal, estaba segura de que me defendería. -Dame tu mano. Me dijo la joven. Mi sexto sentido, si es que ese es el de la supervivencia, me decía que esta no era una idea muy brillante. Pero luego de titubear una vez mas, me auto-convencí de que tenía suficiente protección en caso de que algo saliera mal. Le di mi mano a la paciente. -Gracias. -Eres un ángel. Dijo la joven y me sentí súper culpable por unos momentos hasta que miré con detenimiento sus ojos; no lucían enfocados, su mirada estaba totalmente perdida. Su cara estaba orientada hacia mi pero sus ojos parecían lejos. Era la misma mirada de personas que he conocido bajo la influencia de drogas.

Mi deseo era que mi mensaje provocara un cambio positivo en ella pero al ver sus ojos supe que mis palabras no iban a ninguna parte. -Dios te ama. Repetí una vez mas. Tratando de que mi mensaje entrara por el cerebro cargado de medicamentos de la joven. -Ahora tienes que amarte a ti misma. Le aseguré. La chica respondió: -gracias. Pero todo mi ser sentía que no había nadie allí escuchándome y que cada respuesta, proveniente de sus labios, era un acto ensayado múltiples veces y destinado a obtener lo que quería, fingiendo vulnerabilidad.

Demás está decir que no tuve éxito en enseñarle las reglas de convivencia a la paciente del accidente de auto. Mi esperanza era que su familia la visitara para que estuviese tan ocupada que ni siquiera pensara en los medicamentos. Por lo pronto, se había quedado mansita después de que le hablé. Cruce mis dedos mientras caminaba hacia mi cama, con la esperanza de que la mansedumbre le durara unas cuantas horas.

74. Si apenas tienes fuerzas para caminar,
te pueden proveer un andador para apoyarte.

En el transcurso de la pequeña caminada hacia mi cama sentía que no tendría las fuerzas necesarias para llegar a ella. Mis piernas pesaban como si fueran plomo; el tubo con mis medicamentos ciertamente hacía cada paso mas difícil. Fue entonces cuando Amin, una esbelta enfermera Africana, en sus 30's y con una estatura alrededor de los 5 pies 5 pulgadas, vio mi esfuerzo al caminar y me preguntó, con un dulce tono de voz, si prefería un andador. Que bueno que alguien con sentido común tomó la palabra. Entusiasmada le dije que si y Amín rápidamente lo solicitó. Ya me estaba acostumbrando a la idea de que por cada persona con comportamiento irracional en el hospital habían por lo menos otras 3 que mostraban uno compasivo y considerado.

Desarrollé un afecto especial por esta enfermera, hablaba suavemente y se esmeraba por atender a cada paciente. Cuando mi mamá le pedía un par de sábanas limpias, traía varias extra; cuando un paciente no lograba su comida por cualquier razón, buscaba algo para alimentarle; ella era el molde de una enfermera altruista. Que feliz hubiese sido si todas las enfermeras fuesen así de buenas pero como no todo puede ser color de rosas en el departamento de enfermeras, tiene que haber una malvada. Cualquiera que piense que las villanas sólo existen en las novelas o los cuentos es porque no ha conocido a "La Asistente de Enfermera Infeliz".

75. Muchas enfermeras y asistentes ayudan al paciente, otras se ayudan a si mismas.

Aquella, cuyo nombre no debe ser repetido no vaya a ser que se duplique la fórmula y otros pacientes tengan que sufrir el tormento de sus cuidados, trabajaba durante los turnos nocturnos en el cuarto de traumas. Al menos el nombre del cuarto le venía como anillo al dedo a la fría mujer pues causaba grandes traumas el recibir sus tratos. Era una fémina grande, con bastante sobrepeso, Afro-Americana, en los finales de sus 30's o principios de sus 40's. La conocí en la segunda ocasión que había sido alimentada por boca durante el día; fue pocas horas después de haber concluido el horario de visitas. Apenas podía moverme y no podía ir al baño así que todavía usaba pañales.

Jalé el cordón negro, que se usaba para llamar a las enfermeras, para dejarle saber a la asistente que mi pañal necesitaba ser cambiado. La intimidante asistente no ocultó su disgusto mientras cambiaba mi pañal. Ay que pena experimenté mientras veía el asco con el que hacía su labor. Me sentí extremadamente vulnerable; hubiese dado lo que fuese por poder cambiar mi propio pañal o mejor aún por poder ir al baño. -Sabes, tienes que trabajar conmigo. -Deberías ir al baño. Me dijo la asistente de enfermera bastante alterada.

Un momentito ¿escuché bien? ¿Me acaba de pedir que le ayude a hacer su trabajo? No le dije esto pero lo pensé; ni siquiera me era posible moverme. ¿Acaso no podía verlo? Debo admitir que si esto me hubiese sucedido en mi "yo" regular, lo mas probable mi reacción hubiese sido tan confrontacional como la de ella. Por suerte, en esos días mi personalidad estaba muy dispuesta a entender al prójimo. No estoy segura si era porque me sentía próxima a la muerte, o si mis creencias religiosas finalmente habían logrado un mejor ser humano en mi, o si simplemente los medicamentos me tenían tonta pero algunos o todos ellos eran responsables por mi manera poco común y pacífica de comportarme.

-Pero no me puedo doblar todavía. Le dije con dulzura a la asistente de enfermera con una voz suave y muy bajita, tratando de hacerla entrar en razón. -Bueno, tienes que empezar hacerlo. Se escuchó la respuesta por parte de la asistente a mi comentario. Sus palabras tenían un tono frío y golpeado; sonaba igualita a la villana de cuentos Cruela de Vil. No le dije nada a la dama. ¿Dije dama? ¿Acaso me dieron medicinas anoche? No, al menos no de las que te hacen sentir drogada. Entonces supongo que me debo estar convirtiendo en alguien mas civilizado.

La verdad es que no le expresé a la asistente cuanto desaprobaba su respuesta, ni verbal ni físicamente; no fruncí el ceño ni respondí rápidamente con un comentario "inteligente." Dejé que hablara y me mantuve callada; simplemente no sabía como reaccionar. Por alguna razón, ahora analizaba lo que pensaba y decía con mas detenimiento, a manera de cerciorarme de que la respuesta era adecuada para alguien que creía en Dios. Eso no evitó que comenzara a sentir miedo de la asistente. De repente me dio pavor de anunciar la hora de cambiar mi pañal.

Horas más tarde aún cuando tenía pánico de hacerlo, tuve que jalar el cordón negro una vez más. Unos pasos se aproximaron. Temiendo que fuese la asistente infeliz di un apretón a mi sábana, como quien se resigna a lo peor. Se abrieron las cortinas de mi esquina rápidamente y para mi suerte quien se asomó era otra asistente. Me relajé

inmensamente y le dije que mi pañal necesitaba ser cambiado.
-Llamaré a tu enfermera. Dijo la asistente y rápidamente se fue antes de que le pudiese decir otra cosa.

Entonces si que me dio terror, mis rodillas temblaban y hasta mis dientes titiritaron. ¿Y si le pide a la asistente infeliz? En ese instante sentía que si no me mataba mi condición la asistente lo haría. Por primera vez desde el comienzo de mi estadía en este hospital no me sentía segura. -Ay no, no otra vez. -No voy a cambiarla otra vez. Dijo la asistente de enfermera en voz alta y con un tono agresivo desde el pasillo donde estaban ubicadas estas empleadas de la salud. Todo el mundo la escuchó; que vergüenza sentí. La oí desde mi esquina y comencé a experimentar una gran angustia. Aguardé por su inquietante presencia pero pasaron los segundos y minutos y no llegó. No se que me preocupaba mas si el hecho de que mi piel se estaba irritando grandemente por la necesidad del cambio de pañal o el desespero de no saber si quien me ayudaría sería esta mujer que tanto detestaba hacerlo.

Después de media hora obtuve una respuesta. Una nueva asistente, que fue muy cortés, realizó la labor de forma rápida y adecuada. Debo admitir que me relajé al ver que no fue la asistente infeliz la que acudió a ayudarme pero ahora hasta miedo me daba comer, por temor a que necesitara cambio de pañal.

Afortunadamente el turno de la mañana había llegado y la malvada asistente que al igual que los vampiros esparcía su maldad en los turnos nocturnos, debía partir con la salida de los rayos del sol para permitir que unas empleadas mas felices se hicieran cargo de los pacientes. El único turno en que otros empleados parecían tan desdichados como la asistente de enfermera infeliz eran los domingos en la noche.

*76. Los peores turnos en un hospital
son los del domingo en la noche.*

Al caer el sol y llegar la noche de los domingos las pacientes podíamos anticipar una velada muy difícil. En ese entonces el personal a cargo de nosotros era muy limitado y no necesariamente el más feliz. Para algunos de ellos este era su segundo turno de trabajo y estaban exhaustos. No puedo culparlos por no estar entusiasmados con trabajar tantas horas extra. Muchos de ellos ni siquiera deseaban quedarse para un segundo término pero tenían que aceptarlo; esto provocaba que varios empleados estuviesen con sueño y de mal humor. Admito que si me tocara trabajar turnos de 16 horas en un hospital donde las labores son tan agotadoras y de vida y muerte tampoco estaría muy feliz. Algunas veces, además de los chequeos de signos vitales regulares, estos empleados se ausentaban por periodos de tiempo mas largos de lo que las pacientes hubiésemos deseado. En varias ocasiones tuvimos que esperar demasiado para obtener medicina para el dolor. Una de esas veces la joven del accidente automovilístico, a la cual su adicción le ganó el apodo de "la junkie", se quejó por mucho tiempo; escucharla gritar de ese modo nos ponía graves a todas las demás pacientes. ¿Por qué no llega alguien del hospital a socorrerla o a callarla?

La chica comenzó a pegarle al metal de su cama una vez mas; nos despertó a todas las pacientes del cuarto pero nadie del personal de enfermería vino aun cuando el ruido era ensordecedor. Sólo había una enfermera disponible y como tenía otras habitaciones que atender parece que no se percató del caos que había en la nuestra. Para colmo, cuando alguien finalmente respondió a los gritos fue porque debían preparar una de las camas para admitir a una nueva paciente. Esa persona, para mi desgracia, era la asistente infeliz. Debo admitir que era interesante la confrontación entre dos personas tan complicadas como la asistente infeliz y la junkie. La paciente hacía todo un show que incluía gritos, pegarle al metal de su cama, y quejarse a viva voz y la asistente la ignoraba por completo; entró y salió del cuarto como si no hubiese escuchado nada y la junkie, acostumbrada a salirse con la suya a puro grito, siguió quejándose a viva voz a ver si alguien le hacía caso.

JACKIE TORRES

> *77. Traer un televisor te dará entretenimiento*
> *pero también atraerá a pacientes indeseados.*

No sólo teníamos que lidiar con la asistente infeliz que odiaba su trabajo sino que también teníamos que aguantar los berrinches de la junkie. -¿Por qué estaba esta joven en nuestro cuarto y no en un lugar de rehabilitación para adictos? Al mismo tiempo que la joven mujer exigía su medicina, la mujer mayor, que había sido admitida recientemente, comenzó a hablar para sí. Para una conversación se necesitan al menos dos personas ¿verdad? Aparentemente esta doña no sabía eso pues podía mantener largas conversaciones con ella misma. -Quiero ver televisión. -¿Por qué no tenemos televisor? -Yo oigo una televisión. -¿De donde viene esa música? Decía la inquieta mujer en voz alta.

La música era un comercial de autos que podía escucharse en mi televisor. Mi esposo lo había dejado encendido con volumen bajo en una esquina del cuarto, para que yo tuviese una luz encendida en la noche. La mujer madura, al parecer, tenía su sistema auditivo en perfectas condiciones pues pudo escucharlo. Como sabueso siguiendo su olfato para encontrar su presa, esta señora siguió el sonido para ubicar el televisor. Comenzó a buscar tras cada cortina del cuarto; sin permiso abrió cada una para ver si podía ver televisión. Me entró una gran paranoia; lo último que quería era a una mujer inestable en mi cuarto, especialmente luego de escucharla maldiciendo a las enfermeras temprano en la mañana.

Ahora si que esto se puso peligroso. Mientras la señora recorría cada cortina acercándose peligrosamente a la mía, el pánico se posesionó de mi, tal y como el miedo se adueña de las posibles víctimas de un asesino en serie. Me sentía como la próxima en ser sacrificada y deseaba poder moverme para esconderme o apagar el televisor. Cuando la mujer madura estaba a punto de abrir mi cortina, aguanté la respiración como esperando mi muerte segura. Entonces, de la nada, se escuchó una voz salvadora. Otra paciente le dijo a la mujer que detuviera su búsqueda; le advirtió con voz segura y sentenciadora que ese televisor era mío y no del hospital. La advertencia hizo que la mujer detuviera su pesquisa inmediatamente.

No podía creer mi buena fortuna. Dios bendiga a esa héroe anónima que salvó mi vida en el momento que mas lo necesitaba. Respire una vez mas mientras escuchaba la voz de mi auxiliadora llamándole la atención a la mujer madura, la cual por su mansa respuesta parecía avergonzada de su conducta. Con el control remoto, tan rápido como mi adolorido cuerpo me lo permitió, apagué el televisor. Pude escuchar los pasos desanimados de la anciana mujer, alejándose lentamente de mi esquina y aunque me apenaba que ella no pudiese lograr el entretenimiento que buscaba, no sentí culpabilidad. Mi salud era mas importante que los caprichos de dicha señora. Si en verdad quería ponerme mejor, debía darle prioridad a mi salud aunque esto se sintiese algo egoísta. Supongo que hay momentos en que debemos anteponer nuestra propia salud a cosas que no tienen tanta importancia. Sentí gran alivio con cada paso que la madura mujer daba para alejarse de mi esquina. Si alguien tendría que lidiar con sus berrinches hoy, al menos no me tocaría a mi; pena me dio con la enfermera que tuvo que hacerlo pocos minutos después.

78. Ignorar a compañeros con problemas mentales puede ser lo mas saludable.

La enfermera vino a la cama de la mujer madura con un suero; aparentemente necesitaba un procedimiento quirúrgico que lo requería. Sin embargo, la paciente se rehusaba a que se lo pusieran. Las empleadas habían insistido desde anoche pero la señora no lo permitió; alegaba que ella también era enfermera y que sabía que estaban haciendo un mal trabajo. Desde la primera vez que la vi supe que algo no andaba muy bien en su cabecita pero no entendía porqué las enfermeras no se percataban o no les importaba el hecho de que esta mujer parecía desquiciada. Su conducta era exactamente igual a la de personas dementes que había conocido en mi vida.

La mujer no hacía sentido en casi nada de lo que decía, incluyendo las razones para evitar el suero; alegaba haber estado en el hospital por una semana cuando en realidad la habían admitido el día anterior. Decía ser enfermera pero no tenía conocimiento básico en la materia. Insistía que tenía seguro médico de un plan de salud de gran reputación pero estaba en Medicaid, el plan médico gratuito del estado. Presumía que era una agente de talento de estrellas de Hollywood cuando eso obviamente no era verdad. Debo admitir que cuando dijo eso mis oídos pusieron gran atención. ¿Y si no estaba loca? Esta bien podría ser mi oportunidad al estrellato. ¡Eso si que era soñar despierta!

Me encontraba débil y en una cama de hospital pero mi cerebro seguía trabajando a la perfección. Sabía que esta mujer no estaba cuerda y a pesar de que los seres humanos a menudo acariciamos la idea de hacer nuestros sueños realidad, de forma mágica e instantánea, como cuando jugamos un billete de lotería; era evidente que aquella paciente tenía tantas conexiones en Hollywood como María, Juanita, o "Menganita" tendrían en el lugar mas remoto del mundo. La señora tenía tantas carreras que era prácticamente imposible no darse cuenta de que su mente no estaba del todo allí.

Muchas de sus conductas eran obsesivas como la de limpiar; trataba de esterilizar el baño con hojas de papel. Si ser amiga del eco-sistema y proteger el planeta depende de personas como ella, este mundo está en serios problemas. Creo que usó la mitad de un rollo de papel para limpiar un baño que ya estaba limpio. Pero ninguna de sus obsesivas conductas se comparaban al mal trato que le daba a las enfermeras. Cuando una de ellas trató de ponerle el suero, las quejas de la mujer se acrecentaron.

La enfermera finalmente se dio por vencida; las maldiciones de la mujer madura era lo último que estaba dispuesta a aceptar. La empleada se fue y apagó tras de si las luces del cuarto. La mujer madura se quejó por un rato; alegaba que era muy temprano para ir a dormir y quería saber quién había apagado la luz. Luego de unos momentos, se cansó de quejarse y finalmente se quedó dormida. ¡A dormir todo el mundo, no sea que despierte la desquiciada o peor aun la junkie!

79. Si una asistente de enfermera se alarma, el paciente se preocupará mas.

La mañana llegó rápido y con ella un nuevo turno. Otra asistente de enfermera chequeó mis signos vitales y parecía muy simpática. Cambió mi pañal sin quejarse ni una sola vez y me sentí aliviada. La asistente vació luego los tubos que canalizaban los líquidos pancreáticos, desde el interior de mi estómago hasta dos pequeñas bolas plásticas en el exterior del mismo. Cuando ella vació una de esas bolas, abrió sus ojos ampliamente como quien no puede creer lo que está viendo. -¿Vio eso? La asistente de enfermera me dijo alarmada. Giré mi rostro y vi como la bola que acababa de ser vaciada se volvió a llenar de líquido de mi páncreas, en un abrir y cerrar de ojos. -Nunca he visto nada parecido. Señaló la asistente de enfermera con sorpresa mientras vaciaba la ahora llena bola una vez más.

Me preocupé; como no me iba alarmar si las enfermeras y asistentes pocas veces parecen sorprendidas con algo. Si esta empleada estaba tan impactada, sólo podía ser porque me encontraba en muy malas condiciones, pensé. Por eso cuando mi madre y mi esposo llegaron ese día, les conté sobre el incidente y pedí que mami llamara a mis otras hermanas para que vinieran a verme, en caso de que estuviese peor y no lograra sobrevivir.

Dicha petición puso a mi madre extremadamente triste; esta fue la primera vez que vi lágrimas en sus ojos. En todo momento había mostrado su mejor sonrisa para no desanimarme pero el que existiese la posibilidad de que su hija partiera antes que ella hacía trizas su corazón. Traté de animarla. -Me siento mejor mami. Le dije. -Es sólo por si acaso. -Tu sabes que no nos perdonarían si algo pasara y ellas no hubiesen venido. Reiteré con una tierna sonrisa, tratando de darle ánimos a la autora de mis días.

Mami quiso contener su llanto, tomó su teléfono y salió del cuarto a llamar a sus hijas; no quería que la viera llorar. Aun en su momento de dolor, se preocupaba mas por su hija que por ella. Si algún día llego a ser la mitad de lo buen ser humano que es mi madre, me consideraré extremadamente bendecida. Su prudencia me conmovía y me motivaba. Al cabo de pocos días todos nos percatamos de que mi salud estaba mejorando; no me encontraba tan grave como me había hecho pensar la asistente de enfermera. Después de esto aprendí a no darle tanta importancia a comentarios de asistentes dado a que no tienen la preparación de un doctor; sus diagnósticos son sólo conjeturas.

80. El hacerse de la vista larga en un hospital puede ser la opción mas acertada.

La tranquila tarde se convirtió en caos cuando la paciente desquiciada, cuya cama estaba al lado de la junkie, comenzó a quejarse en voz alta de que alguien le había robado sus tarjetas de crédito. Las dos que mas se quejaban tenían sus camas contiguas ¿coincidencia o castigo? Lo cierto es que la enfermera trataba de explicarle, con admirable paciencia, que nadie había estado en esa esquina pero la mujer desquiciada respondía con insultos y exigencias. Que incómodo es que alguien insinúe un robo cerca de uno; hace que todos nos sintamos señalados.

Viendo el descontrolado comportamiento de la encolerizada mujer, mami me relató de una ocasión en que mi padre compartió una habitación de hospital con un paciente de Alzheimer. En ese entonces mi padre era el que estaba durmiendo cuando unos zapatos de hombre aterrizaron abruptamente sobre él. A duras penas papá alcanzó a medio cubrirse con su sábana. Pobrecito papi, ahora mas que nunca me identificaba con él; la sábana hizo por él lo que las cortinas cerradas hacían por mi, mantenía a cierta distancia a los pacientes indeseados.

Así que aún cuando la mujer desquiciada estaba hablando altísimo, opté por ignorarla y dejé que las enfermeras y asistentes lidiaran con ella. No me sentía orgullosa de hacerlo pero la vida en el hospital me estaba enseñando que muchas veces el hacerse de la vista larga es la opción mas prudente. Si no te unes al show, con suerte será mas corto y todos podremos descansar mas rápido. Y sí, efectivamente; el show concluyó en poco tiempo gracias a que nadie, fuera de la enfermera, le hizo caso a la paciente desquiciada. Pero como al que no quiere caldo le dan tres tazas, el silencio no duró mucho. A los pocos instantes la compañera de cuarto, cuya cama estaba contigua a la de la mujer madura y ostentaba el cetro de ser la mas ruidosa del cuarto, la junkie, tuvo visitas.

Capítulo 5:

El arte de la convivencia en un hospital

81. No ayudes a quien no quiere ayudarse;
mejor usa esas energías en tu propia sanación.

FINALMENTE ALGUIEN ESTABA VISITANDO a la joven del accidente de auto; sus voces y risas penetraban mis cortinas. ¡Que bueno! Mami y yo pensamos. Quizás su familia conseguiría lo que mis destrezas motivacionales no habían logrado. Teníamos la esperanza de que una reunión familiar ayudara a esta paciente a ser menos quejosa. Desde nuestra esquina mamá y yo podíamos ver a otra joven mujer rubia, la cual asumimos era la hermana menor de la junkie. Su conversación, no obstante, no era muy familiar, a menos que sus parientes fueran los de Don Corleone de la película "El Padrino". Estaban hablando de drogas. Uno de los visitantes estaba diciéndole a la paciente que debía cuidarse. -No mas marihuana. Le dijo. De inmediato él continuó mencionando otras drogas que supuestamente la junkie estaba tomando antes del accidente.

Desde mi esquina pensé en cuan triste es que muchos pacientes le mientan a sus doctores, en torno a drogas que han tomado o cigarrillos que han fumado, como si los médicos no fueran a descubrir todo lo que concerniese a su salud con las pruebas múltiples que les realizaban. Sabía que era cuestión de horas antes de que los doctores supieran de las muchas drogas que la joven tenía en su sangre. No era mi labor decirles, no porque no quisiese ayudar sino porque cuando mis doctores venían apenas tenía tiempo para comunicarles lo que estaba mal conmigo. De todas formas, esta joven no parecía usar la ayuda que le ofrecían de forma positiva; por ende, mis energías tenían mejor uso ocupándome de mi propio bienestar.

Ahora que mamá estaba conmigo, caminaría un poco. Esta vez podía usar el andador que fue traído por una diligente asistente del departamento de terapia física, la cual me enseñó a usarlo. Otra enfermera había desconectado mis tubos, para que pudiese caminar sin obstáculos. Ahora si que podía concentrarme en caminar y no en ver como me las ingeniaba para cargar el tubo de los sueros con la poca energía que tenía.

Según pasé por el lado de la cama de la joven, pude echarle un vistazo a algunos de sus visitantes. ¡Que desilusión!

No era la familia la que estaba allí, eran sus amigos y no es que el ser visitado por amigos tenga menos mérito que la visita de los familiares. El detalle es que los amigos no eran precisamente la influencia positiva que necesitaba la chica. Uno de ellos también era paciente; su bata de hospital lo delataba. El recibía tratamiento en el piso número 11, el designado a los adictos. Todos los otros amigos también lucían como personas esclavas de las drogas; sus rostros tenían la misma mirada perdida que la joven del accidente ostentaba.

Me desanimé un poco; verdaderamente tenía la esperanza de que las brujas malvadas fuesen los familiares de esta joven y que ella fuese la princesa pero sus parientes no eran los personajes malvados de ésta historia. Ella era la manzana podrida, no la buena princesa que se envenenó cuando mordió la manzana. Confirmar la triste realidad solo me hizo sentir peor. Seguí caminando lentamente fuera del cuarto, abatida, vencida, como quien pierde una batalla. Supongo que así se sentían los familiares de la joven. Seguramente fue por eso que se fueron una vez supieron que el accidente de su pariente fue propiciado por drogas.

Continué mi recorrido fuera del cuarto, dejando atrás las voces y risas de los visitantes de la chica y tratando de concentrarme en mi propia salud para que la situación de la joven no me afectara. Caminar alejándome de ella físicamente, sin embargo, no hizo que mis preocupaciones se fueran. Tal y como cuando uno tiene un problema alejarse del mismo no hace que desaparezca. Pero esta vez no tenía mas opción que alejarme y dejar que esa mujer resolviera su propia situación. Ella había creado este caos y le correspondía salir del mismo. A los demás sólo nos restaba observar y tener la esperanza de que no volviese a desatarse el huracán que provocaba el consumo de drogas de la joven.

82. El paciente que rehúsa tratamiento es dado de alta.

Momentos después regresé a mi cama; estaba tan exhausta como si hubiese escalado el mismísimo Monte Everest. Esto de tratar de ponerse mejor de salud en un lugar donde el bienestar de otros ocupa tu mente es bastante desafiante. Mamá me ayudó a acostarme. -¿Por qué está rehusando el suero? Ambas, mi madre y yo, escuchamos decir al doctor cuando este se dirigía a la mujer desquiciada en la otra esquina del cuarto. ¡Paciencia Jackie! No había dejado de pensar en la junkie cuando la dama desquiciada tomó el lugar de atención una vez mas, demasiadas divas con las que lidiar.

-Yo no me estoy negando. Dijo la madura mujer. -Mire, es que yo he estado aquí por días, mas bien semanas y no me han atendido. La mujer desquiciada aseguró. Pero tanto el doctor como todos los que allí nos encontrábamos sabíamos que no estaba diciendo la verdad. -Entonces, déjeme ponerle el suero para poderla preparar para su procedimiento. Dijo el médico, siguiéndole la corriente a la paciente. Dios bendiga la paciencia de estos doctores. En la vida ordinaria cualquiera le hubiese respondido a esta mujer con unos cuantos insultos que la pusieran en su sitio pero el doctor no.

Totalmente ajena a la fortuna que tenía de ser tratada con tanto respeto por los empleados del hospital aun cuando ella se estaba comportando peor que un niño llorón, la mujer madura siguió con su berrinche. Rechazó una vez mas el suero mientras se quejaba de cuan tarde era ya para esto. -Entonces usted esta rechazando el tratamiento. Dijo el doctor, esta vez poniéndose un poco impaciente. -No lo estoy. Aseveró la paciente y comenzó a llorar. Sus lágrimas lucían igualito a las que dejan caer los niños cuando quieren convencerte de algo que saben que es mentira.

El doctor obviamente no se tragó el cuento. Lo mas probable, al igual que muchos padres con hijos llorones, ya había visto este despliegue de lágrimas secas demasiadas veces como para ser impresionado. Por ello le dijo a la enfermera: -escriba que ella rechaza el tratamiento. -No lo rechazo. La paciente dijo claramente, olvidando el teatro de las lágrimas, el cual hubiese exigido algo de ruptura en su voz para que pareciera que aun estaba llorando y sufriendo.

El doctor se armó de una paciencia que sólo alguien tan educado puede exhibir. -¿Entonces podemos proceder a ponerle el suero? Habló con tono muy educado pero con un toque mayor de molestia. –No. Ella respondió, aún pretendiendo estar llorando. -Escríbalo. -No le podemos ayudar de esta forma. Dijo el doctor primero a la enfermera y luego a la paciente, obviamente harto de la intransigencia de la mujer madura y antes de abandonar la recámara. La enfermera siguió caminando detrás de él y la paciente permaneció en el cuarto llorando o mas bien simulando llorar, probablemente convencida de que su teatro había dado buenos resultados.

83. Si dejas que el mal entre en tu vida, prepárate para un desastre.

Luego de unos pocos minutos recibí una visita inesperada. -¿Jackie, estas ahí? Una dulce voz fue escuchada fuera de las cortinas. –Si. Respondí intrigada. -Es Madeleine, Christopher, y David. ¿Podemos entrar? Continuó la dulce voz y pude constatar que quien hablaba era mi compañera actriz Madeleine. –Claro. Respondí feliz. Eran los actores con los que trabajé en una película que había sido terminada justo una semana antes del accidente. La presencia de estos amigos me puso súper contenta; de alguna forma, me hacían sentir mas cerca a la recuperación. Durante media hora soñamos juntos en torno a las cosas positivas que este filme nos traería y por primera vez desde mi accidente me atreví a planear para el futuro.

No fue hasta algún tiempo después que ponderé la idea de que mi participación en esa película pudo haber tenido alguna relación con mi accidente. Por descabellado que sonaba el planteamiento, no podía sacar de mi mente que había actuado en una película de horror y quizás eso había atraído mi infortunio. Las tragedias que por años han rodeado a actores que han participado en dichas películas han recibido mucha publicidad en todo el mundo y ahora me preguntaba si eso era lo que me llevó a ese hospital. Nunca había actuado en un film de horror pero cuando un director con el que había trabajado me lo solicitó me convencí en que debía participar, de lo contrario, creía en supersticiones.

Con ese pensamiento partí a México, junto a los compañeros actores para rodar la película. Según entramos a la lujosa mansión de cuatro pisos donde nos hospedaríamos y que serviría también como una de las locaciones del largometraje, sentí cierto frío en el aire. La carne se me puso de gallina y todos sentimos que alguien a quien no podíamos ver se posicionó frente a nosotros. -Aquí hay fantasmas. Señalé un poco preocupada al joven dueño de la casa quien también era el productor de la cinta. -Nadie me dijo que habrían fantasmas. Le dije al muchacho con algo de humor pero con cierta preocupación de que mis sospechas fueran ciertas.

Sorprendido, él respondió: -¿como supiste? Me sacó de onda su respuesta, esperaba que dijese cualquier otra cosa pero no que corroborara esa presencia que todos pudimos percibir. -Siento a alguien. Le dije al joven con un poco de preocupación por la decisión que había tomado de participar en esta película. ¿Qué tal si mis temores no eran supersticiones? ¿Qué tal si los filmes de terror en realidad atraen a fuerzas oscuras? -Es mi abuela. -Ella vivió aquí por muchos años pero es un espíritu bueno. Dijo el joven, su respuesta me hizo aterrizar de vuelta en el lugar.

La jovialidad del muchacho hizo que esta primera impresión fuese rápidamente reemplazada por emoción cuando nos mostró a todos los actores la bella mansión que sería nuestra casa durante toda una semana; tenía su propia biblioteca, su teatro particular con elegantes butacas de cine, y unos cuartos increíblemente espaciosos. La casa era tan grande que tenía su propio elevador. A mi me tocaría dormir en un enorme cuarto en el segundo piso. No sentía que hubiesen fantasmas allí, eso era un alivio. No le tenía miedo a los fantasmas, al menos eso quería pretender. Pero, pretensión o no, prefería no lidiar con ellos.

Según la filmación transcurría, descubrimos que había otros espíritus en la otra casa donde estábamos filmando y estos no parecían ser muy positivos; hacían sonidos espeluznantes en medio de la noche y podíamos sentir su presencia aún en pleno día. Pero el filme fue culminado a tiempo y nada malo parecía haber sucedido. Quizás mis dudas de hacer películas de horror eran infundadas después de todo, una simple superstición como algunos de mis conocidos habían sugerido.

Tan fácil que hubiese sido hacerle caso a mis corazonadas pero los seres humanos tendemos a querer experimentar las cosas en carne propia aun cuando en lo mas profundo de nuestro ser sabemos que está mal. Tan sólo una semana después de culminar la película de terror mi destino cambió dramáticamente. Tuve este accidente que me ha traído a este hospital y que me tiene batallando entre la vida y la muerte. No si jugar con temas diabólicos no hace daño. Al que me diga eso ahora que se prepare para una agitada discusión.

No relacioné mi participación en la cinta de terror con mi trágico accidente hasta mucho mas tarde cuando me percaté de que efectivamente demasiadas cosas negativas habían sucedido a las personas envueltas. Para comenzar, experimenté este accidente. Para continuar, otro de los actores falleció súbitamente luego de una enfermedad fulminante. Curiosamente ese mismo actor había sido llamado por el director para hacer otra película de horror pero no pudo participar en ese filme o e ningún otro; falleció rápidamente. Para completar el trágico cuadro, los otros actores enfrentaron problemas graves en sus matrimonios y finanzas y por más que el director trató de culminar la edición de la película para lanzarla, nunca se estrenó.

En mi mente, no había dudas de que Dios no quería que esta película se hiciera pública. No me sentía castigada, mas bien guiada hacia un terreno mas positivo. Si no hubiese tenido el accidente, lo mas probable hubiese seguido haciendo filmes de esta índole, pensando que no había peligro en ellos pero luego de mi estadía en el hospital tenía un cuadro mas completo de lo que pueden hacerle a la gente que los ve. Durante las pasadas semanas había sido asechada por espíritus negativos que hacían sonidos espeluznantes y que querían acercárseme.

Muchas veces cuando oraba a Dios por protección recordaba cuantas películas de terror había visto en mi niñez; ahora me arrepentía de haberlas visto. Si mi reciente cinta hubiese sido exhibida, otra gente experimentaría los escalofriantes sonidos e imágenes que incluirían la mía. Eso si que sería algo terrible, el que fuese mi rostro el que causase el pánico de algún niño o de cualquier adulto. Que me perdonen el director y el productor de la cinta pero de alguna forma estoy mas tranquila si la misma nunca sale a la luz pública.

84. Las enfermeras viajeras inspiran confianza en el paciente.

Tan excitante como el mundo del cine pudiese sentirse, ahora era mi deber olvidar la fantasía de las películas y enfocarme en cosas mas importantes, tales como mantenerme con vida. Una nueva enfermera vino a chequearme; era una bella y alta mujer Afro-Americana en sus 40's. Inspiraba tanto respeto que por un momento asumí que era una doctora. -Soy Lilian. -Seré tu enfermera esta noche. Me dijo con un tono de seguridad y dulzura tan grande que mi espíritu rápido se animó y con gran anticipación miré su identificación. ¡Era otra enfermera viajera! Todo mi ser sabía lo que eso significaba, pura perfección en el cuidado. Todas las veces que alguna enfermera viajera había cuidado de mi lo había hecho con la misma dedicación que me cuidaba mi madre; sabía que podía poner mi vida en sus manos con entera confianza.

Ni las quejas de las chicas de alto mantenimiento me harían sentir mal esta noche. Esta enfermera cuidará de mi como los mismos ángeles. Tan pronto como mi esposo llegó, le dije a mamá: -puedes irte a descansar. Mami estaba de hecho muy cansada pero no lo mostraba ni se quejaba. Ella sólo quería ver a su hija ponerse mejor. -¿Estás segura? Mi madre preguntó, notando mi súbito entusiasmo. –Si. Le respondí. Ambos, mi madre y mi esposo, partieron a tomar el tan necesario descanso luego de cerciorarse de que todo estaba en el lugar indicado, en caso de que su querida Jackie necesitase algo. Pero esta vez ninguno de esos preparativos hacía falta. La crema y nata de la enfermería me cuidaría esta noche y eso me daba gran tranquilidad.

85. Tus gases pueden disminuir cambiando la leche que te alimentan.

Lilian, la enfermera viajera de la noche, vino a cambiar las gasas que cubrían mis heridas y a poner mas leche en el aparato que me alimentaba. Mientras curaba mis heridas, parecía un poco contrariada. -No es justo, sabes. -Tu has pasado por tanto. Dijo la imponente enfermera con un tono muy compasivo. Este comentario me conmovió. Lilian me curaba con la ternura y entrega de alguien que cuida a un familiar muy querido. No parecían molestarle ni siquiera los continuos gases que salían de mi boca en forma de eructos y que eran causados por los medicamentos y por la leche que me daban a través de los tubos que iban a mis intestinos.

Que vergüenza me daba el no poder controlar esos desagradables eructos pero a Lilian no parecían molestarle. -Si necesitas algo, sólo jala el cordón. Dijo la enfermera con el dulce tono de una madre consentidora. Se comportaba igual a las mamás cuando luego de alimentar a su bebe sonríen satisfechas porque el niño ha sacado sus gases. Me sentí segura y amada; esta iba a ser una buena noche.

El próximo día cuando desperté me sentí descansada por primera vez desde que había sido admitida al hospital. El tranquilo sueño alimentó mis energías y me levanté con mayores ganas de acelerar mi rehabilitación. Mis doctores vinieron a chequearme temprano. Les comenté de preocupaciones como la flema que todavía me hacía sentir como si me fuese a ahogar y de mi inhabilidad para controlar cualquier deseo de ir al baño, además de mis constantes gases en el pecho, los cuales sospechaba podían ser mejorados cambiando la leche que me alimentaban a través del tubo de comer.

Solicité entonces que me cambiaran la leche. Las enfermeras me trajeron una mas baja en azúcar y la acepté con gusto, al cabo que mi boca jamás se enteraría si la leche era dulce o desabrida. El cambio de leche probó ser la receta perfecta para disminuir mis gases.

86. No trates de ayudar a la gente conflictiva, deja que los profesionales se encarguen.

La meta era acelerar mi sanación a como diese lugar; la llegada de nuevos pacientes era un obstáculo. Ese mismo día fue admitida una mujer Salvadoreña, su acento la delataba aunque no hablaba mucho mas bien gritaba como si la estuviesen apuñalando a morir mientras la ponían en su cama. Desde mi esquina podía verla. No tenía ningún equipo médico pegado a su cuerpo ni exhibía heridas que luciesen dolorosas ni siquiera tenía oxígeno puesto o al menos un suero, sin embargo, no paraba de gritar; que chillón era su timbre de voz.

La paciente tenía cara de pocos amigos y como asumí que era porque no aguantaba el dolor decidí hacerle sentir mejor: -

no llore. Le dije con tono compasivo y tratando de "salvar al mundo" con mi intervención. -Le cuidarán bien aquí. Añadí, suponiendo que esas palabras calmarían su ansiedad. La mujer me miró y su mirada no disimuló su sorpresa cuando vio los tubos incrustados en mi cuerpo. No me respondió pero pensé que era porque el dolor era tan fuerte que no la dejaba pensar, o que estaba demasiado exhausta para responder, o que al verme sintió vergüenza por sus quejidos ya que ella lucía en mejor estado físico que yo.

De repente la nueva paciente comenzó a gritar una vez mas, esta vez mucho mas fuerte. Me asustó; lo menos que esperaba era esa violenta reacción. Ninguna lágrima salía de sus ojos pero si el dolor fuese medido mediante gritos esta paciente se estaba muriendo. Decidí intervenir una vez mas, convencida de que podía lograr que se relajara con unas pocas palabras inspiradoras. Supongo que como me sentía tan descansada de la noche anterior floreció la motivadora en mi una vez mas. -Usted estará bien. -He estado aquí por casi tres semanas y ellos han sido maravillosos. Le comenté con gran seguridad y entusiasmo. -¿Tres semanas? La nueva paciente vociferó y luego comenzó a gritar aun mas fuerte.

¿Y a ésta que animal le picó? ¡Nos va a dejar sordas! Quizás mis destrezas motivacionales estaban un poco enmohecidas. Una enfermera que estaba cerca me hizo una señal y entendí que debía detener mi conversación con la nueva paciente. Hasta ahí llegó mi intención de salvar aquella mujer. Obviamente ella no deseaba mi ayuda. No me dirigí a ella nunca mas. Sentí pena de no poder ayudar pero aprendí que cada paciente maneja las enfermedades, el dolor, y los hospitales de forma diferente y que sólo el personal entrenado como las enfermeras y doctores están preparados para atenderlos.

87. Rodearte de gente positiva recargará las energías perdidas con las negativas.

Este concierto de gritos tan temprano en la mañana me había dejado sin fuerzas; supongo que es cierto aquello de que algunas personas te chupan la energía con su negatividad. Por suerte mi familia siempre llegaba para recargar mis baterías. Ese día mi mami, mi gemela, y mi esposo vinieron acompañados de otras dos hermanas. ¡Que alegría me dio verles! De inmediato comenzaron a consentirme; su buena vibra me hacía sentir mejor.

Mi hermana Carmen pidió permiso en su trabajo en Puerto Rico y dejó a su esposo y sus dos niñas para cuidarme en Los Ángeles, California. Mi hermana menor, Omayra, tuvo una gran pelea con sus jefes pero vino de todas maneras. La presencia de mi familia me hacía sentir como la mujer mas afortunada del mundo. De inmediato mis hermanas dividieron labores para ayudarme, no sólo en el hospital sino en todas mis responsabilidades fuera del mismo. Una vez las tareas fueron distribuidas mis hermanas y mi esposo partieron mientras que mami permaneció a mi lado. Las enfermeras estaban felices de ver la gran ayuda que ella les daba. No tenían que preocuparse por mi mientras Violeta estuviese allí. En caso de que se les necesitase venían felices y rápidamente viendo el apoyo que obtenían de mi progenitora, algo que quizás anhelaban sucediese con otras pacientes como la junkie, la cual nunca recibió la visita de su familia fuera del primer día cuando estaba dormida. Quizás por ello según pasaba el tiempo exhibía una conducta bastante reprochable.

88. El hospital no tolera a pacientes que sólo vienen a drogarse.

Ese día a mi madre le tocó ver el show de la junkie. La chica exigió su medicamento con los gritos de siempre pero como la enfermera que la atendía se lo negó pues ya había tomado la dosis máxima, se puso histérica; lanzó su comida y todo lo que pudo alcanzar sobre la empleada y luego sobre una asistente que vino ayudarla. Rápidamente llegaron refuerzos para atar a la descontrolada joven a su cama. Todas las pacientes del cuarto nos pusimos muy nerviosas. Mi madre también veía el incidente sin poder creerlo. Nos sorprendía aun mas la paciencia y el auto-control de las enfermeras y doctores en momentos tan perturbadores como este.

Pero la paciencia de todos había llegado a su límite. Las personas que vienen al hospital buscando morfina no son considerados pacientes y su conducta egoísta, que afecta las posibilidades de que otra gente obtenga pronta atención, es catalogada como inaceptable. La junkie había caído en esta categoría; se preocupaba mas por las drogas que estaba recibiendo que por el tratamiento para su accidente. Debió haberle advertido a los doctores de su adicción para que pudiese ser transferida a sitios de rehabilitación como el que tenían en otro piso del hospital. Allí sería trasladada para poder liberar su cama y asignarla a una paciente real que quisiese curarse, no drogarse.

Esa noche el ambiente estaba aún tenso por la violenta confrontación entre la joven y la enfermera. Las pacientes, incluyéndome, no podíamos entender por qué la chica aun continuaba en el cuarto. Lilian, la enfermera viajera, se veía bastante molesta por primera vez. Era tierna y amorosa con todos pero parecía molesta con la junkie. -Necesito medicina para el dolor. La joven se atrevió a gritar desde su esquina una vez más pero esta vez Lilian le respondió con autoridad: -no habrá mas medicina para ti y no quiero escuchar nada mas de ti. La joven mujer no se atrevió a contestar. Hasta los adictos reconocen a quien no deben retar. Supongo que aun quedaba algo de cordura en esta paciente como para reconocer que esta enfermera tenía la altura y la fuerza física que podría causarle serios daños si es que Lilian hubiese optado por hacer eso.

Obviamente la enfermera nunca se hubiese atrevido a hacer esto en un hospital pero quizás la paciente se aventuró a pensar en que pasaría fuera del mismo. Cualquiera que fuese su motivo, la joven parecía haber entrado en razón y entendió que su mejor opción era no meterse con la intimidante enfermera. La junkie sólo se quejó una vez más cuando agentes de seguridad y varias asistentes finalmente la sacaron del cuarto.

89. Lo primero que los pacientes y sus familiares pierden en un hospital es el control.

Si bien los enfermos de alto mantenimiento hacen que rehabilitarse en un hospital sea una labor titánica, existen otras distracciones que también logran que la recuperación sea mas lenta; una de ellas es la súbita pérdida de control por parte de los pacientes y los familiares. No importa cuanto tratemos nadie puede controlar la situación; por lo tanto, ella nos controla a todos. En mi caso, no podía controlar mi cuerpo o mis ruidosas compañeras de cuarto así que trataba de controlar a mi familia. Mario, mi esposo, no podía controlar su casa ahora repleta con mis parientes; por ello trataba de controlar la situación rebelándose. Estaba en desacuerdo con prácticamente todo lo propuesto por mis parientes o por mi.

Lo divertido era que durante mi estadía en el hospital él lucía como el rebelde mas famoso de la historia moderna: el

Che Guevara. Su rostro estaba peludo porque él estaba realizando el papel del famoso personaje, como actor, para un documental del canal de TV History Channel. El cuadro parecía una película de parodia de Hollywood. Por un lado estaba la imagen viva del Che Guevara, representada por mi media naranja y por el otro el régimen opositor, ahora representado por mis parientes y por mi. Mi apariencia no era precisamente la del enemigo invencible porque mis tubos y mi oxígeno demeritaban mi supuesto liderazgo.

Pero eso si, mi boquita era peor que una bomba atómica; sus palabras podían herir mas que cualquier arma, especialmente si el otro combatiente era alguien cuyos puntos débiles conocía tan bien como los de mi esposo. Como líder era mi deber detener esta "rebelión". Todo el mundo tenía que estar de acuerdo conmigo en mi territorio y para lograrlo ¿qué hice? Busqué otro personaje de la historia con mas poder que el Che Guevara. Debido a que ese día tenía morfina en mis venas, los químicos en mi cuerpo hicieron que tomara una rara decisión. Así que cuando mi esposo me confrontó como el Che Guevara, le dije que yo era Hitler.

En el pequeño cuarto, repleto de mis hermanas, mi mama, y mi esposo se hizo un breve silencio; Hitler fue una mala decisión. Para colmo, como esta paciente había perdido tanto cabello por los medicamentos estaba peinada como este personaje alemán, con una partidura en mi lado izquierdo y con el lacio pelo de poca abundancia cubriendo la leve calvicie que se comenzaba a notar en el lado derecho; sólo me faltaba su bigote para completar el tan abstracto cuadro visual. ¿Había esta lucha por el control ido muy lejos? A juzgar por las fuertes sonrisas que siguieron eso es precisamente lo que había sucedido. Nadie podía parar de reír; Hitler vs. El Che Guevara, eso si que hubiese sido algo interesante para ver, demasiado trágico y demasiado cómico al mismo tiempo.

Por suerte todos, incluyéndome, sabíamos que esta paciente no era el "líder" a seguir mientras tuviese morfina en las venas; tampoco el espíritu rebelde de mi esposo nos dirigiría en esta batalla. Todos teníamos que lidiar con el hecho de que el único que tenía el control en una situación como esta, era y siempre será Dios así que mientras mas rápido nos liberáramos de la necesidad de controlar nuestro destino, mas a prisa todo regresaría a su lugar.

90. La actitud del paciente y el envolvimiento de su familia influyen en la sanación.

La mayoría de las pacientes solo queríamos algo de orden en nuestro caótico cuarto así que la llegada de una compañera silenciosa nos dio algo de alivio. Su nombre era Francisca, una mujer Mexicana de mediana edad con un cáncer muy avanzado. Para nuestra fortuna no tenía nada en común con las pacientes ruidosas; aunque estaba muy delicada nunca gritó, ni siquiera una vez. Se la pasaba orando silenciosamente y no buscaba pleitos con nadie; simplemente había venido a ser sanada.

Haciendo a un lado los cuidados del hospital, dos factores son claves para que un paciente sane: actitud y envolvimiento familiar. Los pacientes positivos, como Francisca, siempre sanan mas rápido que los negativos. Igualmente los pacientes que cuentan con el apoyo de sus familias, siempre y cuando la familia sea igualmente positiva, sanan aun mas rápido. Esto no lo leí en ningún libro, lo presencié continuamente en mi larga estadía en el hospital. Otra cosa que vi fue que los pacientes Hispanos tenían mejores probabilidades de sanar que los Anglosajones o los Afro-Americanos, simplemente porque sus familias estaban allí para cuidarlos. Por ende no se perdían en el sistema.

Los pacientes Anglosajones y Afro-Americanos son mas independientes y rara vez, si es que alguna, son visitados por sus parientes; por lo menos este fue el caso de mi cuarto. La mujer Afro-Americana de edad madura que se rehusó a obtener su suero no recibía apoyo de su familia y su actitud era de todo menos positiva; constantemente maldecía, rehusaba casi todos los tratamientos y hasta las dulces enfermeras estaban perdiendo su paciencia. Si apagaban las luces en el cuarto, la paciente desquiciada las volvía a encender. Si pedían silencio, hacía mas ruido. Si venían a tomar sus signos vitales, trataba a las empleadas de forma irrespetuosa. Era de esperarse que todas se cansaran de ella y la mañana siguiente sucedió lo inevitable.

91. Algunos pacientes se ponen violentos cuando les da de alta, mantén la distancia.

–Usted ha sido dada de alta. Le comunicó una enfermera cortésmente a la mujer desquiciada. -¿Por qué? Preguntó la mujer madura Afro-Americana, visiblemente sorprendida e incapaz de entender la razón para que le dieran de alta. La enfermera, sin nada de animosidad en su voz ni vestigios de confrontación, le manifestó que el hospital no podía atender a una paciente que rehusaba tratamiento. La mujer madura perdió los estribos y maldijo a las empleadas por horas. No se por qué le permitían seguir allí después de haber sido dada de alta pero la mujer se tomó todo el tiempo del mundo en empacar mientras lloraba.

Las pacientes del cuarto estábamos felices de saber que se iría; sus gritos y maldiciones nos ponían nerviosas y ansiábamos que su partida no tomara tanto tiempo. Ni siquiera fui a caminar alrededor del hospital para hacer el ejercicio que mi doctor había ordenado pues me sentía débil pero también porque deseaba evitar encontrar de frente a la ahora violenta paciente recién dada de alta.

JACKIE TORRES

*92. Si físicamente no puedes hacer algo,
no lo hagas, podrías afectar mas tu condición.*

Esa fría noche la asistente de enfermera que parecía odiar su trabajo y que había rehusado cambiarme el pañal dos días antes, regresó. Tan pronto como la vi me estresé sobremanera. -¿Que voy hacer? Me entró el pánico. Esto significaba que no iba a tener a nadie que me cambiara el pañal. No quería tener que enfrentar a la asistente infeliz una vez más así que tomé la decisión de ir al baño sola.

Tan pronto di unos pocos pasos sabía que estaba haciendo lo incorrecto. Apenas podía caminar; la pompa de alimentación y el tubo que la sostenía se sentían como 500 libras para mi. Estaba débil, respiraba con gran dificultad, y físicamente no tenía las fuerzas para ir al baño y menos sola. Aún así estaba decidida a lograr mi meta. Cualquier cosa era mejor que someterme a la humillación de aquella enfermera.

Luego de atravesar lenta y dolorosamente el cuarto, pude llegar al baño haciendo un esfuerzo sobrehumano. Una vez allí no tenía idea de como me iba a sentar; tenía una herida abierta, cuatro tubos atravesándome el estómago, y dentro de este estaba un páncreas partido que hacía el doblarse algo prácticamente imposible. La asistente de enfermera sabía esto y sin embargo me exigió que le ayudara a "hacer su trabajo".

Al instante que traté doblarme, el dolor que sentía se triplicó; era como si algo se hubiese roto en mi interior. ¿Quien me manda hacerle caso a enfermeras perezosas?

Comencé a usar el baño pero me sentía tan débil que por poco me desmayo. Minutos después traté de ponerme de pie pero el dolor no me lo permitió. Entonces un repentino golpe pegó a la puerta del baño.   -¡Abre! Gritó una voz de mujer y pude constatar que se trataba de la señora desquiciada. Tanto trabajo que pasé escondiéndome de ella y me encontró en el baño. Bonito lugar para reclamos, en la posición menos honorable y sintiéndome de la patada y para colmo no podía responderle; sentía que me estaba muriendo.

-Hay otros pacientes aquí. Continuaron los gritos de la mujer acompañados de floridas maldiciones. Quería contestarle pero no salía sonido de mis cuerdas vocales y mi cansancio era tal que todo se me iba de foco y me estaba desmayando; ni siquiera podía alertar a las enfermeras para que alguien me ayudara a levantar. Hasta cierto punto el que no tuviese voz para contestar era algo positivo; le hubiese dicho unas cuantas verdades a la desquiciada paciente. Supongo que en este caso "no hay mal que por bien no venga". Como la descontrolada mujer no obtuvo respuesta de mi parte, se fue o la sacaron del hospital. Lo cierto es que cuando finalmente pude pararme y abrir la puerta, ya la mujer madura no se encontraba allí. Que bueno porque me sentía en peor condición que cuando entré a ese baño y no estaba físicamente preparada para ese encuentro.

93. Nunca comprometas tu salud por alguien que no quiera hacer su trabajo.

El doblarme para usar el inodoro había probablemente causado una hemorragia interna, por lo menos así me sentía; líquidos hirviendo fluían descontroladamente dentro de mi vientre. Tan pronto abrí la puerta traté de pedir ayuda pero mi voz era tan bajita que no llamó la atención de nadie. No fue hasta que casi me caigo que la nueva enfermera me vio, corrió hacia mi, y me sostuvo justo antes de que me desplomara al suelo. La enfermera era una guapa mujer Coreana, en sus 40's o 50's, con una estatura de alrededor de 5 pies 4 pulgadas. Sosteniéndome, me ayudó a caminar de regreso a mi cama.

-Dios mío ¿que pasó? Me preguntó, visiblemente preocupada la enfermera Coreana. Murmuré con la poca voz que me quedaba que no estaba supuesta a ir al baño pero que una asistente de enfermera me pidió que lo hiciera. Mientras la empleada escuchaba mi relato, comenzó a curar mis heridas y cambió las gasas que las cubrían; estaban mojadas y frías y me estaban congelando. Por primera vez, en aquel turno, estuve tan seca como se suponía que estuviese y esto me trajo gran alivio.

Mis tubos goteaban por los lados; por eso mis gasas tenían que ser cambiadas al menos cuatro veces al día. A veces goteaban mas; esta era una de esas ocasiones. El inclinarme para usar el baño volvió locos a mis líquidos internos. Que bueno que la enfermera Coreana no escatimó en la gran cantidad de gasa que puso para cubrir los tubos porque sino me hubiese sentido igualita a un bebe con un pañal de varias meadas.

La enfermera también solicitó un inodoro portátil para que pudiera hacer del baño justo al lado de mi cama, sin el peligro de desmayarme en el camino. Pero por mas que la atenta empleada me ayudó esa noche, el daño causado por la visita al servicio sanitario ya estaba hecho. Cumpliendo lo que alguien del personal me había pedido, propicié un atraso en mi rehabilitación; no pude moverme de la cama durante tres días y si lo intentaba sentía un dolor inaguantable.

94. Un masaje vale oro en un hospital.

Al día siguiente, durante las horas de visita, mi mamá, mi esposo, y dos de mis amigas se dieron cuenta de lo mal que me encontraba. Mi amiga Elba, en especial, estaba molesta de escuchar en torno a la asistente de enfermera que rehusó cambiarme el pañal y me hizo ir al baño. Ella me aconsejó que si esa asistente regresaba debía llamar a la supervisora de personal para solicitar que la removiesen de mi cuidado. Su consejo sonaba atractivo y con fundamento pues ella era la amiga que había trabajado en este mismo hospital por 33 años y me había traído aquí pero como mi estado anímico, mientras estaba en este lugar, era el de "amar al prójimo" pensé que pedir que removieran a alguien de mi cuidado podría comprometer su trabajo. No quería hacerle mal a nadie pero sentía gran molestia con esa asistente.

Por suerte ya ese turno había pasado y ahora me encontraba rodeada de personas que me amaban. Una amiga de las que allí se encontraba era una experta en masajes de reflexología; su nombre es Amparo y tan pronto como entró hizo honor al mismo y me dio real amparo. Después de orar junto a mi, ella le dio un masaje suave a mis pies. Cerré mis ojos e inmediatamente sentí como si una corriente de energía viniese de la mano de Amparo hacia mis pies y explotara rápidamente en mis órganos dañados, dándoles una increíble sensación de cálida sanación. Ella hizo esto tocando lugares específicos de mis pies y más tarde en mis manos y cabeza. Cada vez que tocaba una nueva parte del cuerpo hacía una oración.

Sentíamos gran fe en este procedimiento e instantáneamente experimenté un gran alivio. Cuando culminó el masaje, todo el mundo en el cuarto estaba tan relajado que hasta mi esposo se había quedado dormido; la paz en ese pequeño "cuarto" era increíble.

95. Si no te sientes segura con alguna enfermera o asistente, pide que te asignen otra.

La paz no dura mucho en los hospitales. -¿Puede ponerse de pie? Escuché decir a una mujer cuando ninguno de mis aliados familiares ni amigos se encontraba ya en el cuarto. -Necesita darse una ducha. Continuó diciendo la fría voz, casi al lado de mi cortina. -¡Trágame tierra! Pensé. Es la voz de la asistente infeliz. Ella le estaba hablando a una nueva paciente ubicada en la cama contigua a la mía que aparentemente estaba bañada en sangre. La voz de esa asistente me enchinó la piel.

El saber que una paciente a mi lado estaba cubierta en sangre, probablemente porque había sido víctima de un crimen o la autora del mismo, no me intimidaba ni en lo mas mínimo. La voz de la asistente infeliz, sin embargo, casi me paralizó. Rápidamente me puse muy ansiosa. Recordé las palabras de mi amiga: -llama a la supervisora de personal. Luego de pensarlo por breves instantes, eso fue exactamente lo que hice.

El corazón me palpitaba desorientado; tenía pánico. Jalé el cordón negro de las emergencias y para mi desgracia la que respondió a mi llamado fue la asistente de enfermera que parecía detestarme. -¿Que quieres? Preguntó muy mortificada. Disimulando el terror que sentía respondí como toda una actriz y hablé con la seguridad de una ejecutiva: -quiero ver a la supervisora de personal. Expresé sin vacilar pero con mi voz de murmullo. La asistente infeliz me miró brevemente; mi corazón pareció detenerse en expectativa. Rápidamente ella cerró las cortinas y finalmente pude respirar aliviada.

Momentos después la supervisora vino. Era una tímida mujer anglosajona en sus 30's o 40's, con una altura de alrededor de cinco pies y dos pulgadas. Le expliqué de forma tranquila que no quería que la asistente de enfermera en cuestión cuidara de mi. -¿Por qué? Inquirió la supervisora. Le conté el incidente y la supervisora entendió pero a pesar de ello trató de convencerme de que aceptara el cuidado de la asistente de enfermera. -En las noches no tenemos a muchas asistentes de enfermeras. -Hoy sólo tenemos dos para todo el piso. Dijo la supervisora, tratando de convencerme. -Entonces déjeme sin asistente. Fui rápida en responder aun cuando apenas tenía fuerzas para hablar. -No se preocupe; nos las arreglaremos. La supervisora señaló, entendiendo que no cambiaría mi opinión.

Desde ese día a la asistente de enfermera infeliz no se le permitió tratarme. Que alivio sentí. Poco me importaba si tenía que esperar largo tiempo antes de ser atendida. Para mi era mas importante sentirme segura que ser atendida rápidamente por la misma persona que me haría sentir peor.

96. Mas vale esperar a una enfermera viajera que contar rápido con una enfermera mediocre.

Esa misma noche vi a lo lejos, al final de la habitación, a una enfermera en uniforme rojo. ¿Será posible? No podía dar crédito a un cambio de suerte tan drástico y repentino. En las primeras difíciles noches en el hospital una enfermera que vestía con uniforme rojo me había cuidado con gran entrega. Mi corazón comenzó a palpitar aceleradamente, anticipando el probable encuentro. Vigilé desde mi esquina, esperando echar un vistazo al rostro. De repente giró. ¡Era ella! La misma enfermera que me había socorrido en la unidad de cuidado intensivo estaba ahora en el cuarto de traumas. Bendito sea Dios. Mi noche sería, después de todo, fabulosa.

La hermosa mujer en uniforme rojo era una enfermera viajera. Tomó un rato para que me atendiese dado a que ella se tomaba bastante tiempo con cada uno de sus pacientes pero cuando finalmente llegó a mi esquina, me sentí increíblemente bendecida de tenerla allí. De inmediato mis heridas fueron curadas, mi pañal cambiado, mis líquidos removidos, mi bata mojada reemplazada. Me sentí tan protegida que comencé a susurrarle la canción que había escuchado del peluche que una de las pacientes del cuarto había recibido como regalo: -eres mi sol, mi único sol. -Me haces feliz cuando todo va mal... -Por favor no me saques del sol. Le canté con voz de murmullo pero con mucho agradecimiento.

La enfermera del uniforme rojo parecía satisfecha de escuchar a su paciente cantándole esta canción. Era como si estos momentos fueran la recompensa que obtenía por sus largas horas de cuidar a los enfermos. La hermosa enfermera anglosajona, con ojos azules y cabello dorado, ciertamente parecía como un ángel mientras amorosamente me cubría en una tibia sábana. Sintiéndome como un niño pequeño, consentido por su madre, le di las gracias y sabiéndome amada y segura cerré mis ojos y quedé plácidamente dormida.

97. Los empleados ineptos hacen trizas el trabajo de los diestros.

Si todos los empleados que atienden a los pacientes fueran tan preparados como la enfermera del uniforme rojo, la rehabilitación sería considerablemente mas rápida; por desgracia, en un hospital también abundan los trabajadores ineptos. Esa mañana una asistente vino a buscarme para una prueba de CAT scan, la cual consiste en unos poderosos rayos-x que toman fotos de 360 grados de órganos internos, la espina dorsal, y las vértebras. La joven que me trasladaría a dicha prueba vino sola y en vez de pedir ayuda para moverme a su cama me trasladó jalando mi brazo. ¡Hija de tu papá! O no le dieron los datos de mi delicado estado u optó por no leer mi record; no me dislocó el brazo de milagro. Lo cierto es que me jaló como si estuviese en perfectas condiciones y el abrupto movimiento malogró mas mi delicado abdomen. No era mi intención que el personal del hospital me viera como un "bebe llorón" así que aguanté el dolor y no dije nada.

Había esperado bastante para esta prueba y ahora que finalmente me la harían no pondría ningún obstáculo. Y es que esperar por otra prueba significaba beber una medicina de sabor espantoso a la cual llamaban "el contraste"; también representaba no poder comer ni siquiera la dieta líquida que tanto me había costado obtener. Por si fuera poco, el esperar por otra prueba significaba otro suero en mi brazo para recibir cualquier medicamento adicional durante la misma. Eso equivalía a ser inyectada con varias agujas hasta que alguien encontrara mi vena. Demás está decir que no quería experimentar este proceso otra vez así que aguanté el dolor del jalón y nos fuimos rumbo al cuarto del "CAT Scan".

98. Por exceso de pruebas y falta de empleados, desconocer necesidades del paciente es común.

Una vez en el cuarto de las pruebas, el personal solicitó que me acostara sobre mi estómago. ¿Escuché bien? ¿Acaso no ven los tubos atravesados y el huecote abierto con varias infecciones en mi barriga? Quería cumplir lo que me pedían para que supieran que estaba cooperando pero no podía moverme y menos aún acostarme sobre el abdomen. Mi instinto me decía que intentar era una locura. A pesar de esto traté de ser una paciente obediente. Después de todo, ellos son los profesionales, razoné. Pero la labor era imposible, el dolor inaguantable y les notifiqué que no podía acostarme sobre la barriga.

El técnico mas experimentado entendió rápidamente pero otro que estaba con el y parecía inexperto insistía en que tenía que hacerlo. La ignorancia es atrevida. Por suerte el técnico experimentado se mantuvo firme en que la prueba se podía hacer sin que tuviese que acostarme sobre la barriga. En vez de esto me recosté sobre la espalda. Desafortunadamente el daño ya estaba hecho; simplemente no me podía mover. Tuve que acostarme totalmente estirada con mi espalda sobre la cama de prueba y esto a su vez pareció revolucionar mi páncreas partido aún más.

Aprendí una gran lección ese día. Descubrí que el ser buen paciente también consiste en advertirle a los que nos cuidan sobre la seriedad de nuestra condición. Con tantos enfermos y aún más personas cuidándonos muchos de los que nos atienden no tienen idea de nuestra gravedad. Aprendí también que si algo luce extremadamente equivocado es porque probablemente lo está. Era de mi conocimiento que no podía acostarme sobre mi abdomen; a pesar de esto pensé que todas las personas en aquel cuarto no me obligarían hacer algo que trabajase en mi contra. Estaba equivocada una vez mas, estas personas hacen tantas pruebas y traen a tantos pacientes diariamente que obviar las necesidades especiales de cualquier enfermo es la norma, no la excepción.

99. Los efectos secundarios de los medicamentos son varios y nada agradables.

Hubiese deseado un manual para saber estas cosas de antemano pero dado a que ese no era el caso, aprendí a puro golpe a siempre ser la primera en advertirle a los que me cuidaban en torno a cualquier cosa que estuviese relacionada a mi salud. Las infecciones en mi abdomen aumentaron y la dosis de medicina también. Me sentía extremadamente débil con los medicamentos. Dado a que rara vez tomaba medicinas en mi vida cotidiana, los efectos secundarios de estas se sentían más fuertes. Tenía dolores espantosos en todo el cuerpo y me sentía como borracha que ni siquiera disfrutó el sabor del alcohol y fue directo a sufrir la resaca. También tenía nauseas y a veces me sentía deprimida sin razón. Además mi piel estaba tan seca que se agrietaba y caía por capas constantemente de mis talones y también estaba perdiendo cabello dramáticamente. Ningún concurso de belleza me hubiese visto con buenos ojos en ese momento.

La próxima mañana cuando mis doctores llegaron, les supliqué que redujesen la cantidad de medicina que se me administraba por suero, aunque fuese por un día, a ver que sucedía; si me ponía peor, las tomaría gustosa otra vez. Mi doctor de cabecera, Dr. Salim, no me dio una respuesta contundente en ese momento; él siempre analizaba cuidadosamente sus opciones. El próximo día, sin embargo, una vez las bolsas de medicamentos administradas por suero estaban vacías, no recibí más de esos antibióticos. ¡Yupi! Este doctor es un sueño; pondría mi vida en sus manos una y mil veces mas.

Con la remoción de estas medicinas sus efectos secundarios partieron y una vez mas me sentí en mayor control de mi cuerpo. Ahora si que esto se puso mejor, ya no tengo esas medicinas que me ponen tonta; estoy lista para la batalla.

100. El paciente añora libre albedrío;
obtenerlo le motiva a trabajar en su recuperación.

Tenía la certeza de que más comida por boca, en vez de alimentarme a través de la pompa que me suministraba esa empalagosa leche por el estómago, me haría sentir mejor. No tenía mucha hambre; con unas pocas cucharadas de sopa hecha en casa mi motivación para continuar la extenuante recuperación crecería. No extrañaba la cantidad de comida, lo que ansiaba era la oportunidad de poder comer como cualquier otra persona; por esto pedí a mis médicos una dieta sólida de alimentación. -¿Qué quieres? Me preguntó una de las doctoras femeninas. -Una fresa. Respondí animada porque me hicieron caso. ¡El poder de la publicidad! La noche anterior había visto un comercial en televisión que presentaba una apetitosa fresa y se me antojó. -¿Una fresa? La doctora inquirió mientras miraba al doctor de cabecera, quién a su vez preguntó a otro médico: -¿y siquiera están en temporada? - Veremos que podemos hacer. Dijo la doctora y me puse contenta pues en previas ocasiones cuando me habían dado respuestas así de ambivalentes, los resultados fueron a mi favor.

En ese momento era de mi desconocimiento que mi equipo de doctores había confrontado varios encontronazos con los médicos del departamento de gastroenterología, quienes no querían que su paciente ingiriera nada por boca ni siquiera líquidos. Estaban convencidos de que la pompa de comer era todo lo que Jackie necesitaba y que esto era mas seguro porque el tubo que me alimentaba iba directo a mi intestino chico y no pasaba por mi dañado páncreas pero y la opinión mía ¿qué? ¿Cual es el uso de vivir si te sientes como en una cárcel? Todo mi ser añoraba libre albedrío y comer una fresa sonaba como mi libertad bajo fianza. En términos médicos, no hacía mucho sentido darme esa fresa pero en los humanos, la necesitaba desesperadamente por lo que esa fruta representaba para mi.

Mis médicos accedieron a alimentarme por boca pues estaban de acuerdo en que esto haría mas bien que mal. El que me sintiese tan débil y estuviese alarmantemente flaca fue crucial en su determinación. Para mi suerte, ese mismo día recibí un plato lleno de frutas; se veía tan apetitoso que no sabía por donde empezar. Que consentidores eran mis doctores. Sólo comí unos pocos bocados y aunque no había ni una sola fresa porque no estaban en temporada, las mordidas que di hicieron que me sintiera libre, dueña de mi propio paladar. ¡Que frescas, jugosas, y maduras estaban esas frutas! Claro, "después del gustazo viene el trancazo"; dolorosos gases, acompañados por dificultad para respirar, me hicieron la visita puntualmente, este era un precio que estaba mas que gustosa en pagar para acelerar mi recuperación. Sabía que si aguantaba algo de comida sólida sin fiebre o "carreritas al baño" me "graduaría" a un "nivel" mas alto y se me permitiría comer diversas comidas sólidas. Esa era mi nueva meta, no tener que conformarme con ser una espectadora que simplemente ve y olfatea los deliciosos platos que sus compañeras comen.

Capítulo 6:

Que evitar, que aceptar y que encontrarás en un hospital

101. La tristeza alimenta las enfermedades.

E L PODER INGERIR LA COMIDA del hospital era para mi un sueño hecho realidad pero para una nueva paciente del cuarto parecía una pesadilla. Su nombre era Camila, una mujer Mexicana a finales de sus 50's, con cáncer. Le asignaron la cama contigua a Francisca, la otra paciente con cáncer. A Camila le traían comida colorida que lucía extraordinaria y sin embargo no la quería consumir. Ambas comenzamos a platicar cuando una de las asistentes que no hablaba español le estaba poniendo el artefacto para los signos vitales. Camila trataba de explicarle que el brazo derecho le dolía mucho porque era el mas usado para los sueros y estaba bastante morado. La asistente de enfermera no entendía así que desde mi esquina traduje lo que Camila decía. Este fue el comienzo de una bonita amistad entre las dos.

Día tras día éramos testigos de nuestras altas y bajas. Camila también se hizo muy amiga de mi mamá y le ofrecía su comida de hospital porque no le gustaba y su hija siempre traía comida de afuera. Camila era una excelente compañera de cuarto; no se quejaba y aceptaba las medicinas que le daban. Pero su recuperación era lenta porque no quería estar en el hospital. La mayoría de las pacientes no queríamos estar allí pero el caso de Camila iba mas allá; extrañaba su hogar demasiado, quería regresar a su pequeño pueblo en México donde había tenido los momentos mas felices de su vida.

Su tristeza y nostalgia la estaba matando más que el cáncer que había en su sangre. Camila estaba convencida de que mudarse otra vez a México, a su pequeño pueblo, la haría sentir mejor pero sus hijos no querían que se fuera; querían a su mama aquí recibiendo lo que ellos pensaban era el mejor cuidado para su enfermedad. Desafortunadamente la tristeza que ella sentía la ponía peor a cada segundo. Lloraba constantemente y todas las pacientes estábamos apenadas por ella.

Un día Camila estaba escuchando música Cristiana y orando mientras lloraba. Parecía tan triste que me puse de pie con la poca fuerza que tenía y me dirigí a su cama. -No llore. -Todo va a estar bien. Le dije, la motivadora en mi no podía resistir la tentación de influenciar a esta mujer para que estuviese feliz. Lágrimas seguían bajando sobre su rostro así que propuse hacer una oración entre Camila, Francisca, la paciente que estaba a su lado, y yo. Oré para que Camila viera su enfermedad no como un castigo sino como un evento que sólo los fuertes sobreviven y si lo estaba atravesando era porque Dios estaba convencido de que podía resistirlo y que obtendría algo muy positivo de esto a la larga. Un buen discurso motivacional envuelto en una oración; pensé que sería un éxito.

Al parecer así fue; Camila lucía calmada luego de la oración. Pocos momentos después, sin embargo, comenzó a llorar otra vez. Ni modo o mi oración no fue suficiente o mi discurso careció de impacto. Plan B: Francisca, la otra paciente, sostuvo la mano de Camila y le dijo que fuese fuerte y positiva y que se iba a poner mejor. Bueno, sonaba como mi pequeño discurso pero la oradora era alguien que también tenía cáncer y Francisca se encontraba en un nivel mas avanzado, casi terminal. ¿Cuanta mas credibilidad podía tener el discurso? Camila seguramente se conmovería por las palabras de esta paciente que no solo padecía la misma condición sino que también se las ingeniaba para ponerse mejor diariamente, gracias a su positivismo.

Francisca no tenía ni una onza de auto-lástima. Allí estaba ella, en peor condición que Camila, con un cáncer definitivamente mas avanzado y sin embargo ella era la que estaba tratando de animarle. Viendo que Camila estaba aún triste me atreví a desencadenar el Plan C: comencé a hablar de los pequeños y hermosos pueblos que había visitado en México. La cara de Camila inmediatamente cobró vida. ¡Bingo! Había encontrado la forma de animarle. El hablar sobre su amado México probó ser la medicina que ella necesitaba. Camila rápidamente compartió historias de su pequeño pueblo con una sonrisa inmensa en su rostro y por un mágico momento sus penas parecieron desaparecer y sus memorias nos llevaron a las tres mujeres a un mundo mas feliz.

102. Como medida de prevención, los visitantes no deben ayudar a otros enfermos.

El lenguaje no era el único factor que unía a Camila, a Francisca, y a mi; también disfrutábamos de compartir nuestra buena o mala fortuna durante nuestro tratamiento. Otras pacientes no tenían la misma necesidad de socializar. Eran personas solitarias, ni socializaban con otras pacientes ni recibían visitas de parientes. Mami y yo sentíamos tristeza por una mujer que no había tenido ninguna visita. Ella quería que alguien arreglara sus almohadas pues había tenido un accidente de auto y apenas se podía mover. La paciente pidió que alguien le ayudara y mi mamá, sin pensarlo dos veces, fue a su rescate. Que orgullosa me sentía de poder compartir la ayuda de mi madre.

En su rol de súper héroe Violeta fue presurosa a ayudar a la mujer cuando una enfermera la interceptó y le advirtió que no podía ayudar a la paciente. Las dos nos quedamos sorprendidas. ¿Qué motivos había para negarle ayuda a esta mujer? No obtuvimos respuesta en ese momento pero muy pronto aprendimos que era una medida de prevención. Supimos que mucha gente se pone extremadamente complicada cuando está en un hospital; demandan por cualquier cosa aún si alguien sólo está tratando de ayudarles. La culpa podría achacársele a muchos factores, entre ellos los anuncios televisivos de abogados; prometen darle compensación justa a cualquiera por prácticamente cualquier cosa. En Los Ángeles el demandar es algo cotidiano. Si tu doctor no fue capaz de revivir a alguien destinado a morir, sólo demándalo o demándala y obtén una compensación justa, lo que sea que eso signifique.

Nuestra sociedad esta siempre buscando a culpables. Es por esto que sólo a los parientes y amigos se les permite estar cerca del paciente en un hospital, para evitar cualquier situación que pudiese convertirse en negativa; en otras palabras, para evitar ser demandado. Si por ejemplo, mi madre hubiera hecho algo tan simple como poner la almohada donde quería la paciente y al hacerlo hubiese herido a la mujer de alguna manera, las consecuencias habrían sido devastadoras para el hospital, para la paciente, y para mi mama. Madre e hija teníamos que ver, hacernos de la vista larga, esperar y orar para que esos pacientes solitarios tuviesen el regalo de recibir las visitas de sus parientes.

103. Pacientes que no siguen reglas son dados de alta antes de tiempo.

María del Carmen y Omayra, dos de mis hermanas, entraron al cuarto en ese momento para despedirse y para darme unos regalos antes de partir pues ambas se irían el próximo día. Siempre recordaré los días que pasamos juntas en ese hospital como los mas significativos de nuestra convivencia. Otras pacientes no compartían mi fortuna; muchas sólo eran visitadas por los voluntarios que van a los hospitales pero los enfermos ciertamente preferimos ser vistos por nuestros seres queridos.

Desafortunadamente muchos pacientes no reciben esa visita tan añorada; tal era el caso de una mujer que había venido al hospital cubierta en sangre dos días antes. No tuvo ningún visitante ni creo que se hubiese dado cuenta pues desde que llegó no paró de dormir. Luego de dos días entregada a los brazos de Morfeo y levantarse sólo para pedir medicina para el dolor y algo de comida, un doctor vino a hablarle: -¿por qué no ha venido a la clínica médica a darle seguimiento a sus citas? El médico indagó. Parecía molesto pues la paciente tenía una diabetes muy avanzada que no se estaba atendiendo, aún cuando el sistema de salud del condado le proveía medicina y cuidado gratuito. La convaleciente, una mujer Afro-Americana de edad madura y con sobrepeso, no parecía tener la respuesta adecuada. -¿Sabe que su diabetes está en una etapa muy avanzada? -No le podemos ayudar si usted no se ayuda. El doctor dijo, visiblemente molesto. Quizás ella no sabía lo que esas palabras significaban pero la testigo en mí tenía ya algo de experiencia en la materia; la paciente había cometido dos de los errores que los doctores no aceptan de los enfermos: no darle seguimiento a su tratamiento y utilizar el hospital como hotel, restaurante, y vehículo para drogarse. El resultado llegó relativamente rápido.

-La paciente ha sido dada de alta. Anunció el doctor a la enfermera, quién luego de llenar unos documentos regresó a despertar a la ahora ex-paciente. -Señora, ha sido dada de alta; puede irse a casa. Le dijo la enfermera a la soñolienta mujer. –Ah. La paciente respondió, aún tratando de despertar. -¿Tiene alguna dirección? Le cuestionó la enfermera. –No. Respondió la mujer, apenas abriendo sus cansados párpados. No tenía hogar y por lo tanto no quería abandonar el hospital. -¿Por qué? Preguntó la paciente a la enfermera. -Usted ha estado durmiendo todo el tiempo y tomando medicina para el dolor.

La enfermera respondió como dejándole saber a la paciente que había sido descubierta.

La mujer entendió perfectamente. -¿Puedo tener más medicamento para llevar? Se atrevió a preguntar la dama, obviamente más preocupada con drogarse que con obtener el tratamiento para su diabetes. -Déjeme ver que dice el doctor. Respondió la enfermera y regresó mas tarde con dos Tylenols. -No mas medicina para usted señora. ¿Tiene a alguien que la recoja? La enfermera le preguntó. –No. Respondió la paciente. La enfermera salió y regresó con algo de monedas sueltas: -esto es para su autobús. Le dijo y oficialmente la dio de alta.

Desde mi esquina vi el incidente y tuve sentimientos encontrados. Por una parte sentía pena por esta paciente que aún estaba visiblemente enferma, con una diabetes avanzada y tomando el autobús para ir a dormir en las calles. Esta era una realidad muy aterradora. Por otra parte, entendía la reacción del doctor. Esa cama de hospital podía ser usada por alguien que verdaderamente quisiese ponerse mejor y le diese seguimiento a su tratamiento. Sin embargo, la idea de esa vieja mujer durmiendo en las calles esa noche cuando el día anterior había sido la compañera de cuarto en la cama contigua, era bastante perturbadora.

Con todo y pena que sentía sabía que la conducta irresponsable de la mujer fue la que propició que le dieran de alta, no su condición de vagabundo. De hecho, el personal del hospital la trató con gran respeto. No había repulsión en los rostros de los empleados por la mala condición de la piel de la mujer. Tampoco hicieron caras por el olor que trajo cuando entró ni gestos de sorpresa cuando la admitieron cubierta en sangre. Ellos la trataban igual que a cualquier paciente con plan médico, pero ella no parecía valorizar su vida lo suficiente como para seguir las recomendaciones de sus doctores y había que pagar un precio por ello.

104. Enfermeros en formación buscan practicar con el paciente; permitirlo beneficia a ambos.

Según la mujer sin hogar caminaba lentamente hacia la salida del cuarto, noté la presencia de un grupo de personas que, contrario a ella, seguían instrucciones sin problemas, las enfermeras en entrenamiento. Una hermosa profesora de enfermería, anglosajona, delgada, de tez blanca, con larga cabellera color marrón, y a finales de sus 30's supervisaba a los estudiantes. Con un dulce tono de voz pedía a los pacientes si sus alumnos podían desempeñar actividades de enfermería, tales como verificar los signos vitales, sanar heridas, e inyectar.

Al principio la reacción obvia de muchos pacientes es: -ningún estudiante me va a dar tratamiento. Pero cuando los enfermos ven la entrega de estos alumnos, cuan veloces llegan al solicitarles ayuda y aún antes de pedírselas y cuan dispuestos están a procurar el bienestar de cada persona atendida; entonces, es el paciente el que con ansias los espera. Todos los futuros enfermeros querían practicar conmigo pues era la única convaleciente, en ese momento, en el cuarto de traumas con una herida abierta.

Eso se me hacía divertido y raro al mismo tiempo. Me sentía como la rana que los niños tienen que cortar en las clases de biología en la escuela. Afortunadamente la meta de estos alumnos no era cortar mi cuerpo en pedazos como a la rana de la escuela; solo querían practicar conmigo y estaban entusiasmados al respecto. ¡Vaya usted a saber porqué! Lo cierto es que los cuidados de estos estudiantes hacían de mis mañanas unas mas placenteras.

105. Un error en tus papeles de hospital puede ser la diferencia entre la vida y la muerte.

Un joven Asiático, que era parte del grupo de enfermeros en entrenamiento, era uno de los que recogía los líquidos que salían a través de mis tubos. Hacía la mayoría de su trabajo de enfermería excelentemente: verificaba signos vitales, suministraba suero, me inyectaba, y mas. Pero al parecer cometió un error al escribir una cantidad equivocada de líquidos provenientes del páncreas. Uno de los doctores lo regañó con aplomo. Por primera vez desde que me admitieron al hospital vi a uno de mis médicos verdaderamente enojado.

El futuro enfermero rápidamente corrigió el error. Sentí pena por él; había sido avergonzado frente a sus compañeros de clase. No obstante entendí por qué el doctor llamó la atención de ese alumno de una forma tan estricta; un error en los papeles de un paciente puede ser la diferencia entre la vida y la muerte, especialmente en este caso. Los líquidos tenían que ser medidos de forma precisa para saber exactamente los medicamentos necesarios para secarlos; poner menos o mas afectaría mi salud considerablemente. Una cosa estaba clara, ese enfermero nunca volvió a cometer ese error y todo su papeleo estaba inmaculado a partir de entonces.

106. Estudiantes de enfermería dan trato personalizado porque cuidan pocos pacientes.

A cada estudiante de enfermería le tocaban dos pacientes; esto trabajaba a beneficio de los enfermos pues éramos socorridos al instante. Muchos de los aprendices tenían dones extraordinarios. Una de las enfermeras en entrenamiento era una joven Hispana que poseía tanto talento con las inyecciones que rápidamente le tomé cariño. Y no es que el que te pongan una inyección sea motivo para celebrar pero el que te la pongan bien, es todo un evento. El contar con alguien que tuviese precisión para poner las inyecciones cuando mis brazos y muslos estaban mas violetas que Barney, el personaje de TV, era razón para festejar. Claro, estaba tan adolorida por las previas inyecciones que mi entusiasmo no era tan evidente pero le estaré eternamente agradecida a esta estudiante por aplicarse tan rápido en dicha área.

Otra cosa que estos enfermeros en entrenamiento hacían era cambiar las gasas de mi herida abierta y las de los tubos que goteaban alrededor de mi estómago. Por alguna extraña razón estos enfermeros en entrenamiento se entusiasmaban muchísimo con cambiar las gasas. ¿Acaso los trajeron de otro planeta? No me estoy quejando pero era raro que alguien disfrutara eso. Asumo que lo que les entusiasmaba era el poder practicar lo aprendido con alguien que tenía tantas partes del cuerpo en mal estado. Supongo que los mecánicos de auto sienten el mismo entusiasmo cuando les toca arreglar un carro que rara vez se encuentra. Ese sujeto raro era yo y de alguna manera esto era positivo.

La primera vez que los estudiantes realizaron el proceso, su profesora me pidió permiso para que varios de sus alumnos presenciaran el "magno" evento mientras uno de los estudiantes lo ejecutaba. El que tantos individuos vieran como otro estudiante limpiaba mi herida abierta, no sonaba muy glamoroso. Pero como la maestra era tan dulce y me encontraba en deuda con el hospital, no pude decir que no. Para mi sorpresa, los estudiantes fueron extremadamente cautelosos; celosamente se cercioraban de que el equipo y los guantes se mantuviesen 100% esterilizados. Ni un sólo germen podía entrar en esos guantes o en las tijeras para cortar la gasa.

Su profesora los guiaba para que se pusiesen los guantes esterilizados, a manera de que ninguna parte exterior de ellos se infectara con nada exterior ni con las manos. Al principio el proceso fue lento; tenían que ponerse los guantes casi sin tocarlos pero una vez que lo repetían y esta servidora era un buen sujeto para esto dado a que mis gasas necesitaban ser cambiadas al menos cuatro veces al día, se volvieron bastante diestros en la materia. A veces los estudiantes eran mejor ayuda que algunas de las enfermeras, las cuales tenían demasiados pacientes y por ende su tiempo era muy limitado como para ser tan meticulosas con los gérmenes; por supuesto, aún les faltaba a estos alumnos mucho para alcanzar la perfección de empleadas como Gyolonda, mi enfermera viajera favorita. Ella hacía el mismo "ritual" de poner los guantes esterilizados en una superficie plana y luego ponérselos pero lo realizaba en un abrir y cerrar de ojos y nunca tocaba la parte exterior de los guantes pues esta sería la que tocaría mi cuerpo; definitivamente perfección en enfermería y lo que los internos serían algún día con gran dedicación y arduo trabajo.

Cuando estos estudiantes partían los extrañábamos, ya que nos daban atención personalizada súper gustosos toda la mañana. También nos beneficiábamos del cuidado indirecto de la profesora, la cual inspeccionaba a sus estudiantes para que hicieran el mejor trabajo posible.

*107. Si no está en tu expediente,
lo haces bajo tu propia responsabilidad.*

Ese día esperaba ansiosa la llegada de mamá, la cual me traería una suculenta sopa hecha en casa. Se me hacía la boca agua de sólo pensarme saboreando aquel exquisito plato. El doctor me había dado permiso para comerla pero mi expediente decía que sólo podía ingerir una dieta líquida. No era mi intención clarificar el error de mis papeles en ese instante; mi estómago tenía prioridad y estaba rugiendo. Después de tantos días sin degustar comida real, mi hambre necesitaba ser saciada con urgencia. Y al que me viniese con gelatinas se las pondría de sombrero.

Como mi doctor no estaba cerca para probar que esta paciente sí tenía permiso para comer, tuve que poner un plan en marcha a manera de no ser vista por las enfermeras: "la operación sopa", una arriesgada misión para rescatar a mi hambriento estómago. Mi esposo se quedaría afuera en la "entrada" del pequeño "cuarto" cuyas murallas eran simples cortinas, para alertarme en caso de que el enemigo, representado por la enfermera de ese turno, viniese. Mario vigilaría los pasillos de máxima seguridad en este peligroso hospital donde cualquier enfermera o asistente podría interceptar nuestro intercambio de sabores infiltrados.

Mi madre era parte del escuadrón secreto; ella introduciría el envase con la sopa. Su labor era burlar la vigilancia ocultando el preciado caldo bajo su bolso. Mario miraba nervioso al régimen de las enfermeras; el aroma del singular alimento las había puesto en alerta. Esos olores obviamente no provenían de la comida del hospital; eran mas intensos y es que la sopa tenía ingredientes clasificados que por ser receta de familia no pueden ser divulgados. El delicioso olor hacía que estuviésemos vulnerables a ser descubiertos pero Mario sirvió de escudo a Violeta, y ella pudo llegar a salvo hasta mi escondite secreto con el ansiado líquido.

El agente mamá me alimentaría justo al lado de la cortina, para cerciorarse de poder ver o escuchar la señal del Comandante Mario. Mi misión era la mas difícil de todas; estaba a cargo de alimentar mi hambriento apetito y esa era una peligrosa labor que requería la destreza de ir poco a poco aun si se me antojaba comerme todo el plato de un solo bocado. Con gran ejercicio de auto-control, comí sólo una pequeña porción de la sopa; no podía ingerir mucho para permitir que el páncreas sanara. Después de todo, era una espía responsable.

Me sentía tan contenta como supongo que se sienten los arqueólogos cuando encuentran la pieza histórica que han estado buscando toda su vida. Este era mi gran hallazgo, un elixir de supervivencia y tenía justo el sabor que anticiparon todas las profecías; era la comida mas deliciosa que había probado en mi vida. Mis camaradas de combate inmediatamente escondieron toda evidencia del crimen pero mi rostro reflejaba la satisfacción del gran logro. ¡Finalmente había vuelto a ingerir comida y estaba en el paraíso!

Al día siguiente recordé a mis doctores que aclararan con una nota en mi reporte que podía comer pero cuando llegó la enfermera descubrí que la corrección no se había hecho. Eso si que era un problema. Obviamente estas personas desconocían que el ser espía tiene sus riesgos. No me quedaba otra alternativa mas que usar la misma técnica de "ocultarme" con la ayuda de mamá. Nuestro otro camarada, el Comandante Mario, no estaba con nosotros en esa ocasión. Como era de esperarse, esa reducción en el personal nos llevó a fracasar en este intento. La enfermera de ese turno nos descubrió. Le expliqué que tenía el permiso del doctor. -No está en tu expediente. Dijo la enfermera con la misma actitud de una espía de un país enemigo. -Estás comiendo eso bajo tu propia responsabilidad. Manifestó con el tono estricto de las clichosas espías Rusas o Alemanas y se fue, visiblemente molesta.

108. Si tienes permiso, pide que lo pongan por escrito en tu expediente.

¡Eso si que no! ¿Acaba ella de insinuar lo que estoy pensando? Estaba ella sugiriendo que yo estaba mintiendo y que no tenía permiso para comer esa sopa? Esas si que son palabras mayores. Si mayores, la reina del drama aquí soy yo, no ella. El doctor me había dado permiso para comer esa sopa. Mi nueva misión era limpiar mi nombre. ¿Porque siempre asumen que el convaleciente es el que está mintiendo? Bueno, quizás ayude el hecho de que la paciente del accidente de auto mintió sobre las drogas que había tomado, o quizás el que la paciente desquiciada mintiera sobre el tiempo que había estado en el hospital, o quizás por que no era mi costumbre decirle todo sobre mi a los doctores en entrenamiento cuando me entrevistaban para practicar sus destrezas de entrevistar pacientes. Con tanta gente que me daba tratamiento y sabían todo en torno a mi, esta era la única forma en que sentía que estaba controlando la información que poseían personas que no me daban tratamiento directo. Eso no es mentir. ¿O si?

Esta bien, lo admito; quizás los pacientes mentimos de vez en cuando pero esta vez no lo estaba haciendo. Mi honor no podía ser manchado así porque si. Si ya se, honor no es una palabra que usemos mucho en Los Ángeles pero suena bien así que eso es precisamente lo que hice: defender mi honor. Me puse de pie como hacen los guerreros, bueno quizás un poco menos intimidante por mis tubos pero tenía el mismo ímpetu e iba a pelear hasta salvar mi honor. Con la ayuda de mi mama y mi andador, caminamos lentamente hacía la estación de enfermeras contigua a mi cuarto. Casi podía escuchar la música de guerreros acompañándonos mientras llegábamos hasta el recibidor de las enfermeras.

Con aplomo pedí que me dejaran ver mi información. Por supuesto, fui dulce con la enfermera del recibidor; una buena guerrera siempre sabe con quién pelear. Según leía mis datos, descubrí que de hecho tenía el permiso para comer concedido por mis doctores de cabecera pero luego de esto estaba la firma de otro doctor, dándome sólo la dieta de líquidos. ¿Y a este, quién lo invitó al baile? Me pregunté en mi interior y para mi gran fortuna el médico estaba allí en ese momento y la guerrera en mi salió a enfrentarlo de inmediato.
-¿Por qué me está bajando a una dieta líquida? El doctor, un gastroenterólogo Hispano, muy guapo, alrededor de sus 30's, dio un pequeño sobresalto al escuchar mi voz. Pobrecito, que forma de presentarme; pero no era para menos, él había firmado un documento que una enfermera había escrito sin cerciorarse de que estuviese correcta. Me dijo que sólo había firmado lo que la enfermera le había dado. En mi mente pensé varias cosas y ningunas de ellas positivas en torno a lo casual que el doctor había tomado el firmar un papel cuya información desconocía. "Excuse me" o sea perdone usted. ¿Escuche bien? ¿Que tal si fuese su esposa dándole los papeles de divorcio y exigiéndole todo su dinero? ¿Los firmaría sólo "porque alguien se los dio"?

Bueno eso fue lo que mi mente pensó. Sabía que el doctor tenía poder así que nunca le hubiese dicho eso. En vez de esto utilice mis mejores modales para explicarle el largo tiempo que me había tomado el que me aprobaran una dieta sólida. Debo admitir que mostré "algo" de mi impaciencia. Bueno, quizás un poco mas que "algo". Esta bien, lo admito, mostré mucha impaciencia. Creo que hasta el doctor se sintió un poco intimidado por mi y que agradezca que mi persona no exhibía el 100 por ciento del temperamento de mujer Puertorriqueña que regularmente poseo. No fui grosera, sin embargo, sólo mostré la pasión que tengo por lo que opino justo. Revisé los papeles de mi expediente y le mostré como mi doctor principal había aprobado, por escrito, una dieta sólida. El gastroenterólogo se disculpó y firmó otro documento que clarificaba el problema. Pobrecito, el tan tranquilo y esta paciente con el espíritu de revolucionaria. Ojalá y me haya perdonado pero espero que haya entendido que alguien con hambre tiene el potencial para convertirse en el peor enemigo. Demás esta decir que quien ganó el combate fue esta obstinada paciente. Finalmente me permitieron comer una dieta sólida. Mi honor había sido salvado. Hasta le brindé una amplia sonrisa al doctor. No se si sonrió de vuelta porque le caí bien o porque pensaba que era mejor no llevarme la contraria. Prefiero pensar que le caí bien. Pero doctor, si alguna vez lee esto, quiero pedirle disculpas; es que cuando tengo hambre desconozco a cualquiera.

109. El miedo es un mal consejero en el hospital; no permitas que decida por ti.

Cada batalla ganada me hacía sentir mejor y deseaba que compañeras tan queridas como Camila avanzaran también en su recuperación. Pero ella lejos de mejorar parecía estar empeorando. Su tristeza constante alimentaba el mal estado de su cáncer y su quimioterapia tuvo que comenzar antes de lo previsto. Esto le hizo sentir peor. Su deseo era irse lo mas pronto posible. Quedarse para recibir quimioterapia era extender su estadía indefinidamente. Era una situación sin ganadores; si se quedaba, la tristeza seguiría malogrando su salud y si se iba la ya avanzada enfermedad crecería. Poder irse del hospital y regresar sólo para sus citas de seguimiento, de seguro le traería felicidad y ese sentimiento es mejor consejero que la tristeza en un hospital.

Esa noche, luego de presenciar los malos resultados que producía el acongojo de Camila, todas las pacientes fuimos testigos de los estragos que causaba el permitir que el miedo tome control de uno en un hospital. El evento ocurrió poco después de que se apagaron las luces. Unas asistentes de enfermera trajeron a una nueva paciente al cuarto. Desde mi cama no podía verla porque las cortinas estaban cerradas pero escuchaba claramente que se trabaja de una anciana Hispana.

Sus quejidos delataban el pánico que sentía. La asistente de enfermera le preguntó algo pero como la anciana no hablaba inglés, no le respondió.

De inmediato quise ayudar. El escuchar a alguien tan cerca con tanto miedo hizo que pasara por alto lo aprendido en previas ocasiones con pacientes descontroladas. Sin pensarlo dos veces la súper héroe en mi salió a "luchar por la justicia". -No se preocupe señora. Le dije a la nueva paciente en español. -Ellos van a cuidar de usted. Le aseguré, sin recordar que estas mismas palabras habían desatado Troya con otra paciente en este mismo cuarto. Afortunadamente ese no fue el caso con esta dama. Ella no hablaba inglés así que el escuchar a alguien hablando su propio idioma, español, debió de hacerle sentir como quién es salvado en alta mar cuando esta a punto de ahogarse. Al menos así lo quise ver para no desistir de ayudar.

La anciana mujer fue rápida en comunicarme su deseo, quería que le dijese algo a los doctores; me comentó alarmada: -dígales que no puedo respirar. Rápidamente me comuniqué con el personal traduciendo lo dicho por la señora. Ahora que lo pienso, ese era mi súper poder, podía ayudar a esta mujer con mis conocimientos en inglés. No era un súper poder sofisticado o sobrenatural como los de las historietas pero era la destreza que se necesitaba en ese momento y para mi tenía tanto valor como un súper poder.

Las asistentes parecían aliviadas de tener a alguien que tradujese dado a que no había enfermeras bilingües en ese momento. Un doctor rápidamente me dijo a través de la cortina: -dígale que tenemos dos opciones: podemos poner un tubo en su garganta para que pueda respirar o podemos hacer una incisión en su cuello para que respire. Traduje rápidamente. La anciana fue aún mas veloz en responder. -Abran mi garganta, no puedo respirar. Dijo desesperada. Repetí sus palabras en Inglés y el doctor, en cuestión de segundos, movilizó todo el lugar. El pánico había decido por la paciente y ese es el peor consejero que cualquiera puede tener en un hospital. Si no hubiese tenido tanto miedo, hubiese optado por el tubo en la garganta y se hubiese evitado grandes problemas. Pero cambiar de opinión ya no era una opción, el corre y corre de asistentes y enfermeros se escuchaba por todo el cuarto.

<u>*110. En ocasiones, procedimientos delicados*</u>
<u>*se harán en cuartos llenos de pacientes.*</u>

Ay mamá, no inventes. ¿Van a operar a esta señora aquí, justo al lado de mi cortina? Escuché a alguien decir que el cuarto de emergencias estaba muy lleno y que no había tiempo que perder; por ello iban a operar a la señora en esta misma habitación donde dormíamos otras 9 pacientes. La anciana me pidió que orara por ella. Repetía una y otra vez que no quería morir. Cuando estuve en la misma posición que esta mujer, tuve la suerte de que el doctor tomó la decisión por mi ya que me encontraba inconsciente. Y digo tuve la suerte pues mi doctor optó por mantener mi garganta intacta y utilizar el tubo que aunque era muy doloroso, me evitaría grandes problemas de salud el resto de mi existencia. Si hubiese sido mía la opción, quizás hubiese permitido que el miedo decidiera por mi, tal y como el pánico de esta señora había escogido por ella. Los doctores respetaron dicha opción y prepararon a la paciente para la operación. Trajeron algo de equipo de otro cuarto y mientras ellos se movilizaban hice según se me solicitó: comencé a orar.

Me concentré muchísimo en la oración. Le pedí a Dios que ayudase a esta nueva paciente a relajarse y a no tener miedo para que el procedimiento fuera un éxito. En un momento dado abrí mis brazos y los apunté hacia la dirección de la cama de la nueva paciente con la intención de ofrecerle algo de energía sanadora; esto me hizo sentir peor. Fue como si esta señora hubiese tomado toda la energía que me quedaba. Por descabellado que suene, sentí que mientras oraba con las palmas de la manos abiertas hacia la cama de la desesperada mujer, ella absorbía la energía que le estaba ofreciendo y me dejaba sin nada. Al mismo tiempo que la garganta de la otra paciente estaba siendo cortada, sentí como si me hubiesen sacado toda la energía que quedaba en mi cuerpo; pude experimentar claramente el dolor de la otra mujer. Tan insólito como pueda parecer, fue como si en ese momento hubiésemos intercambiado lugares.

111. El sufrimiento de otros pacientes te hará sentir peor.

Lloré silenciosamente con emociones encontradas. ¿Como me iba a poner mejor si cada noche estaba expuesta al sufrimiento de nuevas pacientes? Con lágrimas en mis ojos y gran pena en mi corazón escuché según los doctores realizaban el procedimiento, aún orando para que la anciana no muriese, al menos no allí, no al lado de mi cama. Y esto lo digo en el sentido mas egoísta posible; el orar por aquella señora en esta ocasión no tenía nada que ver con mi amor hacia el prójimo. Mas bien sentía que no podía aguantar ser testigo de la muerte de alguien que le tenía pánico a fallecer. Si hubiese muerto, nos hubiésemos traumado todas las pacientes. Eso si que le daría una razón mas para llamar a este cuarto el de traumas. ¡Ay Diosito no te lleves a esta doña todavía!

Para cuando el procedimiento concluyó y la nueva paciente estaba dormida y a salvo, el resto de las habitantes del cuarto nos encontrábamos bastante afectadas, incluyéndome. El incidente me había conmocionado demasiado. Mis músculos se hicieron nudos en la espalda y el dolor se volvió inaguantable. ¡Hasta ahí llegaron mis dizque súper poderes! ¡Ya no juego!

Por primera vez, en mi larga estadía en el hospital, me quejé a viva voz; trataba de aguantarme pero no podía. Para ese entonces los doctores ya se habían ido y no se encontraba ni una sola enfermera en el cuarto pues estaban llevando a la nueva paciente a otro piso. Mis quejidos de dolor se extendieron por mas de tres horas. Fue entonces que dos enfermeras finalmente vinieron a mi rescate. -Por favor sáquenme de mi miseria. Les dije, apenas pudiendo balbucear palabra. Las enfermeras no sabían que hacer y me encontraba tan adolorida en ese momento que no me percaté de cuan divertida esa línea debió de haber sonado: -sáquenme de mi miseria. ¿No es esa la frase que los vaqueros usan cuando están a punto de morir porque alguien les acaba de disparar y suplican a su asesino que les de una muerte "digna"? O me apresuro a explicarles a las enfermeras lo que quise decir o me tendré que conformar con que me sigan mirando como si les estuviese hablando en un dialecto de otro planeta.

-Denme algo fuerte, morfina, lo que sea, sólo pónganme a dormir. Les dije y supuse que eso las haría entender pero casi instantáneamente me percaté de las implicaciones de lo dicho. -Pónganme a dormir. Que combinación entre boca y pata la mía. ¿No es esa la frase que usan los dueños de las mascotas cuando le piden al veterinario que inyecten a su animalito para que muera sin dolor? ¿Recuerdas al Doctor Kavorkian que se hizo famoso en Estados Unidos por supervisar la muerte con medicamentos de sus pacientes? ¿Que tal si estas enfermeras hubiesen trabajado para él? Para mi fortuna ese no era el caso; las enfermeras entendieron y partieron a buscar la aprobación del doctor.

Para cuando finalmente obtuve mi inyección de morfina, habían transcurrido mas de cinco horas desde que había comenzado el dolor. Mala hora escogí para ponerme tan mal. Antes de quedar dormida, me cercioré de pedirle perdón a dos de las pacientes que trataron de ayudarme cuando nadie respondía a mi llamado. Pobrecitas, la preocupación por mi bienestar las estresó probablemente tanto como me había preocupado la operación de la anciana. Que difícil era para todas recuperarnos cuando el estrés de presenciar a otra compañera sufriendo siempre estaba presente.

112. Un masaje es mas efectivo que un relajador de músculos.

Una vez las enfermeras me inyectaron, finalmente pude dormir. -Llama a mi esposo por favor. Le dije a una de las pacientes antes de quedar dormida. Ella había ofrecido llamar a mi familia con su celular. Sospechábamos que mis músculos tenían nudos por algún movimiento repentino. Un masaje en la espalda arreglaría el problema inmediatamente pero el hospital no contaba con empleados en esa categoría y si un paciente tenía nudos en sus músculos le daban un líquido relajador. Que me perdonen los manufactureros pero ese líquido no sirvió para nada. Mas hizo la traicionera morfina que al menos me puso a dormir.

Tan pronto desperté, sin embargo, el dolor de los nudos seguía allí. Conté cada minuto hasta que marcaron las 11:00 a.m. y a mi esposo le permitieron entrar al hospital. El sería un millón de veces mejor remedio que el calmante o la morfina pues podía darme un masaje que rompiera los nudos musculares en mi espalda. Las pocas técnicas para alinear músculos que Mario había aprendido con nuestro amigo mutuo, Manuel, le dieron fin a mi dolor. Mi esposo resolvió el problema con un simple y efectivo masaje pero ¿que sucedía con los pacientes que no contaban con el apoyo familiar mío?

La doctora a mi cargo esa semana explicó que dos personas hacían tales labores pero sus horas de servicio eran muy pocas y sólo para ciertos casos. Tan pronto escuché su explicación le exclamé con tristeza: -eso es triste sabe, imagínese cuantos pacientes estarían libres de dolor con el masaje adecuado. La doctora meditó mis palabras pero no abundó mas sobre el asunto; no se si fue por qué pensó que le había formulado una pregunta metafórica, o porque en realidad no tenía una respuesta, o por qué su atención debía orientarse a asuntos mas urgentes; lo cierto es que no pude resolver mi inquietud. Pensé que juntas, la doctora y esta paciente, podíamos ayudar a "salvar al mundo" con mi opinión y experiencia. ¿Pero que podía hacer la doctora? Ella era sólo otra empleada, al igual que esos técnicos de horas limitadas.

Lo cierto es que los remedios naturales no han encontrado un nicho en los hospitales convencionales de los Estados Unidos. Cuan beneficioso sería para los pacientes que esto cambiara. Por lo pronto me tocaba la dicha de ser una de las pocas con la fortuna de tener a alguien que ayudase en ese sentido. Hay demasiada carga en los pacientes con trauma severo como para añadirle simples pero extremadamente dolorosos nudos en los músculos así que tener amigos y familiares que ayuden en esta área es de incalculable valor.

<u>*113. Padecer dolor motiva a muchos enfermos*</u>
<u>*a compartir su fragilidad humana con otros.*</u>

Gracias al masaje de mi esposo dormí como un bebé esa noche. Al día siguiente cuando desperté noté a una nueva paciente; una joven mujer Afro-Americana, aparentemente alrededor de sus 20 años fue asignada a la cama frente a mi. "Wow", eso si que no era "normal" en este cuarto si es que esa palabra describía a esta habitación en algún momento. Una paciente había llegado sin estar gritando a todo pulmón. Esta chica era tan calladita que ni siquiera me había dado cuenta que estaba allí, a pasos de mi. Que bien, una compañera de bajo mantenimiento; ahora si nos estamos entendiendo. Ni siquiera la conozco y ya me cae bien.

La joven lucía saludable. A primera vista podía hacer todo lo que hace la gente "normal": caminar, respirar, comer comida sólida, e ir al baño. Lo único que llamaba la atención sobre ella era su barriga que parecía estar cargando un bebé de ocho meses. -¿Por qué tendrían a una futura madre en la sección de traumas severos? Me pregunté.

Una mañana la respuesta vino directamente de los labios de la joven mujer Afro-Americana: -tengo SIDA, es un tumor. Dijo casualmente. Y que conste que las del cuarto no la estábamos mirando raro ni le preguntamos. Su franqueza dejó atónitas a las pacientes que escuchamos la noticia. ¿Un tumor de ese tamaño y SIDA a una edad tan temprana? Su declaración no alimentó mayor curiosidad por nuestra parte aun cuando en la vida cotidiana un anuncio como este quizás hubiese propiciado una serie de preguntas que pudieran satisfacer la curiosidad de los presentes. Pero las que allí estábamos éramos pacientes también. El dolor nos había obligado a ver las cosas de forma distinta. En vez de enfocarnos en el chisme, nuestra atención se dirigió a como esta compañera enfrentaba su tragedia de forma tan valerosa.

¿Cómo puede esta mujer tener tanta valentía a pesar de estar atravesando una condición incurable que causa dolor inaguantable y que pronto provocará su muerte, dejando a sus dos niños pequeños huérfanos? Ella estaba enfrentando el fin de su mundo y a pesar de esto lo hacía con admirable hidalguía. Lejos estaban los días en que alguien anunciaba que tenía SIDA y todo lo que uno pensaba era en permanecer tan distante como se pudiese de esa persona.

La escuché quejándose con dolor y llorando levemente sólo una vez en la noche. Fuera de eso enfrentaba su situación con tal dignidad que quienes le veíamos no podíamos evitar sentir admiración por ella. Nadie le había preguntado cual era su condición y sin embargo era normal no sólo para ella sino para la mayoría de las pacientes compartir infortunios con las otras. De alguna forma, el estar cerca de la muerte o estar en dolor libera a muchos y están mas dispuestos a compartir su fragilidad humana con otros.

114. Mofarnos de nuestras tragedias puede ser una excelente receta.

No sólo estaban muchas de las pacientes dispuestas a compartir sus desgracias sino que mientras mas grande su "tragedia" mas "aplaudidas" eran por las otras por haberlo resistido. Hacíamos chistes sobre nuestras calamidades. Era divertido burlarse de alguien enfermo, siempre y cuando ese alguien fuese uno mismo. De esta forma nadie podía acusarnos de hacer escarnio con el dolor ajeno. Nuestro momento favorito de auto-burla era cuando nos mofábamos de cómo nos desplazaríamos del hospital, en caso de una emergencia.

Este era el plan de evacuación de Camila: ella, que aún podía caminar, empujaría mi cama ya que yo no podía moverme. Francisca nos abriría paso, cojeando con su bastón. Las tres nos reíamos de cuan lento sería el proceso de evacuación de este nutrido grupo de mujeres que apenas se podía mover, en caso de un terremoto o un fuego. Me declaro también culpable de burlarme de todos los pacientes que caminábamos por el pasillo del hospital. Nos movíamos tan lento que no pude resistir apodar aquel lugar "el pasillo de los zombis". Y el nombre nos caía a la perfección; todos lucíamos muy delgados y los que no se veían flacos lucían poco saludables. Caminábamos extremadamente lento debido a nuestras condiciones y nuestros rostros no ocultaban el dolor. Así que lo único que faltaba era la música de una de esas series de televisión de zombis y estábamos perfectos para protagonizarla.

No se porqué pero tenía la sensación de que en cualquier momento uno de esos "zombis" iba a comenzar a bailar como los del video "Thriller" de Michael Jackson. Eso si que hubiese sido un visual interesante. Creo que nadie en esos pasillos tenía la fuerza o estaba físicamente capaz de realizar ninguno de esos bailes complicados pero cuando imaginaba una escena como esta, la tragedia perdía su rigidez.

Cuando Robert y Cheryl Zapién, dos de mis amigos, vinieron a visitarme y les dije que tuvieran cuidado porque los "zombis" venían, ellos reaccionaron confundidos, pensaron que habían escuchado mal. Dado a que la mayoría de la gente viene a un hospital con una actitud muy solemne, sintiendo pena por el paciente, lo último que esperan es que el enfermo se burle de si mismo. Una vez se percataron de la broma, no podían parar de reír. Supongo que los zombis que visualizaron siguiéndonos eran tan divertidos como los míos.

115. Las relaciones cambian luego de una estadía en el hospital; se rompen o se unen mas.

Además de burlarnos de nuestras "desgracias" las pacientes a veces encontrábamos energía para platicar sobre temas mas relevantes. Para todas el estar en el hospital, tan cerquita de la muerte, nos daba una oportunidad única de auto-evaluación y de análisis de todas nuestras relaciones. Para sanar física y mentalmente reconocíamos que era necesario modificar conductas, nuestras y de los seres con los que vivimos. Las conductas nuestras las podíamos modificar, las de otras personas estaba por verse. Debe ser por esto que cuando alguien sale de un hospital muchas relaciones cambian, se rompen o se unen mas pero siempre hay una transformación; nunca sales igual.

La joven mujer con SIDA, por ejemplo, tenía dos niños y al parecer su estadía en el hospital había hecho mas fuerte el lazo con ellos. No los había visto en ese tiempo y esta separación había logrado que ella apreciara aun mas el valor de su prole; ni siquiera su doloroso tumor disminuía sus ganas de ir a casa para sacarlos a pasear en un día festivo que se aproximaba. Era poco probable que los doctores le cumpliesen su deseo pues su condición era súper delicada. Pero aquella joven añoraba tanto reunirse con sus hijos que nunca se quejaba; tomaba sus medicamentos y seguía todos los consejos de los doctores. La noche antes del día de fiesta el médico de la joven no le había dado permiso para abandonar el hospital. La salud de la chica se puso peor ese día; se quejó con dolor toda la noche.

En la mañana siguiente, sin embargo, un milagro sucedió. Al parecer la joven mujer Afro-Americana quería ver a sus hijos tanto que se levantó, arregló su cabello, y hasta fue al primer piso del hospital, vestida como persona regular, para buscar café para ella y otras pacientes. Sus doctores no la habían dado de alta y ella estaba bastante impaciente. Pero alrededor de las seis de la tarde las buenas noticias llegaron: la joven mujer había sido dada de alta. Ella no había hecho nada extraordinario para lograrlo, lo único que sí había realizado era poner un gran empeño en mejorar su salud, seguir las indicaciones de sus médicos, y mantenerse positiva en que le darían lo que pedía y aparentemente esto le había dado resultados. Supongo que los doctores sopesaron las ventajas de dejarla ir versus las desventajas y estimaron que su partida sería mas beneficiosa que el que se quedara añorando ver a sus hijos.

Que felicidad nos dio a las otras compañeras de cuarto el ver a esta joven partir; sus niños gozarían de la presencia de su madre. Nos dio alegría pero nostalgia a la vez pues nosotras teníamos que permanecer en el hospital. Lejos de concederme ir a casa como a esa joven, mis doctores manifestaron que si el flujo de líquidos del páncreas no se detenía probablemente necesitaría otra cirugía; o sea que no sólo no me iría pronto, mi estadía en este hospital se extendía. Ahí fue cuando me entró el desespero. Había estado en el hospital por un mes y quedarme por mas tiempo me ponía los pelos de punta. Por eso, ni corta ni perezosa, rápidamente ideé un plan para convencer a mis aliados de que estaba lista para dejar el hospital; si le había funcionado a la joven que hoy se iba a casa, lo mas probable trabajaría para mi también.

116. En un hospital siempre hay alguien que ha padecido mas que uno.

Esa noche encontré con quien poner a prueba mis técnicas de convencimiento. Mi primer sujeto sería una de mis enfermeras viajeras favoritas, Gyolonda. Mientras ella cambiaba las gasas que cubrían mis heridas, le comenté, como quien habla casualmente y sin ninguna agenda oculta, cuan ansiosa estaba por irme a casa. -No es que no me caigas bien. Le aclaré. -Me caes súper bien. Le dije para que no me malentendiera y añadí: -es que estoy lista para irme a casa. -Ya he estado aquí por mucho tiempo. -Soy la única que queda en el cuarto. -Todas las demás llegan por pocos días y se van. Le dije con actitud de "pobre de mí". Lo único que me faltaban eran los violines para apelar a la compasión de quien me cuidaba.

Cuando pensé que ya había probado que era la paciente que mas había padecido en este cuarto, presenté el último argumento en mi defensa: -me imagino que soy la paciente que mas tiempo ha estado aquí o ¿hay alguien que haya estado más? La respuesta de Gyolonda no se hizo esperar: -Oh si. Me dijo de forma casual mientras seguía limpiando mi herida abierta. Ni siquiera parpadeó o hizo algún gesto; para ella parecía un tema totalmente cotidiano y sin gran importancia. Gyolonda no notó cuanto me desanimó el descubrir que alguien hubiese estado en este cuarto por mas tiempo que yo. ¿Sería posible que alguien fuese mas víctima que mi preciado ser? Pero si la reina del drama era la chica que se encontraba en la cama. ¿Como podía existir alguien con una historia de mayor mérito que el mío? Tenía que haber un error, probablemente había escuchado mal.

Miré a Gyolonda como buscando el que me dijese que era una broma y que la titana, la única en sobrevivir por mas de un mes este cuarto, era yo. Ella no perdió tiempo en aclararme: -tuvimos un paciente aquí por un año. -¿Un año? Le dije sin poder disimular mi sorpresa. ¿Alguien me había arrebatado la corona de supervivencia en este cuarto? Ay mamá, eso si que es aguante. ¿Un año de escuchar los gritos de otros pacientes? A esa persona la deben declarar mártir; cuando muera la deben canonizar.

¿Donde me dejaba eso? De repente me convertí en una paciente común y corriente con una historia ordinaria de supervivencia. –Si. Dijo Gyolonda como si hubiese escuchado mi pensamiento y continuó: -y él no se podía mover de su cama en todo ese tiempo. La miré desilusionada, como queriendo decirle: - no sigas hablando, no sigas estrujándome en la cara mi carencia de hazaña. Todos hacen escarnio del árbol caído. Un momento. ¿Cómo que árbol caído? Si a quién le fue peor fue a esa persona, no a mi. Todavía restaban once meses y estaba segura de que si me esforzaba no pasaría ni un mes mas sin que saliera victoriosa a mi casa.

Gracias paciente desconocido. Que gran lección me has dado el día de hoy; me dejaste sin excusas para quejarme. ¿De que me quejo si hay pacientes con una carga mas pesada que la mía?

117. Cuidado con los enfermeros holgazanes; huye de los políticos de la salud.

Los que mas nos beneficiábamos, de la práctica del hospital de traer a enfermeras de otros países, éramos los pacientes. Las enfermeras del África no esquivaban las labores denigrantes como cambiar pañales o gasas o sanar heridas. Sin embargo, varios enfermeros locales eran súper perezosos para hacer estas labores y casi siempre se las ingeniaban para que alguien mas hiciese este trabajo. Recuerdo un enfermero Angelino que siempre le pedía a alguna asistente que hiciera dichos trabajos; a él nunca le vi hacer las labores de un enfermero. Lo único que hacía era hablarle a los pacientes como si él fuese el doctor o un motivador pero a los enfermos nos motivan mas los hechos que las palabras. Necesitábamos un enfermero que nos atendiese, no uno que nos hablase como si fuese a correr para un cargo político. Demás esta decir que no hubiese votado por él. Por culpa de este perezoso enfermero mis compañeras sufrieron tratos mediocres. Por suerte a mi nunca me tocó ser cuidada por él; que bueno por ambos pues yo no hubiese sido tan resignada como las otras habitantes del cuarto. Mi meta de sanar lo mas pronto posible requería cuidados verdaderos y no discursos de motivadores frustrados.

Supongo que el personal administrativo del hospital estaba al tanto de que existían estos enfermeros perezosos y por ello recurría a enfermeras de otros países. Ese pensamiento es mas positivo que pensar que contrataban a las extranjeras porque eran menos costosas. Debo aclarar que habían enfermeras locales muy trabajadoras y que no todos los enfermeros extranjeros eran afanosos. De hecho, algunos de los enfermeros importados ya se habían "infectado" con los enfermeros y asistentes holgazanes que ya trabajaban en el hospital. En varias ocasiones presencié como algunos asistentes masculinos, entre los cuales recuerdo un joven Africano, siempre esquivaban las labores difíciles; nunca los vi cambiar un pañal o sanar una herida. Pero, por lo general, la gran mayoría de las enfermeras y asistentes femeninas del África eran muy trabajadoras.

118. La mejor manera de lidiar con pacientes imprudentes es ignorarles.

A veces el idioma inglés de algunas de las asistentes de enfermera era muy básico como en el caso de una mujer China muy simpática. No podía entender muchas frases en inglés pero siempre hacía su trabajo diligentemente; tomaba signos vitales y cambiaba pañales de los pacientes. En una ocasión una mujer China fue admitida al cuarto. La asistente estaba de pláceme; al fin podía hablar su propio idioma y gracias a ella esa nueva paciente, su familia, los doctores, y enfermeras pudieron comunicarse adecuadamente.

Claro, no todo era "color de rosa" para la alegre asistente China. A veces tenía que atender a enfermos que no querían escuchar los muchos idiomas que se hablaban en el cuarto de traumas. Una de ellas era una mujer anglosajona, a finales de sus 30's o principios de sus 40's, que había llegado al cuarto recientemente con varios aparatos para mantenerla inmóvil luego de un accidente de auto. Esta mujer parecía disfrutar el burlarse del acento de la enfermera China y le exigía que hablara inglés aún cuando eso era lo que estaba hablando como mejor podía.

Si me hubiese sentido mejor, le habría dicho del mal que iba a morir a esta non-grata compañera de cuarto. No es justo burlase de alguien que te está ayudando. Afortunadamente las enfermeras y asistentes conocen a esta clase de pacientes demasiado bien como para estancarse en ellos por mucho tiempo y aún cuando la asistente de enfermera se puso triste un día porque la misma mujer se mostró indignada por no poder entenderla, pronto aprendió que esas personas necesitarán más que una estadía en el hospital para sanar sus almas. La mejor forma de lidiar con ellos es simplemente ignorarles, hacerse de la vista larga durante sus "histerias" y atenderles sólo cuando verdadera sanación física sea necesaria.

119. Exigir constante atención del personal te logrará exactamente lo opuesto.

La nueva paciente, a quien llamaremos Miss Egoísta, merece ese título porque lo único que le importaba era lograr lo que quería, sin tomar en consideración las consecuencias negativas que esto propiciara al resto de las personas viviendo, trabajando, o visitando este cuarto de traumas. Miss Egoísta tenía una forma muy perturbadora de llamar la atención; gritaba por todo y a todo pulmón. O el tener un accidente de auto es lo mas doloroso del mundo o nos habían tocado las accidentadas mas ruidosas del planeta. Esta mujer exigía servicio al personal como si estuviese en un hotel de 5 estrellas. Aun cuando la mayoría de las enfermeras era buena gente y servicial, se notaba cuan difícil les era mantener una sonrisa cuando la paciente del accidente automovilístico, o sea Miss Egoísta, exigía cualquier cosa. Cuando ya pensábamos que las brujas habían abandonado el cuento, surge una aun mas malvada.

Mi conjetura es que esta paciente no tiene ni esposo ni novio. ¿Quien podría soportar a alguien tan exigente? Le estaba haciendo la vida imposible a todo el mundo. Tan pronto como alguna enfermera venía a ponerme una inyección, ella gritaba para que le atendieran primero. Por fortuna mi doctor de cabecera se percató de cómo a Miss Egoísta le gustaba siempre ser el foco de atención. En una ocasión él vino con varios doctores en su práctica a atenderme. Los médicos estaban en medio de una discusión en torno a mi condición y Miss Egoísta decidió unirse a la conversación y exigir algo. Mi doctor rápidamente respondió: - vaya tenemos a una paciente de alto mantenimiento aquí. Dijo esto alzando un poco su tono de voz mientras orientaba su rostro hacia la cama de la paciente, a manera de que ella escuchase y se percatase de que se refería a ella. Todos los demás sabíamos lo que el concepto significaba, un paciente de alto mantenimiento es alguien que se queja por todo, crea problemas, y no sigue las reglas del hospital. Todos, excepto dicha paciente, reímos gustosos; que bueno que el doctor puso en su sitio a esa molestosa mujer.

Por lo menos el entendimiento de la conflictiva paciente no se había accidentado y pareció entender que no se saldría con la suya con todos. Sonreí de oreja a oreja. Como diríamos en mi pueblo: "chúpate esa en lo que preparo la otra" que quiere decir: si esto te supo agrio, lo próximo será peor así que mejor no lo vuelvas hacer. Y es que el fastidiar tanto a los que te cuidan tiene repercusiones, ya nadie quería atender a esta paciente que tanto exigía atención.

120. El paciente de una enfermera con vocación tiene mas posibilidades de sobrevivir.

Cuando mis doctores partieron, luego de la épica lección de ubicación a la paciente exigente, llegó a inyectarme Gloria, una enfermera que también era buenísima para poner en su lugar a pacientes desubicados. Ella es Hispana, está alrededor de sus 20's o principios de sus 30's, probablemente 5'4" a 5'6" de altura, y tiene el cabello oscuro de mediano a largo, envuelto en una cola de caballo. Además de su arte para no andarse con rodeos, tiene un admirable don para inyectar medicamento sin causar dolor. Mis secos y duros brazos agradecían su arte pues las agujas a duras penas penetraban mi piel por lo dura que se había puesto con tantas inyecciones. Esta enfermera era muy precisa con los sueros y nunca necesitaba llamar refuerzos para encontrar venas.

Lo que mas distinguía a Gloria, sin embargo, era su convicción de que la sanación del paciente exigía la ayuda de los familiares. Nos relató, a mi progenitora y a mi, que había presenciado como docenas de pacientes iban de estar muy enfermos a milagrosamente sanar gracias al apoyo de su familia. De igual forma, ella había presenciado como personas que estaban mas o menos bien se ponían graves por la falta de envolvimiento de sus familias. En una ocasión llamó personalmente a los hijos e hijas de una paciente que no paraba de llamarlos y llorar porque no la habían venido a ver. Gloria se tomó sus riesgos y apeló al sentido común de estos familiares diciéndoles cuanto su madre les extrañaba y como sus ausencias la estaban poniendo peor.

Los familiares se molestaron mucho; estaban ofendidos de que una enfermera les dijera lo que tenían que hacer. Pero esta llamada telefónica le salvó la vida a esa madre cuando finalmente los hijos vinieron y con ellos el deseo de vivir de su progenitora. Gloria arriesgó su puesto demasiado. En este condado las personas son muy dadas a quejarse o hasta demandar a quienes trabajan en posiciones públicas. Por suerte a Gloria le importaban poco las formalidades. Su meta era salvar un paciente a la vez aún si con ello ponía su propia carrera en peligro. Esto era algo que también caracterizaba a varias de las empleadas en el cuarto de traumas, la vida de sus pacientes tomaba un lugar mas importante que la suya; eran enfermeras de vocación, no de título y su entrega aumentaba las posibilidades de vida de sus pacientes.

Capítulo 7:

Lo que todo paciente debe saber

*121. Si el personal médico se preocupa por ti, hazle caso;
ellos saben lo que te conviene.*

Había una paciente de Bangladesh que se quejó con la supervisora de personal. Alegaba que Gloria, la enfermera, le estaba exigiendo demasiado. La paciente medía de 5'3" a 5'5" y tendría alrededor de 27 años; su piel era morena clara pero lucía muy pálida y su cabello llegaba hasta los hombros. Le habían removido un tumor del estómago y estaba adelgazando demasiado porque devolvía todo lo que comía. No lo hacía intencionalmente; su sistema digestivo simplemente no toleraba nada de alimentos.

Gloria sabía que la joven estaba librando una carrera contra el tiempo y que para mantenerla viva era necesario que comiera y caminara. La enfermera no pareció molestarse con la mujer de Bangladesh por haberla reportado y lejos de desanimarse le exigía mas. Ninguna de las otras enfermeras le dedicaba tanto tiempo a esta nueva paciente, quizás porque no seguía instrucciones en sus primeros días. Gloria no se dio por vencida y pronto la paciente de Bangladesh entendió que esta enfermera era quien la cuidaba mas. La empleada se convirtió en la mejor amiga de la joven y en una madre sustituta para ella dado a que su verdadera madre no consiguió visa humanitaria para venir desde Bangladesh a Los Ángeles.

122. Jalar el cordón negro es la manera aceptable para comunicarse con las enfermeras.

No sabría decir si fue por razones culturales o por la inmadurez de su joven edad pero la chica de Bangladesh se tardó en aprender las reglas básicas de comportamiento en un cuarto de hospital. Durante sus primeros días prefería llamar a gritos a las enfermeras, en vez de jalar el cordón negro. Esto era incómodo para la mayoría de las pacientes pues el silencio es crucial para sanar. Las habitantes del cuarto aun no nos acostumbrábamos a los gritos y exigencias de la otra paciente nueva, Miss Egoísta, cuando se le sumó la chica de Bangladesh en un coro poco agradable. A las dos les había dado por gritar: -enfermera, enfermera. Una primero gritaba y la otra le seguía como si fuese eco.

Sus tonos agudos nos chillaba el oído a las otras pacientes cuando estas mujeres gritaban esas dos palabritas, cada vez que querían ser atendidas. No podíamos entender por qué la chica de Bangladesh tenía que llamar gritando a quienes nos atendían. La otra, Miss Egoísta, lo hacía porque parecía disfrutar ser el centro de atención pero la chica de Bangladesh no parecía ser tan egoísta. El resto de las convalecientes sentíamos pena por su delicada condición mas no por sus gritos y teníamos la esperanza de que con un poco de guía las enfermeras modificarían su conducta. –Enfermera, enfermera. Volvió a decir la joven de Bangladesh con su tenue voz cuando para nuestra sorpresa se le unió Miss Egoísta con su chillona voz: -enfermera… enfermera. Gritó esa mujer mas alto que la chica de Bangladesh. -Esta paciente necesita su ayuda, alguien… Seguía gritando la exigente fémina: -ésta joven mujer necesita una enfermera.

Los gritos de Miss Egoísta asustaron tanto a la paciente de Bangladesh que optó por callarse; supongo que fue entonces cuando se percató de lo terrible que sonaban esos gritos. Aun cuando la joven de Bangladesh se calló, Miss Egoísta continuó su berrinche. Su forma de ayudar al prójimo era poco usual; no paraba de gritar hasta que una enfermera viniese. Luego de un rato las empleadas también se cansaron; a ambas pacientes les dijeron que sólo las llamaran usando el cordón negro.

En poco tiempo el deseo de las enfermeras y del resto de las pacientes, incluyéndome, se hizo realidad, al menos con una de las integrantes del coro; la joven de Bangladesh disminuyó el uso de su voz para llamar a las empleadas y empezó a utilizar la manera aceptable de comunicación, jalar el cordón negro. Miss Egoísta, sin embargo, no parecía entender razones y por todo gritaba; muy pronto todas las demás habitantes del cuarto y el personal que trabajaba en el mismo comenzamos a cansarnos de ella.

123. Deja saber a los doctores lo que quieres,
y ellos buscarán como ayudarte.

Afortunadamente no todas las pacientes eran escandalosas. Francisca, la señora con cáncer en la cama contigua a Camila, era súper calladita pero había sido dada de alta en la mañana. Su buena actitud hacia la vida, sumada a una familia que siempre estaba apoyándola y el gran tratamiento que recibió en el hospital, hizo que su cáncer se pusiera en remisión. Mientras su familia empacaba felizmente sus pertenencias, Camila, la otra paciente con cáncer, los miraba con lágrimas en sus ojos. -Pronto estarás bien, sólo ten fe. Le decía Francisca a su compañera mientras partía.

Para ese entonces todas las pacientes sabíamos que Camila quería irse del hospital. La habíamos visto llorar en la cama o con su hija a un lado del elevador. Varias orábamos para que Camila se pusiese mejor y pudiese ir pronto a casa pero los doctores no le daban permiso. Ellos decían que su condición había empeorado y que necesitaba quedarse por mas tiempo. Esa mañana decidí intervenir; échenle la culpa al espíritu de súper héroe que vive en mi. Le dije al doctor que Camila quería irse a su casa y que en mi opinión se pondría mejor si así lo hacía. Los seres humanos pensamos que la medicina se pega por ósmosis. Sólo llevaba unas cuantas semanas en el hospital y ya pensaba que podía darle mi opinión profesional al doctor. Pero el médico me puso en mi sitio rapidito. Sin ofenderme, descartó esa opción. ¡Ni modo Camila! Por lo menos traté. Mi amiga no se dio por vencida y preguntó a los doctores si le permitían ir a casa y regresar sólo para citas y exámenes. Los médicos dijeron que no.

Desanimadas, Camila y yo regresamos a nuestras respectivas camas; ella caminando con la cabeza baja y muy abatida mientras que a mi el andador me ayudaba a no caer. Una hora después regresaron los doctores de Camila. -Esta es la hora de su próxima cita; cerciórese de venir. Le dijo su doctor de cabecera mientras le daba un papel. Lo acompañaban otros dos doctores. -Se puede ir a casa. Afirmó el doctor mientras Camila se quedó atónita; no sabía si había entendido bien.

Pero las demás compañeras entendimos clarito e irrumpimos en un inmenso aplauso; nos emocionó sobremanera que el milagro de Camila hubiese ocurrido ante nuestros ojos y todas reaccionamos con inmensa alegría. Las que pudieron brincar brincaron. Las que estábamos en nuestras camas aplaudimos y lloramos de alegría. Aún los doctores estaban sorprendidos de ver que todas las pacientes y sus parientes festejaban felices por ver cumplido el deseo de Camila. No podíamos parar de aplaudir y echar porras. –Vaya. El doctor exclamó sorprendido. -La gente verdaderamente te quiere aquí. Dijo el médico con obvia alegría por el contagioso entusiasmo en todo el cuarto.

Camila estaba tan feliz como una niña con juguete nuevo. -¿Me puedo ir? Preguntaba sin poder dar crédito a su suerte. -Siempre y cuando mantengas tus citas, si. Le reafirmó complacido el doctor. Camila quería irse y no se detuvo hasta que los doctores encontraron la forma de complacerla. Bien dicen que el que persevera triunfa. -Llama a tu hija. Le dijo mi mamá emocionada a Camila mientras le facilitaba su teléfono celular.

Creo que todas las pacientes estábamos llorando, eran unas cataratas de lágrimas felices. Sabíamos que extrañaríamos a Camila pero estábamos contentas de verla partir. Este glorioso momento debió haber mejorado su salud significativamente. ¡Von voyage mi querida Camila!

*124. Para que te hagan ciertas pruebas
debes estar libre de toda infección.*

Con la partida de Camila y Francisca, era sólo cuestión de horas antes de que nuevas pacientes llenaran esas camas vacías. Ojalá y las nuevas compañeras no sean de alto mantenimiento. ¿Como aguantan las enfermeras a tanto paciente problemático? A un mes de estar allí sentía que mi límite de aguante ya se había excedido.

Tan pronto como vi a mis doctores el día siguiente, les pregunté cuando me darían de alta. Si a Camila le había resultado, quizás a mi también. Mis médicos no dieron una respuesta concreta. "Estoy solicitando un examen que se hace con una cámara pequeña." Dijo mi doctor de cabecera. La cámara vería mis órganos internos y arreglaría el páncreas con un rayo láser. -Luego de ese examen veremos. Aseguró el médico. Aunque su respuesta fue ambivalente, me enfoqué en el hecho de que no fue negativa. Me notificaron además que para que me hiciesen algunas pruebas necesitaba estar libre de infecciones.

Si el requisito para acelerar mi partida del hospital era deshacerme de las infecciones, lo cumpliría inmediatamente. Diligentemente aguantaba frías bolsas de hielo bajo mis axilas, en mi frente y detrás de mi cuello para bajar la fiebre. También me obligaba a toser la dolorosa flema de la neumonía. Me mantenía alerta, divisando cualquier elemento que pudiese crear una infección en mi. Me cercioraba de que nadie prendiese el aire acondicionado para no contraer catarro. Pero a Miss Egoísta le encantaba enviar a personas a encenderlo aun en pleno invierno. No se si de verdad tenía calor o simplemente disfrutaba hacer nuestras vidas miserables.

De nada servían nuestros esfuerzos para no contraer infecciones. Dejar mis pies helados al descubierto en la noche para evitar que me diera fiebre o reducir considerablemente la comida por boca para que el páncreas sanase, no tenían ningún valor si el aire acondicionado provocaba un resfriado. Pasarían días antes de que me hiciesen el examen así que mi misión era mantener el aire apagado para evitar enfermarme. Con gran celo interceptaba a cualquiera que se acercara a la unidad de aire, la cual estaba justo al lado de mi cama. Si Miss Egoísta quería frío, sería sobre mi frío cadáver.

125. Ser bilingüe es de gran ayuda en un hospital.

Desafortunadamente, con nuevos pacientes llegando al cuarto de traumas mi guardia tenía que acrecentarse. La primera paciente admitida fue una delgada y bajita anciana Hispana que aparentemente sufría de Alzheimer. Estaba deambulando desorientada por los pasillos, sin suero, con sangre saliendo de su brazo y con su bata revelando su trasero. Ninguna de las estrellas que se destapan muestran sus encantos tan casualmente; estaba enseñando todo pero ni cuenta se daba.

La paciente fue divisada por una enfermera en el pasillo, la misma que me había socorrido cuando estuve a punto de caer al piso; que oportuna era esta empleada. Evitando problemas mayores trajo a la nueva paciente de regreso al cuarto de traumas y le explicó que no podía caminar medio desnuda por el hospital y que no se debía quitar el suero. La nueva paciente sólo sonrió; aparentemente no entendía ni una palabra de lo que la enfermera le decía.

En ese momento desde mi esquina decidí ayudar utilizando mi "súper poder": ser bilingüe. -Señora no se puede quitar el suero. Le dije a la anciana. La enfermera se sintió aliviada. -Bien, hablas Español. -¿Puedes decirme que es lo que quiere? Me preguntó la empleada preocupada. Escuché atentamente a la paciente pero ni siquiera estaba hablando español, su idioma natal; en realidad estaba murmurando; ninguna palabra completa salía de su boca. Le notifiqué a la enfermera esto y se sintió aliviada. Que orgullosa me sentía de poder ayudar. Ser bilingüe es un verdadero tesoro en un hospital y puede ayudar a salvar vidas. La enfermera descubrió que su paciente no tenía ninguna necesidad especial y procedió a arroparla con una manta mientras le decía con señas, como si fuese un niño chiquito, que no se quitara el suero. La anciana sonrió, como un bebé que piensa que están jugando con él; era un tierno cuadro de compasión humana.

126. A menos de que estés muy grave, esperarás mucho por tus pruebas.

Los empleados que realizarían mi estudio brillaron por su ausencia el día pautado. Mis doctoras me dijeron que era porque había mucha gente en lista de espera y las personas en situación mas grave tenían prioridad. Por un lado era un alivio saber que estaba en mejor estado que esos pacientes pero por el otro me sentía frustrada. Esperé varios días para esta prueba y soporté grandes inconvenientes y a la hora de la verdad no me la hicieron. ¿Acaso tenían alguna idea, quienes decidían cancelar las pruebas a última hora, de lo difícil que es para un paciente mantenerse alejado de infecciones en el hospital, o de lo que duelen las agujas para el suero, o lo mucho que el paciente espera completar esas pruebas para salir del hospital, o del hambre que el enfermo siente porque no le dejan comer desde la noche anterior? No les dije eso pero lo pensé. Ni modo, estos eran gajes de oficio en un hospital y tenía que esperar al próximo día.

La mañana siguiente llegó y luego la tarde; esperé y esperé pero nadie del departamento de gastroenterología vino y desesperada fui con mi madre hasta el recibidor de enfermeras, a ver si aun me hacían la prueba en ese día. Analizándolo bien, madre e hija éramos "revolucionarias pacíficas", no permanecíamos quietas esperando un trágico final. Cuando veíamos la catástrofe venir, hacíamos un plan para enfrentar al enemigo. En este caso los pacientes desconocidos eran mis rivales ya que necesitaban mi mismo examen. Que cruel sonaba esto pero era la pura verdad. Menos mal que no lo analicé de esa forma en ese momento. Supongo que alguien tiene que perder en una batalla y tan egoísta como suene yo estaba decidida a no ser ese alguien. Pero a pesar de que movilicé a una enfermera a hacer llamadas, no me hicieron la prueba ese día. No obstante, la guerra aun no terminaba y planeaba ganarla. Por ahora comería y descansaría. ¡Estaba hambrienta!

Esa tarde vino un joven doctor Asiático del departamento de gastroenterología. Me pidió disculpas por la post-posición del examen y me explicó en que consistía el mismo; el rayo láser arreglaría el páncreas siempre y cuando sólo estuviese parcialmente roto; si estaba totalmente partido a la mitad, este procedimiento no me serviría. Me confundió, no sabía si esas eran buenas o malas noticias. Lo único que restaba era esperar.

5 días después repetí el molestoso proceso de preparación, nada de comer o beber luego de la medianoche y otro doloroso suero. Pero el único que vino fue el mismo doctor de gastroenterología y no a hacerme la prueba sino a platicar. No me apetecía hablar, lo que quería era hacerme la prueba e irme a casa. Le escuché atenta pero desanimada. Me dijo que no quería cometer errores y que debido a mi delicada condición pediría un "mapa de caminos" de mis órganos

internos. Eso significaba que para hacerme la prueba tenían que hacerme otra primero, un MRI, cuyas siglas en inglés significan "Magnetic Resonance Imaging" o sea Imagen de Resonancia Magnética. Para mi estos términos eran como si me hablaran en Chino pero luego supe que esta era una técnica que usa campos magnéticos y ondas radiales para producir una imagen detallada de los huesos y tejidos suaves del cuerpo. En otras palabras, este examen daría a conocer la ubicación precisa de cada órgano y el estado de cada uno.

La mañana siguiente mis nuevas doctoras de cabecera trataron de reanimarme: -ellos quieren cerciorarse de que no haya errores. Aseguró Leah, una bella doctora Asiática a finales de sus 20's y mi nuevo médico de cabecera. ¿Que guerra estaría completa sin el breve discurso motivacional del general? Se me dio cita dos días después y cuando ya había perdido las esperanzas de que vinieran, un joven y guapo hombre Afro-Americano, a finales de sus 30's, llegó con una cama para llevarme a mi examen.

Estaba tan contenta que para mi él tenía la misma galantería de un caballero rescatando a la doncella en su caballo blanco. No vino galopando pero se movía con tal agilidad que no tenía nada que envidiarle a un galante caballero de tiempos medievales. Su caballo blanco era mi medio de transportación; esa reluciente cama con sabanas blancas tenía el mismo atractivo romántico. Me encontraba tan feliz que hubiese brincado a la cama si hubiese podido pero como mis movimientos eran aún muy limitados, el noble caballero, junto a mi madre y mi esposo, me cubrieron con frazadas y mi viaje hacia la libertad comenzó. Al fin salí de la lista de espera para finalmente hacerme la prueba.

<u>127. No todas las pruebas se pueden realizar en todos los pacientes.</u>

Me sentía una mujer verdaderamente afortunada; de lo contrario no estaría a punto de hacerme una prueba MRI después de las 7:00 de la noche cuando la mayoría de los exámenes son hechos durante el día. Según mi cama avanzaba hacia la oficina donde me harían la prueba, saludaba a todo el mundo; ondeaba mi mano a cada persona que veía. No era un político buscando votos pero sentía que había ganado la contienda. ¡Que soplen los cuernos general! ¡He ganado esta batalla!

Mi sonrisa era tan inmensa que hubiese podido hacer un comercial para pasta de dientes. Estaba tan convencida de que esta sería la última vez que experimentaría este tipo de examen que no podía esconder mi alegría. Era mi ultima vez en el campo de batalla, ya no olfatearía el olor a muerte. La fragancia de rosas y violetas me esperaba a mi regreso a mi hogar y obtendría la bienvenida que los héroes obtienen cuando han ganado la guerra.

Tan pronto como los resultados estuvieron listos, el mismo gastroenterólogo que había venido a explicarme el examen me desglosó los resultados. La cámara chica para sanar con rayo láser no podía usarse en mi. El mundo se me vino abajo. Tiene que haber un error aquí. Expresó mi triste rostro al doctor, sin decir una sola palabra. El gastroenterólogo entendió mi desánimo y explicó que tenía esperanzas de que mi páncreas sólo estuviese parcialmente roto pero estaba totalmente partido. Esto significaba que el rayo láser de la prueba de la cámara no sería capaz de arreglar mi páncreas. Por ende necesitaba otra operación para contener los fluidos que salían de este malogrado órgano.

Cuando ya me creía reina de belleza después de haber ganado Miss Universo, me enteré de que no había quedado ni en las finalistas. Este no fue, después de todo, mi último desfile por la pasarela de este hospital. No había ganado boleto a ningún lugar exótico del mundo; ni siquiera iría a la tranquilidad de mi hogar. El único premio que había asegurado era continuar mi flamante estadía en este lujoso hospital que si bien no tenía reinas de belleza de todo el mundo, si tenía a mujeres que eran soberanas del drama, portadoras de traumas de todo tipo y representantes de muchas naciones del mundo.

128. Mantener tu mente ocupada te hará sentir mejor.

Mi madre y mi esposo tomaron la noticia del examen bastante bien; sabían que mostrar alguna señal de tristeza me haría sentir peor. Su fuerza me daba la actitud positiva que necesitaba. Ese día mi esposo trajo la computadora portátil prestada por un amigo para que leyera correos electrónicos y me sintiera como en casa. Mantener mi mente ocupada leyéndolos me hacía sentir mejor. Tenía mas de novecientos mensajes. La mayoría era basura cibernética pero quería sentirme especial así que para mi eran 900 mensajes de amigos y familia. Diariamente sólo leía unos cuantos pues aún estaba débil y podía concentrarme en tareas por periodos muy breves.

129. Acepta la ayuda que te ofrezcan cuando estés enfermo.

El choque cultural es inevitable entre parejas de distintos países; si a eso se le suma el estar viviendo en un país extranjero, hay una diversidad cultural inmensa. Mi esposo Mexicano, yo Puertorriqueña, y nuestro hogar por casi dos décadas ha sido Los Ángeles, California. Vivimos un aprendizaje constante de lo que es o no aceptable para cada cual. En mi país natal es normal que la familia te de apoyo monetario cuando estás en un hospital.

Al principio mi esposo no quería aceptar ninguna ayuda; no era lo apropiado en su cultura. Le tocó aprender que hay que recibir todo lo que te ofrezcan, especialmente cuando estás enfermo. Esta es la forma en que las personas muestran cuanto le importas. Ellos saben que has estado en un hospital y no tienes forma de ganarte la vida allí. Saben esto porque probablemente lo han experimentado en carne propia y no aceptarán una respuesta negativa.

Mi esposo entendió aquello de "hoy por ti, mañana por mi" y reconoció que mas adelante haría lo mismo por cualquiera que se enfermase o estuviese en una situación difícil. Pero ahora era el turno de su esposa. Glorita, una prima, por ejemplo, se encargó de varias cuentas y también enviaba libros, revistas, y dulces. Algo digno de admirar pues esta prima estaba en otro hospital pasando por una cirugía. ¿Cuan grande es el corazón de alguien que ayuda a alguien mas en un hospital cuando la persona en cuestión se encuentra en otro?

Traté de hacer una lista mental de la gente que me había ayudado en estos momentos difíciles y me percaté de que era mas larga de lo que anticipaba. Sobre 40 familiares y amigos y mas de 40 doctores, enfermeras, asistentes, técnicos, y voluntarios cuidaban de mi; aceptar recibir su ayuda fue una sabia decisión.

130. Acepta el socorro de voluntarios positivos.

Aún personas desconocidas estaban dispuestas a hacer de este momento doloroso uno tolerable. Me llamaban la atención unos adolescentes que venían a cada cuarto a buscar cualquier paciente que quisiese ir a algún servicio religioso. Para mi era un gusto aceptar la ayuda de estos positivos voluntarios. Ellos traían sus propias sillas de ruedas y cuidadosamente cubrían a los pacientes para llevarlos al primer piso donde había una capilla que ofrecía servicios de diversas religiones.

Esta hora de oración, música y bendiciones era muchas veces el momento mas esperado de la semana para muchas de las pacientes. Durante ese instante el dolor parecía tomar un receso. Todo el mundo en esa capilla quería que nos pusiéramos mejor. En su mayoría eran voluntarios, mas de treinta adolescentes que venían a cuidar a los enfermos y nos acompañaban durante la celebración religiosa para cerciorarse de que estuviésemos bien.

Si un paciente debía abandonar la capilla como fue mi caso en una ocasión cuando mis doctores debían evaluarme; los voluntarios eran rápidos en llevarnos a donde tuviésemos que estar. Un día, durante la ceremonia, un coro de voluntarios que habían venido desde Long Beach, California, cantó. Su música me conmovió mucho, sentía que los mismos ángeles me estaban dando ánimos y emocionada lloré. La ceremonia era bilingüe, inglés y español, y al poder entender ambos idiomas me sentí doblemente bendecida. Una hora en esa capilla junto a estos positivos voluntarios me brindaba la fuerza necesaria para enfrentar los tiempos difíciles.

La jovencita Hispana que me llevó a la celebración en ese día aparentemente tenía problemas con su mamá. De regreso a mi habitación la joven recibió una llamada de su progenitora, la cual le estaba cuestionando por teléfono que debería estar en su casa estudiando y no en el hospital. Que tristeza sentí. Esta madre no veía la grandeza en su propia hija. Su hija pudiese haber estado afuera bebiendo o haciendo drogas pero en vez de eso estaba ayudando al prójimo desinteresadamente. La madre estaba tan enfocada en su propia agenda que ni siquiera notó que la de la hija era quizás mas admirable. Me sentí honrada de ser cuidada por esta voluntaria, quien me asistía aún cuando esto le causaba problemas en casa.

Otro voluntario que me conmovía era un sacerdote Católico llamado Robert. El día que lo conocí esperaba que se comportara como un cura; pensé que insistiría en confesarme o algo por el estilo. Nada mas lejos de la verdad, vino como amigo. En una ocasión, conversando con él, le comenté mi molestia sobre el comportamiento de una de las pacientes, no recuerdo si fue Miss Egoísta o la paciente desquiciada, lo cierto es que hablé de ella. Tan acostumbrado está uno a chismear que no me percaté de que eso era lo que hacía;

estaba chismeando del prójimo. Pero no lo noté hasta que Robert, el sacerdote, inteligentemente cambió el tema de conversación. Lo interesante fue que él no me regañó ni me acusó de tener una diabólica conducta; simplemente no entró en mi juego de culpas y al hacerlo me enseñó que si no tienes algo bueno que decir de alguien mejor no digas nada.

131. Ignora a los voluntarios negativos.

Supongo que con bastante práctica algún día aprenderé a ser como el discreto y nada chismoso Padre Robert pero hoy vino una voluntaria que amerita que esta paciente chismee de ella. Resulta que vino a mi cama y dijo que mi condición era un castigo de Dios. En un instante sacó los peores sentimientos en mi. ¿Cómo se atrevía a juzgarme si no nos conocíamos? ¿Qué le hizo pensar que alguien en una cama, en tan mal condición de salud, vería con agrado su comentario? Esta señora hubiese estado genial si su meta hubiese sido deprimir al prójimo para que se quite la vida. Supongo que ese no era su objetivo. De alguna descabellada manera creo que la voluntaria pensó que estaba sirviendo a Dios al decirme que mi accidente fue un castigo.

Siguiendo el razonamiento de esta voluntaria si cada persona en condición delicada en un hospital está allí por un castigo divino el mundo tiene una sobrepoblación de pecadores enfermos. Claro, hay que ser muy ignorante para darle un ápice de credibilidad a tan absurdo planteamiento. De hecho, para mí el estar en este hospital significaba todo lo contrario. Este era un regalo de aprendizaje de incalculable valor, otorgado por mi creador a personas que estima capaces de resistirlo.

Nada de lo que pensé decirle a esta voluntaria era positivo así que opté por no decirle nada. Mis fuerzas eran muy pocas como para malgastarlas con alguien que no venía ayudar sino a condenar. Era mi intención evitar caer en la misma trampa que había caído la mujer que ahora me juzgaba. Ella estaba convencida de que su punto de vista era el correcto y que todos los demás estaban equivocados a menos que creyeran lo mismo que ella. La ira se estaba apoderando de mi así que preferí pretender quedarme dormida para que la voluntaria se fuera y para mi suerte funcionó.

La señora se sintió muy ofendida y se fue furiosa. Tan absorta estaba ella en su micro-mundo que no se percataba de que al ignorarla esta paciente estaba siendo benévola con ella. El no comunicarle los malos sentimientos que provocaba en mi, con su irresponsable y no informado comentario, era verdaderamente cortés y compasivo. Ignorarla me sirvió mas que si me hubiese enfrascado en una discusión con ella. Los voluntarios negativos piensan que están sirviendo al prójimo pero en realidad sólo tratan de imponer sus propias agendas y creencias. Si la meta de un voluntario es obtener algo de vuelta no lo está dando de gratis o sea no es voluntario.

132. No veas noticieros ni comerciales en un hospital.

Cuando partió el verdugo, digo la voluntaria, quise olvidar el mal rato viendo un poco de televisión. Irónicamente no me sentí mejor. En lo que cambié varios canales vi imágenes de asesinatos, robos y raptos. Esos eran los temas que presentaban en las noticias. Con unas imágenes tan motivadoras ¿a quién se le antoja regresar a esa sociedad? Para alguien que está en una cama de hospital, atravesando tanto dolor, el ver esas imágenes sólo deprime mas; por ello opté por no ver noticieros mientras estaba en el hospital.

Me ponían muy triste y decidí ver algo mas alegre: los comerciales. Pero los anuncios me confundieron aun mas. Con tanto tiempo en las manos, puedes analizar cosas a las que casi nunca les das pensamiento. Por un lado había un gran número de comerciales invitando a los consumidores a probar muchas comidas y por el otro varios anuncios promovían el perder peso para ser aceptados por la sociedad. ¿En que quedamos, quieren que coma o que rebaje? Me sentía como extra-terrestre, incapaz de entender porque los seres humanos somos tan contradictorios.

Este era buen momento para salir de esa burbuja en la que nos atrapa la sociedad, el punto para revelarse ante tanta superficialidad. Luego de estar al borde de la muerte, el ver en televisión o leer en una revista del traje, el maquillaje, o la joya que me haría ser aceptada por otros parecía tan insignificante. Cuatro tubos y una herida abierta atravesaban mi estómago; no habían joyas que adornaran mis cicatrices lo suficiente para hacerlas lucir atractivas.

Las premiaciones que presentaban en televisión también se me hacían insulsas, sin ningún valor. Todos los que animaban estos eventos hablaban del buen vestir con marcas caras como si de verdad el ser humano necesitara eso para vivir. El estar en el hospital, sin embargo, me había enseñado que la salud es mas importante que cualquier ropa o accesorio para decorar el cuerpo. ¿De que me sirven unos tacones de marca si apenas tengo el balance para caminar? ¿Para que compro un traje fino si los líquidos del páncreas lo mancharían de inmediato? ¿Cuál sería el uso de una cartera de diseñador en este hospital? No sólo no tendría a quien presumírsela sino que quizás la única atención que lograría sería la de alguien que quisiese robársela. Nada de lo que me ofrecían en los comerciales o los programas de premiaciones me era necesario. Era obvio que no figuraría en la alfombra roja con un glamoroso traje en ningún momento cercano y sin embargo esto no me incomodaba en lo mas mínimo.

La estadía en el hospital ofrecía una perspectiva mas amplia y sabia: la importancia de lo material no es tan grande como la pintan en los noticieros, premiaciones, comerciales, y en los medios en general; la salud física y espiritual, sin embargo, tienen un valor incalculable.

133. Se activo, no pasivo.

No se si esto era positivo o no pero lo que sucedía a mi alrededor, en ese cuarto de traumas, era mas entretenido que cualquier programa de televisión. Entre las nuevas pacientes admitidas al cuarto se encontraba María, una mujer Hispana de edad media con una apertura en su corazón. Ella era muy tímida, parecía estar asustada todo el tiempo. Pasó hambre su primer día porque no se atrevió a preguntar si podía comer.

Cuando le notifiqué a la enfermera que la nueva paciente no había comido en 24 horas, se sorprendió, le pidió disculpas, la puso en la lista de la cena, y rápidamente le trajo su propio sándwich para que comiera. Cualquiera de las pacientes de alto mantenimiento hubiese causado tremendo revuelo si no la hubiesen alimentado en tanto tiempo. Contrario a ellas, María se comportaba como alguien que aceptaba su suerte con resignación. Esto en un hospital es mortal; el paciente debe envolverse en todo lo que concierne a su cuidado. Si te sientas a esperar, nada pasará o si sucede puede ser muy tarde.

Si no me hubiese atrevido a intervenir para que esta mujer comiera, ella habría seguido pasando hambre pensando que eso era parte del tratamiento. ¿Que no había escuchado esta mujer aquello de "ayúdate que Dios te ayudará"? Contrario a María, no era mi costumbre permitir que las circunstancias dictaran mi destino; por ello decidí infundirle algo de sentido común a esta resignada dama. Le expliqué que si algo no lucía bien debía expresarlo. Ella agradeció mi apoyo pero parecía tener miedo de hablar. Como la nueva paciente no hablaba inglés también ofrecí servirle de traductora cuando necesitase comunicarse con el personal del hospital.

Algo que me llamó la atención fue que María no había comido nada aún cuando su esposo estuvo con ella todo el día. ¿Por qué no solicitó él comida para ella o le preguntó a los doctores la razón para que su esposa no fuese alimentada?

134. *Que nadie te llore, a menos de que estés muerto.*

Resulta que el esposo de María era más tímido que ella y parecía tan abrumado por su condición que no ayudaba en nada. De hecho María estaba de buen humor todo el día hasta que llegaba su esposo, tomaba su mano y comenzaba a llorar. Ay no, lo que faltaba, un hombre llorón. Ese si que no era mi visual favorito pero admito que cuando lo vi por primera vez me pareció conmovedor. Al pasar los días, sin embargo, las lágrimas de este hombre comenzaron a irritarme. Si ella es la que tiene dolor ¿por que él es el que llora?

Esta adicción al sufrimiento por parte del esposo parecía causar gran malestar a María pero ella no hacía nada para detenerlo. Un día él, con lágrimas en sus ojos, le dijo a su esposa que sus niños la extrañaban y que la necesitaban en casa. El pretendía que ella abandonara el hospital, aun en su delicado estado, para cuidar a sus hijos pequeños. Con razón él lloraba con tanta insistencia, no estaba triste por ella; lo que le preocupaba era el tener que cuidar la prole. ¡Eso sí que es un golpe bajo!

Me dio gran molestia escuchar a esta María confirmando la petición de su esposo. ¿Como una mujer con una apertura en el corazón podía curarse si al ser dada de alta no iría a descansar sino a cuidar cinco niños pequeños en casa? Esta conducta del esposo me parecía demasiado egoísta. Si él no se daba cuenta de la gravedad de su esposa, era mi meta abrirle los ojos a ella antes de que fuese demasiado tarde. Mi intención no era causar divisiones en el matrimonio de nadie sino ayudar a mejorar la salud de esta mujer. Ahora que conocía cuan importante era tener salud, estaba decidida a que María entendiera que estar saludable no puede comprometerse por nadie, ni aunque lluevan lágrimas con la misma abundancia de las cataratas del Niagara.

135. Obtener tratamiento no es una opción, es tu deber; ¡cúmplelo!

El esposo de María me comentó que ella había estado en el hospital pocos meses antes. En esa ocasión la mantuvieron en observación y no le operaron el corazón; puede que esa fuese la razón por la cual él deseaba que María regresara a casa. Mi sexto sentido, si es que ese es el del sentido común, me decía que ese no era el caso pero independientemente de sus motivos, la súper héroe en mí estaba decidida a lograr que la salud de mi compañera fuera la que triunfara aquí. Cinco doctores habían decidido operar a María y llámenme loca pero si 5 profesionales de la medicina dicen que tienen que arreglarte el corazón con urgencia, no le des pensamiento; hazlo y ya.

A los doctores sólo les faltaba la aprobación de ella. Según traduje lo que decían los médicos, para que María aprobara la operación, esta parecía indecisa: algo le hacía titubear. Me comporté como una madre regañando a su hija; la miré estrictamente como diciéndole: -mas vale que digas que si. Lo hice disimuladamente para que los doctores no se dieran cuenta de que estaba tratando de influenciar la decisión de María, pero ella optó por no responder. Los médicos le dijeron que lo pensara y consultara con quien tuviese que hacerlo y se marcharon con la promesa de regresar mas tarde, en ese día, por su respuesta.

Le aconsejé a María que aceptara la oferta. Le expliqué que no era prudente poner su salud en espera por mas tiempo: -estos doctores no aprueban este tipo de cirugía tan frecuentemente. Le dije, tratando de infundir sentido común en su cerebro. Use todo tipo de razonamiento que se me ocurrió para convencer a esta mujer de que aceptara tratamiento médico gratuito que le salvaría la vida. ¿Como puede alguien siquiera pensar al respecto? Ella necesitaba una operación urgente y la obtendría gratuitamente en este hospital; tenía todo que ganar y nada que perder. Pero María no sentía que su salud fuese prioridad o quizás estaba preocupada de que su esposo no aprobase el procedimiento porque prefería que ella regresase a casa para cuidar niños.

-No puedes ayudarlos si estás enferma. Dije, tratando de hacerle entender la gravedad de su condición. -El tiene que entenderlo y si no lo entiende, de todas formas se las tiene que arreglar. Añadí, decidida con todo mi ser de convencerle de aceptar algo tan básico como cuidado médico en una emergencia; obtener tratamiento no es una opción, es un deber. Así que cuando el esposo de María vino tomé el comando de la situación. Un general sabe cuando un soldado es capaz de acobardarse cuando llega la hora de tomar las decisiones difíciles.

-Los doctores vinieron. Dije al esposo de María y añadí: -sus oraciones fueron respondidas. -Ellos van a finalmente arreglar el corazón de su esposa. -Tienen que operarla el próximo lunes. -Ve, finalmente la cirugía que usted estuvo esperando por tanto tiempo va a ocurrir. Dije con la seguridad de una jueza dictando sentencia. María me miró con cara de alivio. Fue como si un gran peso fuese removido de sus hombros. Su esposo, sin embargo, lucía desanimado. El había venido al hospital en ese día probablemente con la idea de llevarse a su esposa para él no tener que hacer de niñera en su hogar.

Yo mantuve mi cara de negocios serios. Supongo que el ser actriz tiene sus ventajas en momentos como este. El esposo no tuvo mas alternativa que aceptar lo que "ya había sido decidido por los doctores". El "enemigo" había perdido su batalla y esto había contribuido a que una nueva aliada ganara la suya. La próxima vez que los doctores vinieron, María estuvo de acuerdo con la operación y firmó los papeles para autorizarla, mientras al otro lado del cuarto y desde mi cama me correspondió traducirle las instrucciones de los médicos. Cuanta satisfacción me dio el ver que María estaba haciendo lo correcto. Había dado el primer paso para ponerse mejor al aceptar la ayuda de los doctores.

El esposo de María lloró una vez más ese día, quizás para convencerla de cancelar la operación. ¡El estaba sollozando! Pero mis pensamientos en esta ocasión no eran los que originalmente había tenido de él; su egoísmo me indignaba. Las lágrimas de cocodrilo ya no conmovían a nadie. Este hombre usaba el drama descaradamente para manipular a su esposa. Se notaba que se había salido con la suya muchas veces porque María estuvo a punto de cancelar la operación. Afortunadamente y no es que quiera presumir mis habilidades histriónicas pero definitivamente soy mejor actriz que el esposo de María. Mi escena fue tan creíble que él no cuestionó su veracidad y María finalmente sería operada.

136. Escoge siempre el humor sobre el drama.

Al mismo tiempo que admitieron a María a nuestra habitación otra paciente, también llamada María y que llamaremos María 2, ingresó al cuarto. Contrario a María, María 2 no era una mujer resignada a su suerte. Era opinionada, alegre y se convirtió durante su estadía en el cuarto en mi compañera súper héroe. Ella con sus súper poderes de jovialidad y alegría me ayudó a convencer a la primer María a aceptar que la operaran. Esa noche cuando se marchó el esposo de la primer María, María 2 y yo nos acercamos a ella para indagar como se sentía. La primer María nos respondió de forma solemne: -voy para arriba. Mientras dijo esto, apuntó hacia el techo con el dedo índice. María 2 rápido respondió: -no digas eso; vas a estar bien. A lo cual la primer María rebatió: -pero voy para arriba. -Voy al décimo piso. Afirmó, riéndose con su travesura.

Las tres reímos a carcajadas. Tuve que controlar mi risa luego de un breve momento; el reírme hería mis incisiones. Que bueno que María había escogido el humor en vez de comportarse como su esposo que por todo lloraba y sufría. Que liberador era mofarse de la "tragedia". De repente podíamos reír y darnos cuenta de que nada es tan malo como parece. Siempre hay un lado mas liviano para todo y si nos aferramos a el lo suficiente no habrá nada que nos haga sentir mal.

Si estar de buen humor era la meta, María 2 cumplía la misión a cabalidad, a todo le encontraba el lado humorístico. Había tenido un bebé recientemente pero su esposo no la había visitado aún. Nunca supe que sentía esta mujer al respecto pues siempre estaba feliz y haciendo chistes. Que refrescante era ver una paciente que tomaba sus dolencias con humor. Un día todas estábamos cansadas de la chica del accidente de auto, o sea Miss Egoísta, y María imitó su voz: -enfermera... enfermera. Lo hizo con tal increíble parecido que tuve que decirle que parara porque quería reírme y no podía. Mi abdomen dolía de tanta carcajada; reír era nuestra mejor arma para evitar que la negatividad de otros afectara nuestra salud.

137. No permitas el "bullying" en tu cuarto.

Con tantas convalecientes viviendo bajo un mismo techo siempre hay alguna que quiere ser la jefa y pretende dirigir a las demás. En ese momento específico, la autoproclamada jefa de la habitación era Miss Egoísta. A María 2 le disgustaba la forma en que dicha accidentada le exigía a las otras compañeras de cuarto que hablaran Inglés aún cuando no se estaban dirigiendo a ella, para que Miss Egoísta pudiese entender lo que decíamos. ¡Que pantalones! Ella pretendía que no habláramos español entre nosotras porque no nos entendía. Estábamos en la esquina opuesta del cuarto, a muchos pies de ella, sin embargo, esta mujer quería participar en nuestra conversación. Ninguna de las dos Marías hablaba Inglés así que no nos comunicábamos en ese idioma pero a Miss Egoísta lo único que le importaba era siempre ser el foco de atención y estar enterada de lo que todos decían. Por ende cuando hablábamos español se burlaba imitando nuestro idioma.

A María 2 no le gustaba esto y remedaba a Miss Egoísta de vuelta de forma muy jocosa. Esto nos causaba gran gracia a María 1 y a mi. El resto de las pacientes también compartíamos la misma incomodidad con la necesidad constante de Miss Egoísta en llamar la atención pero María 2 era una de las pocas enfermas del cuarto con suficiente fuerza para "pelear". Cuando Miss Egoísta pedía a un empleado que encendiera el aire acondicionado, aún cuando no hacía calor, María 2 lo apagaba, algo que el resto de nosotras apreciaba, especialmente la joven de Bangladesh pues su condición se había deteriorado y sentía mucho frío.

María 2 era como esos niños grandes que hasta los chiquillos que intimidan a los mas indefensos no se atreven a enfrentar. Mientras ella estuviese aquí, las demás estábamos protegidas de las pacientes de alto mantenimiento que quisiesen hacer de nuestra estadía en el cuarto un caos. El "bullying" no era permitido por ella. No creo que fuese mas alta de 5'6" o 5'7" pero eso no la detenía para decir lo que pensaba y tomar acción al respecto. Afortunadamente ella estaba de nuestro lado, del bando de quienes sólo quieren sobrevivir otro día. Así que cuando Miss Egoísta se mofaba de alguna de las pacientes o de las empleadas, María 2 rápidamente le llamaba la atención o se burlaba imitándola. El resultado era que la reina del "bullying", Miss Egoísta, se tenía que callar al menos por un rato y cuando ella callaba las demás podíamos descansar.

138. Si el problema es grande, ponlo en las manos de Dios.

El único día en que María 2 no estuvo tan alegre como de costumbre fue cuando finalmente supo lo que tenía. Ese día un doctor Asiático vino a hablarle y dado a que el inglés de ella no era muy bueno me pidió que tradujese. El doctor dijo que María tenía cáncer. Me quedé paralizada. Ay Dios. ¿Cómo le digo? Tuve que pretender neutralidad como mejor pude pero me sentía súper nerviosa de darle la noticia. Traduje rápidamente como si el hablar mas rápido pudiese reducir el dolor que María 2 sentiría. Ella se sorprendió; no esperaba esta noticia. Interrumpió al doctor para preguntarle algo mas pero con un gesto le indiqué que esperara a que él terminara y procedí a traducir el resto del mensaje.

Muy pronto el doctor nos dejó solas. Quise animar a María pero no sabía como hacerlo. Ella, tan herida como estaba, trató de pretender que enfrentaría la enfermedad con la misma entereza con la que había lidiado con su vida. Pero a mi no me engañaba; esta era una noche muy triste para ella y no tenía parientes para compartirla. Sin embargo, no lloró, no se quejó y no gritó como otros pacientes. En vez de eso me agradeció por traducirle todo. Sentí pena por ella y luego de que se fue a su cama permanecí en la mía e hice lo único que podía hacer por mi nueva amiga, orar, poner un problema tan grande en manos del único que podía resolverlo, Dios.

139. Las heridas dejadas por los tubos que ponen los doctores cicatrizan inmediatamente.

Quería irme a casa; allí no sufriría viendo a mis amigas batallar por sus vidas. ¿Pero como lograrlo si aun tenía cuatro tubos atravesados en mi cuerpo y una herida abierta?

Al mismo tiempo que me preguntaba esto, mi pompa de alimentación sonó. Como detestaba ese sonido; para las pacientes significaba muerte cercana. Las enfermeras están acostumbradas a oírlo; lo escuchan todo el tiempo. Las convalecientes, sin embargo, no nos acostumbramos jamás y mientras mas rápido alguna empleada lo apagaba mejor nos sentíamos. Cuando el aparato fue silenciado, sentí alivio por no escucharlo y por ver que uno de los tubos en mi vientre no tenía fluidos, sólo un poco de sangre. Estas eran buenas noticias pues mi doctor aprobó la remoción del mismo.

Mientras el médico analizaba mi abdomen, sin decirme lo que haría, jaló el tubo. Me sorprendió muchísimo; el doctor acababa de sacar un tubo de un pie de largo de mis intestinos, sin aviso alguno y sin darme algo para el dolor. ¿No se supone que a una víctima herida siempre le dan algo para calmar el dolor y si no hay nada los que ayudan hacen que el paciente muerda una madera para que no grite? ¿Y donde está el grupo de personas supuestos a sujetarme a la cama para que no me vuelva loca y pateé a todo el mundo por el terrible dolor? ¿Que no habían estos doctores visto ningunas de esas situaciones en el cine o en la televisión?

Para ser sincera no sentí nada de dolor, quizás un leve retortijón. Eso sí, el que sacaran el tubo de la barriga de esa forma me dejó consternada y cuando miré hacia el área donde el tubo solía estar, esperando ver tremendo boquete, me sorprendí aun mas al ver que el único rastro del proceso fue una pequeña cicatriz que surgió casi instantáneamente frente a mis atónitos ojos. Sólo un poquito de sangre rodeaba la nueva cicatriz. Mi piel se había cerrado, ante mi sorpresa, en menos de un segundo. Esto me dio gran alegría pues no tuve que esperar semanas para sanar y además el tener un tubo menos en mi cuerpo aumentaba mis probabilidades de salir del hospital.

140. Tu meta es ganar, no competir.

Mi meta era la misma que la de la mayoría de los pacientes, ganar la batalla. Aquello de "lo importante es competir" no aplicaba en este lugar; ganas y vives o pierdes y mueres, así de sencillo. Sentía que si me recuperaba desde mi hogar las probabilidades de sobrevivir serían mayores. Por esto trataba de impresionar a los doctores, pretendiendo estar en mejor condición de salud de la que me encontraba para que me dieran de alta.

Cuando por casualidad los médicos me veían en el pasillo del hospital mientras hacía mi caminata diaria, mejoraba mi postura y daba pasos tan derechita como me fuese posible. Ni las reinas de belleza se esfuerzan tanto en su postura. Me costó gran trabajo mantenerme erguida. Afortunadamente los doctores sólo ojeaban brevemente pues estaban ocupados con otros pacientes. Así que tan pronto como ellos miraban a otro lado, podía dejar la pose y retomar mi nada glamorosa jorobada postura, la cual era causada por mi dolor abdominal y el peso de mis tubos en esa área. También regresaba a mi respirar con dificultad.

Quien crea que ser una reina de belleza es fácil no ha tenido que pretender ser una. Mi peso era lo único que me calificaba para uno de esos concursos. Como había perdido tanto peso durante mi estadía en el hospital, estaba delgada para términos humanos pero perfecta para concursos de belleza. Me encontraba trabajando arduamente para deshacerme de ese cuerpo esquelético que sólo luce bien frente a una cámara.

Para entonces mis doctores habían aprobado una dieta sólida normal. Nunca me comía los dulces, sabía que provocaban que mi páncreas trabajara demasiado. En la noche estaba tan exhausta de tratar de ponerme mejor que me iba a dormir tan pronto como acababan las horas de visita a las 8:00 p.m. Sabía que el tiempo para dormir, tan necesario para sanar y ganar la batalla de la vida, no estaba garantizado en este cuarto de traumas donde cualquier cosa podía pasar a las pacientes que estaban allí o a las nuevas.

Capítulo 8:

Encuentra aliados;
los enemigos vendrán solitos.

*141. Encuentra a alguien que inyecte
o tendrás que pasar mas tiempo en el hospital.*

LA MAYORÍA DE LAS GRANDES HISTORIAS tienen un personaje bueno que representa todo lo que está bien. En el Mago de OZ, Glinda es la buena hada madrina que contrario a su hermana, la malvada bruja del oeste, se regocija con hacer feliz a la gente. Si hubiesen Glindas en mi historia, las enfermeras viajeras ciertamente cumplirían los requisitos para serlo; ellas eran como hadas madrinas para los pacientes. Si tan sólo una de ellas pudiese venir a casa a inyectarme, me darían de alta rápidamente pero estas empleadas son los Lamborginis de la enfermería, inalcanzables para el paciente regular. Sólo trabajan en el hospital y no realizan visitas a casa así que no me quedaba mas remedio que buscar otra alternativa.

Le insistí a los doctores y enfermeras que estaba lista para irme y que mi madre me cuidaría en mi hogar. Ellos no estaban seguros de que mi progenitora pudiese curar la herida abierta, recoger los líquidos pancreáticos, alimentarme con la pompa, e inyectarme tres veces al día. Una de las enfermeras, viendo mi urgencia, le preguntó a mi mamá si en realidad podría cuidarme. Mami rápidamente dijo que si, sabiendo que esto era lo que su hija quería mas que nada. De repente música de hadas llenaba el aire. Estaba convencida de que mi devota madre me cuidaría mejor de lo que Glinda hizo por Dorothy en el Mago de Oz. -Entonces ¿usted es la que le va a inyectar? La enfermera preguntó a mi mamá. La música en mi mente se detuvo tajantemente; sabía la respuesta a esa pregunta, mi madre haría de todo menos poner inyecciones.

Al sugerir que mi madre me inyectara la enfermera había activado, sin saberlo, el sistema de seguridad innato de mi madre. Si mi progenitora hubiese sido una casa, su alarma se hubiese escuchado por todo el pueblo; una luz roja hubiese comenzado a prender y apagar, cualquier luz: la de la ambulancia, la patrulla policíaca, o la luz roja intermitente de un lugar secreto que tiene mercancía escondida en el y ha sido infiltrado ilegalmente. Este era el momento en que su sistema de emergencia habría alertado a las autoridades de una seria intrusión.

Mi madre casi siempre tiene una mente y unos brazos abiertos para ayudar pero esta era precisamente una de las pocas cosas que iban mas allá de lo que ella estaba dispuesta a aceptar. Inyectar a su hija era tan inimaginable como prender fuego a un tanque lleno de gasolina. No sólo desconocía como poner agujas sino que siempre se había negado a hacerlo a lo largo de su vida. Cuando su mamá tuvo diabetes, esto era lo único que no hacía por ella: inyectarle con insulina. Las agujas le causaban terror. Aún cuando su esposo necesitaba inyecciones en casa, iba a buscar a una vecina que lo hiciese; ponerle una a su hija era algo fuera de discusión. Había visto a su niña sufrir demasiado con todas las inyecciones recibidas en el hospital y no vislumbraba aumentar ese dolor con más agujas. Si nos ponemos a pensar, eso era inteligente. Mi mama no quería que la asociara con el dolor. ¿Para que? Una enfermera podía llevar esa carga. ¡Absolutamente brillante! Si Jackie tenía que ser inyectada, sería una enfermera y no Violeta quién se la pusiera.

142. Si no tienes paciencia, adquiérela; la vas a necesitar.

Luego de que la enfermera se fue nos pusimos tristes; mami porque no se sentía a gusto poniendo inyecciones, su hija porque pensaba que una vez en casa no las necesitaría mas. El día siguiente ambas le preguntamos a la enfermera si el hospital tenía personal que fuese a las casas a poner inyecciones. Ella confirmó que habían enfermeras que iban a domicilios pero no habían encontrado ninguna en el área donde vivimos. Me urgía encontrar a esa enfermera para no tener que escuchar los gritos y exigencias de la paciente del accidente de auto. Lo menos que imaginaba era que las enfermeras también habían alcanzado su límite de paciencia con esta ruidosa compañera de cuarto.

Esa noche mientras Gyolonda, la enfermera viajera que se desvivía por servir a sus pacientes, cambiaba las gasas que cubrían mis heridas y tubos noté que estaba triste. No pude evitar preguntarle que pasaba. Me explicó que había ido a un culto de su iglesia y le había pedido a Dios que le diese paciencia. ¿Habré escuchado bien? Me pregunté en mi interior. ¿Paciencia? Mi mente no sabía como interpretar la información. Estamos hablando de una mujer que todos los días que trabaja aquí limpia mis heridas, me cambia el pañal, me alimenta, y me inyecta mas de 3 veces en menos de 8 horas y ni siquiera soy familiar suyo y después de eso tiene que hacer lo mismo con mas de 20 pacientes. ¿Y ella está pidiéndole paciencia a Dios? Muchachita, eso es simplemente ser avariciosa. ¿Quieres que Dios te de toda la paciencia que queda en el mundo? En serio, ya tienes mas paciencia que la mayoría de las personas que conozco, incluyéndome.

Que alguien me diga ¿de que planeta sacaron a esta mujer? Porque definitivamente no es del mismo que el mío. Sin vacilar le dije que ella se comportaba mas como un ángel que como un ser humano, que su paciencia me sorprendía, especialmente cuando trataba a pacientes de alto mantenimiento con una entrega que nunca imaginé posible en un ser humano. –Gracias. Me respondió Gyolonda con su usual humildad tan poco común en este lado de la humanidad. Luego explicó como algunos pacientes la desesperaban y ella sentía que estaba quedándole mal a Dios porque era difícil tolerar a esos pacientes.

Me molesté, no con ella sino con la persona que le estaba causando tanto dolor. Gyolonda me estaba enseñando algo, sin siquiera pretender hacerlo, y yo me encontraba tan absorta en mi molestia que no puse atención a su enseñanza. Ella estaba atormentada porque no quería experimentar ningún sentimiento negativo hacia nadie; estaba poniendo en práctica un mandamiento que muchos repiten y pocos ejercen: "ama a tu prójimo como a ti mismo". A mi me encantaba como esto sonaba pero de una forma romántica. En la vida real, sin embargo, reconozco que tengo que orar mas fervientemente porque cada vez que escucho los gritos de Miss Egoísta siento muchas cosas pero "amar al prójimo como a ti mismo" no es una de ellas.

Que mucho tengo que aprender. Por suerte se encontraba frente a mi una gran maestra. Esta increíble enfermera estaba tan comprometida con su llamado que aún cuando otros creaban un ambiente insoportable a su alrededor, ella sentía que su responsabilidad era entenderlos y aceptarlos como eran. -Estoy segura de que Jesús debe de estar muy orgulloso de ti. Pensé mientras presenciaba las lágrimas en sus ojos que evidenciaban cuan atormentada se sentía Gyolonda por no ser prácticamente perfecta.

Sólo un alma perfecta sentiría que podía hacer mas por alguien tan desconsiderada como Miss Egoísta. Aquí voy otra vez. ¿Por qué no puedo dejar a esa joven en paz? Supongo que a algunos estudiantes nos cuesta mas aprender la lección. Por eso admiraba a Gyolonda. Otras personas habrían ignorado o le hubiesen gritado a alguien tan voluntariosa como la paciente del accidente de auto pero no esta enfermera viajera. Gyolonda creía que si tenía sentimientos negativos por algún paciente era su culpa y necesitaba pedirle a Dios mas paciencia.

143. En un cuarto puedes objetar que prendan el aire acondicionado.

Quizás algún día mi persona será como Gyolonda, la enfermera enviada del cielo; al parecer, hoy no será ese día. Me urge ponerme mejor para ser enviada a casa y Miss Egoísta está poniendo en riesgo mi salud y la de todas las pacientes al enviar a alguien a prender el aire acondicionado, el cual en nuestras delicadas condiciones podría aumentar las posibilidades de que contraigamos catarros o peor aun neumonía. Miss Egoísta sentía calor aún cuando era noviembre y el invierno ya había comenzado. Nunca pidió permiso a nadie en la habitación para encender el ventilador. Había una villana en este cuarto y algo tenía que hacerse al respecto. Miss Egoísta era una contrincante peligrosa, la bruja con la manzana podrida. Su "veneno" estaba contagiándonos a todas y sin embargo nadie hacía nada para detenerla.

Cuando una asistente de enfermera prendió el aire acondicionado, obedeciendo la orden de Miss Egoísta, hablé alto y claro por primera vez desde que había sido admitida al hospital. –Apáguelo. Le dije con autoridad. La paciente del accidente automovilístico rápidamente reaccionó desde su cama: -tengo calor. A lo que inmediatamente respondí: -y hay otras pacientes en este cuarto y todas tenemos frío. Frases de apoyo de las otras compañeras siguieron para mi. Era un momento liberador; mujeres que nunca se habían quejado por su débil estado se unieron para defender su derecho a ponerse bien; todas al mismo tiempo abogaron por ellas mismas y su rebelión dio frutos instantáneamente.

Sin necesidad de un príncipe que nos despertara del sueño envenenado con un beso, estas doncellas habían despertado y esta vez con sed de justicia. No lucía como Blanca Nieves o La Bella Durmiente pero me sentía como ellas, traída a la vida luego de un largo sueño y lista para tomar de vuelta mi reino.

Aunque estuviese en este pequeño cuarto hecho con cortinas, dentro de una habitación mas amplia llena de camas con mujeres enfermas, me comportaría como si este fuese mi castillo y ellas fuesen las princesas que ahora tenía que proteger.

La asistente de enfermera rápidamente apagó el aire acondicionado. De hecho, estaba feliz de hacerlo pues la paciente que lo quería encendido era la que se burlaba de ella cuando hablaba inglés. Todo se paga tarde o temprano. La paciente gritona le había faltado el respeto a esta asistente y eso quizás le costó que le retirara su apoyo. Además, el resto de las compañeras éramos mas y la mayoría manda. Estábamos enfermas, ese era un hecho; pero no comprometeríamos nuestra salud por mas tiempo ni por Miss Egoísta ni por nadie que tratase de imponer nada que nos hiciera sentir peor.

Por primera vez desde nuestra admisión al hospital teníamos algo de poder y esto nos hacía sentir bien. Nuestro primer logro había sido mantener el aire acondicionado apagado pero de aquí en adelante estaríamos alerta a todo lo que trabajase en nuestra contra y ya no lo permitiríamos.

144. Aléjate de las malas influencias para que no te contaminen.

La paciente del accidente de auto estaba sorprendida de nuestra rebelión y finalmente calló, al menos por dos horas. Desafortunadamente nunca aceptaba un no por respuesta y cuando todos sus intentos por encender el aire acondicionado fracasaron, al punto de que las otras pacientes le dijimos que se fuera a otro cuarto, le pidió al joven que traía la comida que prendiese el abanico de su lado. Era un abanico muy grande que soplaba aire principalmente a dos camas: la de ella y la de María 2. Pobrecita mi amiga y no me refiero a Miss Egoísta sino a María 2, la cual no sólo tenía que lidiar con el haber sido diagnosticada con cáncer en ese día sino que también tenía que soportar un enorme abanico soplándole aire frío a su ya helado cuerpo. Dado a que María 2 podía ponerse de pie y Miss Egoísta no, rápidamente apagó el abanico pero la accidentada no paraba de quejarse de cuan injustas éramos todas con ella, cuan acalorada se encontraba y como se quejaría con el hospital y así siguió y siguió. Bla, bla, bla. ¿Cuando va a parar de quejarse? Ay Dios. ¿Estoy sonando tan egoísta como ella? Tengo que salir pronto de este hospital; creo que su conducta venenosa es contagiosa.

María 2 finalmente se hartó de las quejas de la mujer accidentada y le permitió prender el abanico por una o dos horas. Muy sabio aquello de –pedid y se os dará. María 2 le dio a la paciente del accidente lo que quería, no porque le agradase sino para quitársela de encima. Una vez la accidentada se quedó dormida, María apagó el inmenso abanico y regresó a su cama. Al final del día todas las pacientes estábamos exhaustas, la del accidente de auto por tratar de prender el aire y todas las demás por tratar de mantenerlo apagado.

145. El desánimo en un paciente proviene del cansancio, no de la pérdida de fe.

Varios voluntarios tenían la misión de animar a las pacientes llevándolas al servicio religioso de su predilección. Para mi asistir a estas celebraciones era una excelente excusa para escapar del caos de mi cuarto. Necesitaba ayuda de arriba para poder lidiar con los humanos abajo. Esta vez aún cuando estaba físicamente mas fuerte que en ocasiones anteriores, la tristeza se había apoderado de mi. No pude evitar llorar varias veces. Algunas personas se me acercaron durante la celebración y después de la misma; me dieron libritos para orar y gentilmente ofrecían orar por mi, asumiendo que había perdido la fe.

Me encontraba tan débil que ni ganas tenía de explicarles que aún cuando mi fe estaba sólida como una roca, mi cuerpo estaba muy cansado y sólo quería irme a casa. No les dejé saber; sólo les sonreía, aceptaba sus libritos, y les daba las gracias por su apoyo. ¿Como podría ser ruin con ellos si lo único que querían era verme feliz? Esta vez ni siquiera sus buenas vibras eran suficientes para animarme.

En mi corazón sabía que las cosas iban a estar bien pero mi cuerpo estaba demasiado cansado para entender esto. Ni siquiera una dama, cuyo trabajo en el hospital era animar a los pacientes dándoles revistas, libros, cepillos para peinarse y muchos artefactos gratuitos era suficiente para traer una sonrisa a mi rostro. Cuando la conocí, me impresionó el que el hospital empleara a alguien sólo para darle regalos a los pacientes. En ese entonces me pareció genial; me sentí como un niño a quién le han dado dulces. Mi madre estaba conmigo ese día y se puso contenta al ver mi entusiasmo al escoger las revistas que me gustaban. Ese día, sin embargo, la dama con su carrito lleno de cosas buenas no era suficiente para animarme; sólo me motivaría el que me permitiesen ir a casa pero los doctores aun no aprobaban mi partida.

146. Las madres consentidoras son las mejores enfermeras particulares.

–Quieren enviarte a casa pero aún no han encontrado a una enfermera para ir allá. Me dijo Ade, la cariñosa empleada Africana. -No necesito una enfermera. -Mamá me puede cuidar. Respondí con obvio entusiasmo ante la posibilidad de irme a casa. Mi progenitora rápidamente me secundó. -¿Usted puede? Ade le preguntó. –Si. Aseguró mamá. -¿Incluyendo las inyecciones? Ade continuó. Dale con la cantaleta. ¿Que no sabía esta enfermera que mi mamá estaba aterrorizada con las inyecciones? Asustada y abriendo sus ojos mas amplios que un búho, mami dijo rápidamente: -no, nada de inyecciones. Tratando de calmar a mi ya ansiosa madre, intervine: -¿puedo tener una enfermera para las inyecciones, verdad? Ade respondió rápidamente: -ese es el problema; aún no encuentran una en tu área.

-Yo le puedo enseñar. Dijo Ade mientras miraba a mi progenitora tratando de animarla pero mami replicó con una sonrisa nerviosa: -no. Tengo que darle crédito a la empleada por tratar pero la autora de mis días ya estaba poniéndose pálida. Afortunadamente la enfermera se percató. -Esta bien. Dijo Ade, queriendo que mami se relajara. Para que Violeta se tranquilizara añadí: -ella puede cambiar mis gasas y todo lo demás. A esto Ade replicó: -entonces, comenzaremos con eso. -Le enseñaré a cambiar las gasas. Esas palabras de Ade finalmente calmaron a mi mamá. El pensamiento de inyectar a su hija con una aguja le perturbaba, mas no el sanar la herida abierta que mostraba todo el estomago, o vaciar los líquidos pancreáticos que venían por tubos atravesados al abdomen, o cambiar pañales. Si los elefantes le tienen miedo a las hormigas, que mami le tenga miedo a las agujas no es nada.

Obviando las inyecciones, Ade escogió el cambio de gasas como la primera lección de enfermería para mi madre. Como el inglés es el segundo idioma de mamá y no lo habla fluidamente, estaba un poco nerviosa de aprender el proceso de cambiar mis gasas. Por suerte, Ade también hablaba inglés como segundo idioma y se entendieron a las mil maravillas. Mami resultó ser una gran estudiante. El único paso que le tomó mas tiempo de lo esperado fue ponerse los guantes esterilizados. Estaba decidida a no permitir gérmenes cerca de la herida abierta de su hija. Tan pronto venció los nervios de principiante, todo fluyó perfectamente.

Ese mismo día, en la tercera ocasión, mami estaba cambiando gasas como una profesional. El entrenamiento que ella estaba recibiendo para mi era igualito a los que experimentan pequeñas villas en cualquier parte del mundo cuando motivados por la escasez de guerreros deciden que el maestro del pueblo, o el mas valeroso, entrene a personas común y corriente para que se defiendan. En mi caso el maestro que enseñaba las destrezas sorprendentes era Ade, la enfermera; su alumno era mi madre y la villa estaba representada por mi. El enemigo era mi condición. Si, ya se, esto suena un poco cursi pero con tanto tiempo en mis manos tenía que ponerme creativa para no aburrirme.

Al día siguiente el proceso de aprendizaje continuó y Violeta muy pronto estaba ayudando a su hija como cualquier otra enfermera. No habían espadas incluidas en el tratamiento pero las tijeras se sentían como el arma necesaria para cortar la gasa, la cual contendría los peligrosos líquidos que amenazaban nuestra "villa." La entrega de mi madre para ayudarme era admirable. No tenía que aprender movimientos físicos para enfrentar al enemigo pero podía mover sus manos sin problemas cuando llegaba el momento de darme algún masaje. Como buen soldado, nada la hacía inferior. Ella estaba consciente de que mientras estuviese en batalla tendría que hacer cosas como limpiar envases y artefactos para ayudar al malherido, en este caso su hija, pero a ella no parecía molestarle hacerlo.

A mitad de semana ninguna enfermera había sido encontrada para ir a casa e inyectarme cada seis horas. Para que me dieran de alta, necesitaba que alguien lo hiciera. Teníamos a un soldado malherido y no había enfermera que le socorriese. Entonces hablé con mi madre; no le mentí, no le prometí una tierra libre de guerras si ella aceptaba ser un soldado. Ambas sabíamos que aun si se convertía en mi enfermera, en esta incierta batalla, no habían garantías de un final feliz.

También le dije que la única razón por la que no me dejaban partir era por las inyecciones. Ella me miró, siempre con esa mirada compasiva que sólo las madres abnegadas le pueden dar a sus hijos. En realidad no esperaba nada; sabía como mami sentía en torno a las agujas. Esa era la única destreza en la que Ade no la había podido entrenar. Entonces, de la nada, un pequeño pero crucial milagro sucedió; Violeta accedió a inyectar a su querida hija Jackie. Me embargó una gran felicidad. Ningún soldado malherido sería abandonado. Mi madre iba a ser mi enfermera particular para que pudiese irme del hospital. ¡Que suenen las trompetas de triunfo; esta guerrera regresa a casa!

147. Las agujas que te inyecten deben ser pequeñas.

Rápidamente puse a caminar un plan de ataque. Aceleraría mi partida, primero notificando a la enfermera sobre la aceptación de mi progenitora de inyectarme y luego cerciorándome de que mami fuera entrenada cuanto antes. Llamé a Ade y con alegría le notifiqué: -mi mamá lo hará, ella me inyectará. Ade era uno de mis mejores aliados; sin tener que pedírselo, se puso a las órdenes de inmediato. – Grandioso. Dijo Ade. -¿Quiere comenzar ahora? Le preguntó a mamá. Esta aliada si que sabía que en la guerra no hay tiempo que perder. Mi único temor era que Violeta entrara en pánico otra vez. Afortunadamente mamá aceptó, con o sin nervios cumpliría lo que había prometido; me inyectaría. Así fue como el final y mas importante de los entrenamientos para la batalla contra mi mal estado comenzó. Ade mostró a mamá la posición en que la aguja necesitaba estar para que doliera menos. Mami se sintió aliviada cuando se percató de que la aguja era mas pequeña que otra usada por una enfermera anteriormente. En ese entonces, aquella empleada me había inyectado con la misma medicina pero con una aguja enorme.

Recuerdo que cuando le reclamamos por el tamaño de la aguja aquella enfermera alegó que esa era la que me tocaba. Presentíamos que no nos estaba diciendo la verdad pero no alegamos mas pues no queríamos que el personal pensara que no estábamos cooperando con el tratamiento.

Cuando le comentamos esto a Ade, ella nos dijo que aquella enfermera no estaba supuesta a usar esa aguja para inyectarme. La empleada contaba con dos agujas, una chica y una grande; la aguja grande era para romper el grueso plástico que sellaba la tapa del medicamento. Después, la enfermera debía cambiar la aguja por la pequeña para que pudiese entrar en la delicada piel. Había que cambiar la aguja pues la punta no debería ser usada para que tuviera filo y entrara suavemente en mi brazo; además, el grosor de la aguja chica era sustancialmente mas fino para que causara menos dolor.

Que suerte que quien entrenaría a mami no sería la descuidada enfermera sino Ade. Contrario a su compañera, ella si usó la aguja chica y le enseñó a mamá a inyectarme correctamente y aunque mi progenitora estaba nerviosa por no querer causarme dolor y porque Ade la estaba mirando, venció su angustia y me inyectó. No sentí tanto dolor como con otras inyecciones y en comparación al martirio que había sufrido con la enfermera de la aguja grande, la inyección de mami se sintió como una caricia. Contenta se lo notifiqué de inmediato a mami y a Ade. Mis días en el hospital estaban contados; mi progenitora ya estaba lista para ser la nueva enfermera a cargo de esta paciente.

El dolor de dos días que experimenté por el descuido de la enfermera que usó la aguja grande, ya no lo experimentaría mas. Aquello fue un error de principiante. Y no hablo solamente de aquella empleada que estaba demasiado inexperta en su trabajo como para no saber algo tan básico, también me refiero a mi como paciente. Jamás volveré a creer en cualquier empleada que me asegure que una aguja grande es lo mismo que una pequeña; que se la pongan ellas, a ver si es lo mismo.

148. Por mas que planees, prepárate para lo inesperado.

Mientras fantaseaba con la idea de finalmente ir a casa, otro percance ocurrió; la enfermera Coreana con la que simpatizaba trabaja de limpiar mi pompa de alimentación pero la soda no quería entrar. Destapaban mi pompa con refresco porque es tan abrasivo que limpia las mangueras mejor que un detergente ¡Ay mamá! Creo que a esto se refieren los doctores cuando dicen que uno no debe tomar refresco porque es malo para la salud. Lo cierto es que la enfermera trató varias veces con una enorme inyección de plástico, sin aguja, de que la soda entrara en el tubo de alimentarme pero parecía estar tapado.

La leche que me daban, a través de la pompa, era tan empalagosa que a las enfermeras no les sorprendió que el tubo se tapara. -Está tapada. La enfermera notificó. -Déjame traer a alguien. Continuó diciendo mientras iba a buscar a otra empleada para que le ayudase a destapar el tubo. Si está tapado, pensé, quizás es porque mi cuerpo no lo necesita mas y puedo regresar a comer comidas regulares. Mi emprendedor cerebro rápido ingenió un plan para deshacerme de esa molestosa pompa de alimentación; no tenerla incrustada en mi estómago sonaba demasiado tentador como para dejar pasar esta oportunidad sin tratar de librarme de ella. Entonces sugerí: -¿por qué no lo dejan así hasta mañana? -Ya comí suficiente por boca. Añadí, esperando que mi tierno rostro las engañara.

La enfermera, ajena a mis motivos ulteriores, aceptó mi propuesta y removió la pompa antes de salir del cuarto. La villana en mi había ganado otra contienda, disfrazando mis intenciones reales. Si hubiese estado trabajando en una novela, esta sería la parte en que la fanfarria musical enfatizaría mi malvada conducta. Debo aclarar que no lo hacía por ser mala; la pompa era una carga tan pesada para mi débil cuerpo que no tenerla atravesada en mi estómago me haría sentir mas liviana, literalmente; sonrisa de villana una vez mas y fanfarria musical que la enfatiza.

La mañana siguiente, cuando los doctores llegaron dieron fin a mi triunfo como villana; aun no estaba lista para una dieta sólida normal: mi páncreas no estaba preparado para ello. Mientras mas comía por boca mas líquidos peligrosos eran producidos por este órgano. No había opción; tenía que alimentarme por un tubo. Esto significaba que la manguera tapada debía ser removida y reemplazada por una nueva. ¿Quien es el villano ahora? Pero esta vez las malas noticias vinieron acompañadas de unas buenas. Mi nuevo equipo de doctoras me dejó saber que tan pronto el procedimiento fuera completado sería enviada a casa, siempre y cuando alguien estuviese a mi lado cuidándome 24 horas al día, 7 días a la semana y que acudiera a mis citas hasta que se designase la fecha de mi próxima intervención quirúrgica.

Esto me sonaba igualito a cuando un niño es enviado a casa para vacaciones de verano con mucha tarea o asignaciones; pero si eso es lo que se necesita para ir a casa, bienvenido sea. Para este entonces me había acostumbrado a la idea de que no era la escritora de esta historia. Por mas que planease, el plan divino tendría precedente sobre el mío. No tenía otra opción mas que aceptar que no era la directora que proponía las escenas de mi propia vida. Aun cuando había hecho planes para abandonar el hospital, tenía que quedarme, al menos hasta que el procedimiento fuera completado.

149. Los fines de semana son mortales; haz lo que tengas que hacer en días laborables.

Era jueves y sabía que si no se hacía el procedimiento el viernes tendría que esperar al lunes y esto era simplemente impensable. Los doctores me presentaron la posibilidad de esperar hasta la próxima semana pero les supliqué que lo hiciesen antes de que acabara la misma. Me funcionó; el procedimiento fue pautado para el día siguiente. ¿Quedarme en una zona de combate durante todo un fin de semana? Solo un tonto pensaría que esa era una buena idea. Pocos son los logros de los fines de semana en un hospital. Los días laborables son de Lunes a Viernes y cualquier paciente que quiera sobrevivir aquí, lo aprende rápido. En fines de semana hay menos personal y ninguna operación relevante sucede entonces, a menos que sea emergencia. Como ya no me encontraba en la fase de emergencia, sabía que un fin de semana mas sólo significaría aguantar a pacientes que me urgía dejar atrás. Estaba decidida a no contarme mas entre las pacientes del cuarto de traumas. Todo estaba listo en casa: mi cama de hospital, mi nueva pompa de alimentación, mi leche, la enfermera que le enseñaría a mi madre a usar la nueva pompa, y mucho más; lo único que faltaba era Jackie y estaba decidida a llenar ese hueco rápidamente.

JACKIE TORRES

150. Hasta los doctores difieren, úsalo a tu favor.

La idea de obtener un nuevo procedimiento para poner otro tubo a través de mi estómago no me atraía mucho pero debido a que esta era la única forma en que me permitirían ir a casa, pretendí estar totalmente de acuerdo con el proceso; cualquier treta que te ayude a ganar la guerra es válida. Me puse feliz cuando vi a una asistente buscándome para ir al cuarto quirúrgico de gastroenterología. Una enorme sonrisa decoraba mi rostro, sabiendo que esta sería la última vez que vería esos pasillos como paciente en una cama de hospital.

A lo largo del camino al piso del procedimiento reconocí varias caras de asistentes y enfermeras que había conocido durante mi larga estadía en este lugar. Ondeaba mi mano felizmente a todos con la seguridad de alguien que finalmente va a casa. Por lo menos tenía algo en común con todas las reinas de belleza del mundo; se podían ver todos mis dientes. Orgullosa, movía mi mano como una entrenada concursante de certamen de belleza: derecha izquierda, derecha izquierda, repita. Había ganado un concurso mas importante, sobrevivir, tener una segunda oportunidad para vivir.

Aún los gastroenterólogos que realizarían el procedimiento estaban sorprendidos con mi energía. Para ellos era el final del día y estaban visiblemente exhaustos. Tampoco estaban contentos en saber que me alimentaban no sólo con el tubo sino también por boca. Entonces entendí cuantos enfrentamientos debieron haber tenido mis doctores de cabecera con los médicos de gastroenterología, por culpa de las pequeñas cantidades de comida que esta paciente ingería por boca.

Ambos, mis doctores de cabecera y mis gastroenterólogos, querían lo mejor para mi pero tenían distintas técnicas para lograrlo. Los gastroenterólogos no pensaban que estaba lista aun para comer por boca. Mis doctores principales, sin embargo, tenían la última palabra en esta materia. Ellos creían que su paciente desesperadamente debía ganar peso para tener la fuerza necesaria para ponerse mejor. Mi estómago estaba contento de que a la hora de comer la decisión que prevalecía era la de mis doctores de cabecera y no la de los gastroenterólogos.

Pero ahora me encontraba en el territorio de los gastroenterólogos y tenía que mantener esas opiniones sólo para mí; era mas seguro. Después de todo, ellos eran los que estaban a cargo del reemplazo de mi tubo de alimentación. Así que cuando me dijeron de su molestia por la comida que consumía, me hice la desentendida y simplemente escuché al doctor sin confrontarle ni en lo mas mínimo. Un soldado sabe cuando no llevarle la contraria al general. Lo que el doctor desconocía es que esta paciente usó todas las técnicas posibles para convencer a mis otros doctores de poder tener el privilegio de comer por boca. Me sirvió el hecho de que los doctores estuviesen divididos en como darme tratamiento; divide y vencerás. No puedo achacarme haberlos dividido pero sí usé su diferencia de opiniones a mi favor.

> 151. Una vez tomas una decisión en el cuarto de operación, no hay vuelta atrás.

Necesitaba algo de anestesia para mi intervención quirúrgica pero el anestesista ya se había ido. Otra opción era realizar el procedimiento sin anestesia. Los doctores no pensaban que aceptaría esta segunda alternativa pero cuando fue ofrecida respondí rápidamente: -háganlo sin anestesia. Dije esto aún antes de que culminaran de formularme la pregunta; así de desesperada estaba por irme del hospital. -¿Sin anestesia? Una de las enfermeras respondió sorprendida. -Si, puedo aguantar dolor. Dije con gran seguridad y hasta con un toque de arrogancia para que no vacilaran en concederme lo que pedía. Inmediatamente el personal entero comenzó a prepararse para el procedimiento.

¡Puedo aguantar dolor! ¿Acaso estaba desquiciada? ¿Se habría la morfina manifestado otra vez? Un momento, no me habían dado nada de morfina; estaba en todos mis sentidos. No habían medicamentos en mi cuerpo ese día. ¿Por qué entonces me estaba comportando tan tontamente? Había accedido a tener una cirugía menor sin anestesia. ¿En que estaba pensando? Tan pronto como vi a las enfermeras y doctores alistándose, me percaté de la magnitud de mis palabras.

¿Que hice? La cordura despertó pero una vez se toma una decisión en un cuarto de operación no hay vuelta de hoja. Brevemente pensé sobre la magnitud de mis palabras y rápidamente encontré respuesta para esta nueva inquietud: -no te preocupes, Dios se encargará de tu dolor otra vez. Reafirmé para mi interior. Si claro, cuando no puedes solucionarlo, entrégale tu lío a Dios. Pero en ese momento no podía hacer nada mas; ya había metido las cuatro patas. Los doctores estaban preparándolo todo para cumplir mi deseo así que era demasiado tarde para echarme para atrás y no quedaba mas alternativa que entregarle mi problema a una fuerza mayor.

152. Orar te traerá calma;
orar con insistencia, grandiosas respuestas.

Comencé a orar con gran devoción pero mis oraciones eran casi tan rápidas como los doctores y enfermeras que estaban alistando todo para mi procedimiento. Oré y aún cuando mi fe era grande estaba un poco preocupada con la gran decisión que había tomado. ¿Por qué no esperaste hasta el lunes para obtener anestesia? Me cuestionaba mentalmente, sabiendo que una vez mas había permitido que el desespero decidiera por mi. Demasiado tarde para arrepentirme ahora; el reemplazo de tubos ya era una realidad así que oré y agradecí a

Dios por tomar mi dolor durante mi estadía en el hospital y le pedí ayuda una vez más. Estaba pidiendo auxilio de cualquiera que pudiese intervenir desde el cielo, mis ángeles, especialmente el Arcángel San Rafael, los espíritus de luz, especialmente la Virgen María y cuando el proceso estaba a punto de comenzar no podía creer quién llegó a responder mi llamado.

Allí mismo frente a mis ojos: Jesús, el hijo del hombre en persona, estaba parado frente a mi. Quería que alguien respondiera a mi petición pero el ver a Jesucristo mirándome con la mas compasiva expresión que había visto jamás era indescriptible con palabras. No había tomado medicinas en horas; no estaba anestesiada y me encontraba totalmente despierta. No era un sueño; estaba claramente viendo a Jesús, vestido con una reluciente túnica blanca. Otra tela blanca e igualmente brillante cubría su hermoso cabello largo y muy negro.

Físicamente lucía diferente a muchas imágenes que había visto de Jesús; su pelo no era rojo o parcialmente rubio, era totalmente oscuro y largo hasta pasar los hombros, de textura lacia con unas pocas ondas. Su piel era blanca y tenía una barba negra. Estaba excesivamente delgado; me impactó el mal estado de su rostro. No tenía dudas de que era Cristo pero me sorprendía que su cara estuviese súper hinchada como quién había recibido una golpiza severa. No pregunté al respecto; por alguna razón mayor su aspecto físico era lo mas evidente pero lo menos importante; su grandiosa presencia era lo que verdaderamente contaba.

Entendí que Jesús se estaba presentando tal y como se veía cuando fue castigado camino a su crucifixión; estaba afirmando que compartía mi dolor. Pero lo mas que llamó mi atención era el increíble amor incondicional que este ser me estaba ofreciendo, al tomarme en sus brazos y acariciar mi cabello queriendo y logrando que mi dolor se fuese en el proceso. Había orado para recibir ayuda pero jamás hubiese imaginado que recibiría tan increíble respuesta.

153. Preguntad y se os responderá.

Sin perder ni un segundo, mentalmente le pregunté: -¿por qué estás aquí si puedes estar en cualquier parte? Jesús respondió: -y ahora estoy aquí contigo. –Además, sabes que puedo bilocalizar. Entendí lo que dijo; él puede estar en múltiples lugares al mismo tiempo. Había leído sobre este concepto muchas veces en mi vida pero mi condición humana nunca entendió verdaderamente su significado hasta ahora. Jesús estaba allí conmigo pero al mismo tiempo él estaba también cuidando a mucha gente alrededor del mundo. Esto es obviamente imposible para nosotros los seres humanos pero no para el hijo de Dios.

No le cuestioné a Cristo más al respecto; acepté la increíble bendición que estaba recibiendo y rápidamente lo bombardeé de interrogantes, reconociendo la oportunidad única que estaba recibiendo. Jesús respondió a todas sin reservación alguna; las respuestas confirmaban que la mejor forma de comunicarse con Dios, además de obras positivas, es orando y que el Todopoderoso nos da suficiente tiempo y oportunidades de encontrarle. No estamos solos y no hay porque sentir pena por uno mismo porque Dios nos está cuidando de forma tan diligente que envía a su propio hijo para protegernos.

154. El dolor puede ser una bendición disfrazada, úsala a tu favor.

Ahora que finalmente estaba en mejor estado de salud y en camino a la rehabilitación, me sentía inmensamente bendecida de tener a mi lado al ser que mas admiraba y amaba. Que increíble manera de culminar el tiempo mas difícil en mi vida. Jesús en persona había venido a consolarme y a reafirmar que Dios está siempre con nosotros, mas aun cuando llamamos a través de oraciones y especialmente cuando estamos sufriendo más.

Dios sólo nos da lo que podemos aguantar; es nuestra opción entender eso. El dolor siempre estará a la vuelta de la esquina; es cómo reaccionamos lo que importa. Sólo cuando sufrimos podemos identificarnos mejor con el que sufre.

Podemos ser más humanos, mas comprensivos y juzgaremos menos cuando sepamos exactamente lo que otros sienten, no porque hayamos leído o porque alguien nos dijo al respecto sino porque lo hemos experimentado en carne propia.

Ahora todo hacía sentido para mi; Jesús aceptó el dolor que le ofrecieron porque amaba a la humanidad. El podía haber evitado el sufrir pero decidió experimentarlo y al hacerlo estableció nuevos niveles de tolerancia. Lo mas probable nuestros dolores no son ni remotamente cercanos a los que Cristo sintió mientras moría en la cruz así que cuando experimentemos cualquier tipo de pena por nosotros mismos, el recordar esto puede ponernos en perspectiva para darnos cuenta de que alguien ha sufrido más y que el dolor no es tan malo como lo pintan y hasta podría ser una bendición disfrazada, una oportunidad de verdaderamente entender lo que otros atraviesan cuando experimentan momentos difíciles.

Estaba feliz de obtener tan gran mensaje de Dios. Finalmente entendí el uso del dolor, su razón para existir. Toda mi vida he querido tener el final feliz, el felices para siempre, ya sabes cualquier concepto que envuelva la palabra feliz. Dudo que muchas personas quieran un final doloroso o una historia dolorosa para siempre. Pero ahora finalmente entendía cual es el papel del dolor en nuestras vidas; es simplemente nuestra herramienta de entrenamiento, tal y como un soldado tiene que experimentar gran sufrir físico cuando entrena para combate, para que cuando el dolor verdadero llegue pueda resistirlo, nosotros debemos dominarlo para que cuando los sufrimientos lleguen los podamos sobrellevar. Mas aun, mientras mas podamos resistir el dolor, mejor entrenados estaremos para nuestra próxima vida, la espiritual.

155. Si no piensas en tu dolor, sufrirás menos.

Lágrimas de felicidad corrían por mis mejillas. Tenía mis ojos cerrados y sin embargo lo que podía ver era asombroso. No abrí mis labios pero lo que podía preguntar era revelador. Para mis doctores y enfermeras parecía que lloraba silenciosamente por el dolor que me causaba el procedimiento. Pero la realidad era mucho mas grandiosa que eso; estaba teniendo la conversación mas importante de mi vida con Jesucristo, parado justo al frente de mi; podía verlo como si estuviésemos mirando nuestro reflejo en un espejo.

Cuando la última de mis preguntas fue amorosamente respondida por Jesús, escuché una voz masculina que dijo: - eso es todo, ya terminamos. Era la voz del doctor que había realizado el procedimiento. Un tubo había sido removido de mi estómago y otro nuevo insertado atravesando mi barriga hasta llegar a mis intestinos y no había sentido nada. Según el doctor anunció que habían concluido, Jesús lentamente desapareció en medio del aire y felizmente me percaté de lo que había sucedido: Cristo me mantuvo ocupada para que ni siquiera pensara en mi dolor y por lo tanto no tuviera tiempo de sufrir y logró su cometido con inigualable compasión.

156. Tu salud está mejorando si puedes ir al baño.

Al día siguiente el dulce recuerdo de mi encuentro con Jesús aun dibujaba una gran sonrisa en mi rostro, la cual no desaparecía ni siquiera con mi ansiedad por irme a casa. Había quedado tan energizada que traté de hacer por mi misma cosas que usualmente hacía con la ayuda de mi mamá. Lavé mis dientes, peiné mi cabello, y enjuagué mi rostro como mejor pude, sentada en mi cama de hospital. Cada movimiento era aun doloroso y un logro mayor para mi. Pero me sentía muy bien y de gran ánimo, luego de mi gran encuentro con Cristo el día anterior. Después de unos pocos bocados de desayuno, mi tubo de alimentación fue desconectado para que pudiese caminar con mi andador alrededor de los pasillos del hospital.

Estaba decidida a probarle a los doctores que habían tomado la decisión correcta al dejarme ir a casa en ese día. Con esto en mente, fui al baño del cuarto y pude usarlo. Dicha actividad era bastante dolorosa porque aun tenía tubos atravesando mi estómago pero quería demostrar que contaba con los elementos para sobrevivir fuera del hospital. La idea de que no me permitieran ir a casa quedaba descartada. Tenía que "graduarme" y ser la paciente quién ahora dejaba a otras, como la joven de Bangladesh, atrás. Estaba preocupada por esa paciente porque aún se encontraba en condición crítica; estaba súper delgada.

Lo único que podía hacer por mi compañera de cuarto era orar para que se pusiese mejor y pronto se "graduara" y se fuese a casa como yo. Cuando salí del baño ese día, la joven de Bangladesh preguntó como me había ido y estaba feliz en descubrir que había podido hacer la "número dos". En un hospital, para los pacientes que están en el cuarto de traumas, el ir al baño y poder hacer la "número 2" es una clara indicación de que estás poniéndote mejor y rumbo a tu recuperación. Definitivamente necesitaba salir del hospital. ¿Quien hubiese pensado que haría una gran fiesta por el sólo hecho de ir al baño? Ambas, la joven de Bangladesh y yo, parecíamos como bebitos que celebran cuando han aprendido a ir al baño. Las enfermeras también festejaban este evento, usando palabras que una persona regular sólo usaría con un bebé y las pacientes reaccionábamos con la misma alegría de unos niños chiquitos.

157. Es siempre mas seguro
caminar con alguien acompañándote.

Me sentía tan feliz con la mejoría de mi condición de salud que decidí tomar mi andador y caminar alrededor del hospital sola. Ya era horario de visitas y probablemente encontraría a mi familia de camino así que ese era otro incentivo. Con esto en mente, lentamente agarré mi andador y salí del cuarto. Por el camino vi a algunas de las enfermeras y asistentes que eran como porristas que me motivaban a seguir caminando. Abran paso Beckham, LeBron, Ronaldo, Pacquiao, o Woods. ¡El público me está vitoreando! Podré ser mas lenta que todos ustedes pero mi audiencia parece estar satisfecha. Todo el mundo es tan amoroso durante el turno de la mañana: las enfermeras, los asistentes, los doctores, y hasta la señora y el joven que entregan la comida. Todos me dieron grandes sonrisas de apoyo y me animaban por el camino.

Según seguía avanzando, el personal regresó a sus tareas y me hizo sentir mejor que lo hicieran. No quería que se percataran de que ya no me sentía bien. Había usado todas mis reservas de energía y no me quedaban fuerzas para seguir caminando. Siempre había estado acompañada por mis familiares en caso de que necesitara ayuda y ahora que estaba sola a mitad del pasillo, estaba respirando con dificultad y sentía como que estaba desapareciendo, mis baterías se agotaban. Casi me desplomo sobre una silla que para mi suerte había sido dejada en una esquina del pasillo. Traté como mejor pude de mantener la postura para que ninguna enfermera o doctor se diera cuenta de que me estaba sintiendo tan débil y quizás me dejaran en el hospital por más tiempo.

Me concentré en la respiración para salir de esa sensación de desmayo que tenía. No debía permitir que otros me vieran así; eso pondría en peligro mi partida. Poco a poco el tomar grandes inhalaciones de aire me hizo sentir mejor. No obstante, no podía caminar de regreso a mi cuarto sola; lo mas probable me caería en el camino y entonces sí que me dejarían en el hospital. Si tan sólo hubiese esperado por mi madre para caminar no estaría en esta odisea. No tuve mas opción que esperar por mis parientes, sentada en esa silla en la esquina del pasillo y tratando de disimular lo mal que me sentía.

Pocos minutos transcurrieron y escuché algunas voces que reconocí: la de mi mamá, mi esposo, y el sobrino de mi buen amigo Manuel, Gustavo. Mi rostro se iluminó, ellos me sostendrían para poder regresar al cuarto a recoger todo e irnos a casa. Todos se sorprendieron de verme en el pasillo. Les dije que estaba un poco cansada para que no se alarmaran; en realidad me sentía terrible pero lo disimulé. Con el trabajo que me había costado convencer a todos de que me dejaran ir a casa, no estaba dispuesta a perder lo que había ganado. Por ninguna razón, motivo, o circunstancia quería quedarme en el hospital por mas tiempo así que mostré mi mejor sonrisa; la actriz en mi estaba trabajando tiempo extra y parecía estar funcionando. Mi familia y amigos me ayudaron a levantarme y con su ayuda nos pudimos ir al cuarto.

158. Los hospitales desechan muchas cosas que usaron para cuidarte; dales uso.

Inmediatamente la preparación para mi partida comenzó. Mi esposo y nuestro amigo Gustavo recogieron varias de mis pertenencias y las llevaron al auto. Mi madre estaba a cargo de limpiar todo lo que su hija había usado. Descubrimos que nada de lo que había utilizado para mi uso personal era reciclado por el hospital para otra paciente sino que era desechado así que nos llevamos todo eso. Para nosotros era un gran ahorro el usar los mismos envases y artefactos que fueron utilizados en mi tratamiento. Muchos pacientes no se llevan nada de esto y se van a casa con las manos vacías cuando el hospital no sólo les permite que se los lleven sino que les brindan cosas adicionales, siempre y cuando las pidan. Lo mas probable esto no suene emocionante pero para alguien que deseé recuperarse de un trauma físico, esta ayuda es de incalculable valor.

Cada artefacto usado en recuperación tiene un valor físico y espiritual. El físico es el evidente; los envases, por ejemplo, son para recoger líquidos. Pero esos envases tienen un valor aun mas importante, el espiritual; ese es el significado que cobra dicho artículo para la persona que sobrevive. En una celebración religiosa cada artículo usado tiene un significado sagrado que se remonta a siglos y milenios. Según observaba a mi mama, limpiando los envases que había usado para deshacerme de la flema, o los recipientes donde ella ponía agua para limpiarme, o el inodoro portátil, el andador, y cada articulo que utilizó para cuidar de mi, sentía como si un muy sagrado ritual ancestral estuviese ocurriendo; era una ceremonia de recordación y celebración.

Cada utensilio significa algo, un momento, una batalla, y una conquista. Sí, ellos representaban los duros momentos pero también significaban la dicha de superar esos instantes difíciles. Ade, la maravillosa enfermera de África, nos dio algunos artículos: unas pocas latas de leche, gasa para cubrir la herida abierta y los tubos que goteaban, cinta adhesiva para mantenerlas en sitio, y varios artículos más. Lo que para cualquier otra persona serían artículos ordinarios para cuidar de un enfermo para los convalecientes y quienes le cuidan son artillería necesaria para ganar la guerra.

<u>159. Si alguien te ayuda con el papeleo de seguro médico, tendrás menos estrés.</u>

Mami y yo sabíamos, sin embargo, que el mantenerme en casa no iba a ser una tarea fácil ni barata. Pero si a esas vamos ¿que guerra ha sido económica? Con las cuentas en el hogar creciendo a cada segundo, debido a mi larga estancia en el hospital sin trabajar, la idea de aumentar mi deuda con los artículos que necesitábamos para tratarme no era una muy llamativa. Sin embargo, el ir a casa ciertamente se sentía como la opción correcta. Además, gracias a mi amiga Elba descubrí y solicité un seguro de salud del estado. Si lo aprobaban, sólo pagaría una fracción del costo de mi estadía en el hospital o quizás no pagaría nada. Mis oportunidades de obtener el seguro lucían bien dado a que no había trabajado mientras estuve en el hospital y estaría incapacitada por mucho tiempo luego de mi partida. Esto significa que el estar en tan mal estado no era tan malo después de todo.

Se supone que estaba cubierta por mi seguro médico por mi trabajo como actriz pero los portavoces de dicho plan alegaban que les faltaban algunos papeles de uno de mis empleadores y hasta que esto fuese clarificado era considerada sin aseguranza. Si no me cubría mi plan, el estado correría con los gastos. Como calificaba para los dos y ya todas las solicitudes habían sido hechas y enviadas, sólo me restaba esperar. Además, para sanar tenía que evitar pensar en la cuenta del hospital porque si lo hacía ¡cuidado y me moría de veras!

160. Tu partida será completada sólo cuando tu receta y tus papeles de alta sean aprobadas.

Igual que Dorothy en "El Mago de Oz" yo repetía en mi interior: -no hay nada como estar en casa, no hay nada como estar en casa. No tenía sus zapatillas rojas para llevarme directo a mi hogar pero contaba con una maravillosa familia que haría precisamente eso. Quería irme a casa en ese momento pero debía esperar hasta que mi receta estuviese lista. Cada vez que veía a una enfermera entrando al cuarto sentía el mismo miedo que Dorothy sintió por la malvada bruja del oeste. Aun cuando las enfermeras estaban lejos de ser brujas malvadas, tenía pánico a que alguna pusiera fin a mi viaje de regreso a casa y me dijese que tenía que quedarme en el hospital.

No podía quedarme en este lejano reino por mas tiempo pues al igual que Dorothy había viajado tan lejos para ganarme el derecho a regresar a casa. Convencí a mi mama de ir al cuarto donde daban de alta en el primer piso del hospital y esperar allí por mis papeles. Razoné que si no me encontraban en el cuarto no me irían a buscar en ninguna otra parte. Para este entonces, todas mis pertenencias ya habían sido llevadas al auto así que la petición de abandonar la habitación sonó razonable a mi progenitora. No se si se percató de que me urgía salir de allí. Lo cierto fue que fui puesta en una silla de ruedas y mi viaje hacia la libertad comenzó.

Al partir, una sonrisa inmensa cubría mi rostro. Me despedí de todos con los que me había topado en este distante reino. También deseé que la mujer de Bangladesh se mejorara pronto. Según avanzaba mi silla de ruedas, vi a algunas de las enfermeras que me cuidaron; lucían como los personajes del Mago de Oz cuando estaban despidiéndose de Dorothy, al menos quería sentirme así de especial. La realidad es que ellos dijeron adiós brevemente y continuaron haciendo sus tareas.

Tanta ansiedad que había experimentado porque pensaba que me querían retener indefinidamente y ellos ya me habían removido de su lista de casos. Así es la vida; el que importa es el que llega, no el que se va. Para mi esas eran buenas noticias. Ellos seguirían su curso y esta ex-paciente el suyo. Ahora a buscar mi receta, firmar mis papeles de alta, e irme a casita.

<u>*161. Haz amigos en el personal,*</u>
<u>*y ellos acelerarán tu proceso de partida.*</u>

Una vez en el primer piso, fuimos al cuarto donde daban de alta. Había escuchado que la mayoría de la gente espera por horas en esa oficina pero era mi intención acortar ese tiempo tanto como me fuese posible. Era ya media tarde y sabía que si mis papeles no estaban concluidos rápidamente, el personal pronto se iría a casa y por ende aumentaba mi posibilidad de quedarme un día mas para completar el proceso de darme de alta. Eso era impensable para mi así que cuando vi una cara familiar en el cuarto encontré mi salvación.

La dama que vi era una mujer Afro-Americana la cual había conocido el día anterior mientras llenábamos los papeles para mi partida. Que bueno que fui súper sociable con ella en ese entonces, contaba con que eso me ayudaría a agilizar mi partida. -¿Que está haciendo aun por aquí? La señora me preguntó. Su amigable tono era mi indicador de que la sociabilidad de ayer estaba dando frutos. Si hubiese contratado su intervención no habría sido tan oportuna. Había llegado mi propia hada madrina y me cumpliría el deseo de ir a casa.

Utilizando mi mas dulce tono de voz activé mi último plan en el hospital; salir de este reino lejano lo mas pronto posible. -Necesito los papeles que me dan de alta para ir a casa. Dije mostrando mi inofensivo e inocente rostro a la enfermera. -¿Los papeles que te dan de alta? Respondió la empleada con voz igualmente tierna; mi plan estaba funcionando. La enfermera inmediatamente formuló algunas interrogantes a varios empleados en la oficina y ofreció llenar los papeles ella misma. Mi mamá tuvo que probar que estaba lista para cuidarme, respondiendo unas cuantas preguntas correctamente.

Fue así como luego de darme algunos artículos adicionales, la empleada del hospital firmó el documento que me devolvió la libertad. Yo regresaría a Kansas, bueno no tan lejos, mas bien a North Hollywood en California pero el resultado era el mismo; volvería a casa luego de un largo y desafiante viaje. Le di a la dama un beso y un gran abrazo y ella estaba conmovida. De alguna forma este momento se sentía como el día de graduación, justo cuando el estudiante obtiene el ansiado diploma de un profesor y ambos se dan un abrazo o un apretón de manos.

Capítulo 9:

Que esperar durante la rehabilitación

162. Cada movimiento duele al recién operado; transpórtale con delicadeza.

FINALMENTE ME HABÍA "GRADUADO" y me iba a casa. Deseaba que la silla de ruedas fuese mas rápido, en caso de que alguien cambiara de opinión y me enviaran de regreso al cuarto. Pero mis familiares empujaban la silla con cautela; sabían que cada movimiento se sentía amplificado en mi malogrado cuerpo. Cuando llegamos al estacionamiento me sentí tranquila. Lo mas probable los empleados del hospital no irían a buscarme allí. Mis parientes me acomodaron con gran cuidado para el viaje. Varias almohadas y sábanas hacían mas cómodo el sentarme y contribuirían a amortiguar cualquier movimiento durante mi viaje.

Mis parientes manejaron el auto como si la paciente fuese de porcelana y se fuese a romper con cualquier desplazamiento abrupto. Que suerte era poder contar con tanta prudencia cuando cualquier irregularidad de la carretera era sentida fuertemente por mi débil cuerpo. Todo mi ser estaba exhausto; había pretendido sentirme mejor durante todo el día para que no me dejaran en el hospital pero de camino a casa apenas podía aguantar el dolor y lo débil que me sentía. Quizás no era tan buena idea abandonar el hospital, pensé; pero rápidamente borré ese pensamiento. Había decidido ponerme mejor en casa y eso era precisamente lo que haría.

163. No hay rehabilitaciones fáciles pero pueden hacerse mas llevaderas.

La rehabilitación en mi hogar era, sin lugar a dudas, mucho mas llevadera que en el hospital; no escuchaba los gritos de pacientes de alto mantenimiento ni tenía que esperar por medicina para el dolor, la temperatura de mi cuarto estaba perfecta y mi madre y mi esposo me cuidaban mejor que si estuviese en un hotel de 5 estrellas. Sin embargo, no hay rehabilitaciones fáciles; hay dolor y situaciones inesperadas con las cuales un hospital podría lidiar mejor. Cada día en casa estaba lleno de lecciones de aprendizaje. Tenía que pulir mis destrezas de paciencia y aceptar el constante cuidado que recibía de mis familiares y ellos por su parte pulirían sus destrezas de amor incondicional como nunca antes. Era como tener un bebe adulto en casa. No sólo tenían que cuidarme como si fuese un bebé sino que también debían lidiar con mis berrinches de adulto.

Comencé a sentirme mejor según progresaban los días. Luego de algún tiempo, mi cuerpo expulsó dos de los tubos: el de alimentarme y el pancreático. Los doctores me habían advertido que viniese a la sala de emergencias si alguno de mis tubos se salía. Veinte días luego de haber sido dada de alta esto fue exactamente lo que sucedió. No me sentía peor; de hecho, luego del gran cuidado que recibí en casa me sentía mejor y más fuerte. Así que la idea de regresar al hospital aunque fuese sólo por unas pocas horas para lidiar con los tubos, no era atractiva para mi. ¿Regresaría Dorothy a Oz luego de estar en su perfecto Kansas?

164. La sala de emergencias es un campo de batallas; ven preparado para enfrentarla.

El líquido de mi páncreas quemaba mi piel y su terrible olor nos convenció a mis parientes y a mi de regresar al hospital, específicamente a la sala de emergencias. Tal y como el día en que me admitieron la primera vez, el lugar estaba lleno a reventar. ¡Que sitio tan intimidante es este! Junto a mis familiares había pasado tantos días en nuestro hermoso reino que no recordábamos que esto era un campo de batalla;

habían adictos, dementes, y vagabundos. En una esquina estaba un hombre con ropas extremadamente sucias, cabello desaliñado, y un olorcito que sólo él podía aguantar; estaba teniendo una conversación sería y escandalosa consigo mismo. En otra esquina, varios vagabundos tomaron muchas sillas para dormir, dejando a bastantes personas sin un lugar para sentarse. En otro lado, una mujer no paraba de toser. Era "dejavú" otra vez.

Afortunadamente encontramos unas sillas en el lugar mas apartado que hallamos pero casi todos los que nos rodeaban podían seriamente afectar mi salud; había gente con heridas abiertas, o estornudando, o tosiendo. Mi madre y mi esposo me protegieron sentándose a cada lado mío para mantener cierta distancia con los otros enfermos. También trajeron lo necesario para la espera. Violeta había traído comida de bebé para su niña adulta, agua, una manta, y muchas almohadas para hacer mas cómoda mi silla de ruedas. Mario trajo revistas y libros para los tres. Estábamos convencidos de que habíamos venido preparados para enfrentar este inhóspito lugar y que teníamos todas nuestras bases cubiertas pero la espera fue más de lo que ésta paciente pudo aguantar. Necesitaba acostarme para no herir mas a mi páncreas. Luego de nueve horas en una silla de ruedas y en este lugar poco saludable, sin haber recibido tratamiento, optamos por irnos a casa y tratar de hacer una cita para otro día.

Según tomábamos nuestras pertenencias para abandonar la sala, el nombre Jackie Torres se escuchó por las bocinas. ¡Que toquen la música triunfal una vez mas! Quizás no habíamos perdido nuestro día. Rápidamente respondimos al llamado. Mario corrió a recoger nuestras pertenencias mientras mami empujó mi silla a prisa para llegar a la recepción antes de que le dieran mi turno a otra persona. Ni una corredora de carreras con obstáculos hubiese manejado mi traslado tan hábilmente como lo hizo mi progenitora. Giraba mi silla de aquí para allá, esquivando enfermos, sus familiares, bultos, y sillas como toda una campeona. Llegué a la recepción sin un rasguño y en tiempo record. No se como mi madre lo hacía pero supongo que la práctica hizo la perfección.

A una distancia corta de nosotros estaba Mario, quien cargaba todas nuestras pertenencias. Como sólo a una persona le era permitido entrar conmigo, los tres decidimos que fuera mi enfermera particular, mamá. Pobre esposo amado, tenía que quedarse en este patético cuarto por mas tiempo mientras me trasladaban a uno mucho mejor.

<u>*165. Para resistir la larga espera en emergencias, equípate como si cuidaras un bebé.*</u>

Una vez adentro me fue asignado un cuarto que tenía una cama pequeña. Para este entonces la larga espera había hecho mella en mi cuerpo; me sentía muy débil, mi abdomen dolía y tenía nauseas. Además, las gasas que cubrían mis heridas tenían que ser cambiadas. Mami rápidamente me acostó con la ayuda de tres almohadas grandes que había traído y una manta. Poco a poco me sentí mejor, al punto de quedarme dormida mientras mamá permanecía alerta a cada movimiento que hacía. Violeta también estaba preocupada con la gasa que cubría la incisión abierta de su hija, justo donde solía estar el tubo pancreático. Para entonces la gasa estaba muy mojada y tenía que ser cambiada o mi piel se quemaría demasiado.

Aun cuando había estado en una sala de emergencias hacía apenas dos meses, no recordaba que la espera allí es demasiado larga. Por ello, si la situación del paciente es delicada, es aconsejable que quien le lleve se equipe igual a la persona que cuida un bebé. Traer cosas tales como pañales, frazadas, medicamento, comida, líquidos, y cualquier cosa necesaria para el tratamiento del paciente logrará una espera mas tolerable para todos.

En nuestro caso, mami había traído parte de lo necesario: comida, líquidos, una manta, y las almohadas; lo que no pensamos que haría falta en un hospital eran mis medicamentos y los elementos que mami usaba para mi curación. De haber sabido que íbamos a esperar tanto hubiésemos traído todo lo que esta paciente necesitaba. Pero como en ese entonces desconocíamos esa simple regla de supervivencia, a la autora de mis días le tocó buscar los artículos de curación en ese cuarto de hospital, para sanar mis heridas en caso de que quien me atendiese no estuviese preparado para hacerlo.

Haciendo despliegue de lo que era, una guerrera entrenada, mi mamá inmediatamente comenzó a analizar el campo de batalla. Lo primero que localizó fue la gasa. Ese era un buen augurio, el primer arma había sido encontrada. Pero la guerra era una a morir así que mas armas eran necesarias para vencer al enemigo. Mami siguió escudriñando el lugar. Sólo a los doctores y las enfermeras se les permitía buscar en esos cajones y compartimientos pero mi madre había sido sabiamente entrenada; conocía como mantener la vista divisando a cualquiera que se acercara y al mismo tiempo buscar las muy necesarias municiones para ganar esta batalla. Ella continuó su búsqueda y ubicó otros artículos con los que estaba familiarizada para curar a su hija: el líquido de cloruro de sodio para humedecer la gasa de la herida abierta, la cinta adhesiva, las tijeras, la máscara de nariz y boca, y los guantes.

¡Un golpe de suerte! El arsenal completo había sido encontrado. Ella sabía lo que tenía que hacer y donde estaba todo. También conocía que su hija estaba atrasada para el cambio de gasa pero Violeta se encontraba en un hospital ahora y tenía que esperar hasta que le diesen permiso para atender a su Jackie.

166. Si tienes opción, evita ir al hospital después de un día festivo.

Dos horas después de haberme puesto en ese cuarto finalmente llegó la doctora. Menos mal que era una emergencia; sólo esperé 9 horas afuera y dos adentro, 11 horas en total. Supongo que es un aliciente el que durante ese tiempo no fallecí así que esto era indicio de que mi salud estaba mucho mejor. La doctora se disculpó por el retraso aun cuando no era su culpa. Ella había estado en el hospital desde temprano pero simplemente habían demasiados pacientes en ese día.

Era noviembre 27, justo después del día de Acción de Gracias y todo el mundo parecía haberse enfermado entonces; o se enfermaron hoy o quizás ellos, al igual que yo, no querían perderse la sabrosa cena del día de Acción de Gracias y esperaron hasta el próximo día para lidiar con sus asuntos de salud. Lo que menos imaginaban y aquí me estoy atreviendo a especular basada en mi propia experiencia, era que este lugar iba a estar tan lleno de gente. Supongo que estarían tan arrepentidos, como me encontraba yo, de no haber venido al hospital en otra fecha.

Imagino que los otros pacientes, al igual que esta servidora, pensaron que no era divertido restringir el comer con frenesí del día de Acción de Gracias. Por ello esperaron a venir hoy, para que el doctor no tuviese oportunidad de limitar su dieta en el día en que se comen los mejores manjares. Al parecer la mayoría de nosotros había tomado la misma decisión. La dulzura de la deliciosa comida y la buena compañía que habíamos tenido el día anterior, era algo positivo en que pensar mientras esperábamos por largas horas en esta sala de emergencias. Sin embargo, creo que todos aprendimos que no es nada saludable venir a un hospital después de un día festivo.

*<u>167. Siéntete orgulloso por sobrevivir
y tendrás nuevos bríos para seguir luchando.</u>*

La doctora, uno de mis médicos de cabecera, vio el área donde el tubo solía estar y la limpió. -¿Cuando se salió? Me preguntó. -Comenzó a salirse ayer. -Quiero decir, antes de ayer. -Hemos estado aquí por 12 horas. -Pero se salió por completo ayer. Le respondí. Debí haber dicho que eran 11 horas pero me sentía tan mal que pensaba que eran 12. Tres doctores más entraron al cuarto a evaluarme. Habían escuchado de mi condición y querían saber más de mi caso. Me sentía tan importante con la presencia de estos médicos, lo cual de alguna manera era un poco raro; mi importancia estribaba en el hecho de que los doctores encontraban mi condición un tanto fuera de lo normal. Supongo que ellos lo verían así: -¿como es posible que esté bien? Pero mi ego quería traducirlo así: -cuan especial esta chica debe ser para haber sobrevivido tal incidente.

Uno de ellos, un joven y guapo doctor anglosajón en su año de práctica, estaba sorprendido ante el hecho de que esta paciente no había desarrollado diabetes aún cuando mi páncreas estaba partido a la mitad. -Hemos tenido muchos casos aquí pero un páncreas completamente partido a la mitad es la primera vez que lo veo. Dijo el doctor con admiración. ¿Se fijan? Hasta los doctores piensan que soy especial. Había estado en una cama por algún tiempo y en ese lapso no había tenido la oportunidad de alardear así que este era mi momento del estrellato. A un lado aspirantes al Oscar, el doctor hizo su selección y el premio a la paciente mas especial me corresponde a mi. El lo dijo; a las pruebas me remito. Gracias querido publico por su atención.

168. Si quienes te cuidan olvidan hacer algo necesario en tu tratamiento, recuérdales.

No necesitaba más pruebas de que mi persona era un milagro viviente. Otro doctor, también muy joven y bastante guapo, me dijo que me pondrían en una cama en una sección del pasillo hasta obtener una prueba de CAT scan de mi páncreas. No me entusiasmaba que estacionaran mi cama en el pasillo; esa era otra zona de combate en la que ya había estado en mi primer visita a este hospital y me traía muy malos recuerdos. Al igual que durante mi primera vez este pasillo estaba lleno de pacientes pero como después del examen me iría a casa no me quejé. No era como que me pudiese poner exquisita y hacer peticiones de lujos, tales como un cuarto privado para mi en lo que me atendían. Ya había aprendido que ponerse así de exigente probablemente hubiese logrado lo contrario. Los empleados en esta sala trabajan sobre 12 horas diarias y no están como para aguantar a divas.

Eso si, mi madre tenía una petición y no estaba relacionada con exigir lujos sino con atender a su hija en un asunto que ya estaba tardío, el cambio de mis gasas. Violeta nunca perdió de vista las municiones necesarias para curar a su hija y tan pronto como pensó que era prudente, solicitó que fueran cambiadas antes de moverme. Las pocas enfermeras disponibles a esa hora no habían realizado el procedimiento así que no estaban listas para esta batalla pero mi madre lo estaba. Su hija necesitaba urgentemente su intervención.

A esta hora se supone que hubiese tenido las gasas cambiadas en tres ocasiones y por esto estaban empapadas. Le dije al doctor que mi mama había sido entrenada en el proceso y él lo aprobó. Mi progenitora rápidamente cambió mis gasas con la artillería que encontró en el cuarto y esto me hizo sentir mucho mejor. Es difícil ganar la guerra cuando estás mojado. Además el líquido que salía del páncreas me estaba quemando la piel. Una vez que las gasas habían sido cambiadas, estaba lista para continuar el combate.

169. Trae algo para abrigarte; el cuarto de emergencias es un iglú.

Regresé al campo de batalla junto a mi mejor soldado, mi mamá. Una asistente de enfermera movió mi cama a un pasillo, al lado de varios pacientes que esperaban por una prueba o por una cama en el hospital. El pasillo era bastante frío. Entiendo que el hospital mantenga la temperatura fría para que los gérmenes no sobrevivan pero ¿tienen que matar a los pacientes en el proceso? ¡Me estoy congelando! Supongo que el que tus defensas estén bajas por la espera y el cansancio hace que el frío se sienta mas fuerte.

Comencé a sentirme extremadamente débil. Imaginé que así debe ser como se siente el dormir al aire libre durante la guerra. Mami también estaba muy cansada y ambas estábamos preocupadas por Mario, quién estaba aún afuera esperando en aquel cuarto apestoso y atestado de personas. Le pedí a mamá que chequeara a Mario. Así lo hizo, fue afuera y encontró a mi esposo en la farmacia del hospital. Para este entonces eran las 3 de la mañana y mi pobre marido parecía haber tenido suficientes experiencias por el día. No sólo se estaba congelando sino que se había tenido que mover de la sala de emergencias al pequeño vestíbulo de la farmacia pues estaba menos lleno y definitivamente olía mejor. Ese lugar era un poco mas frío que el otro cuarto pues había menos gente; sin embargo, aguantar la baja temperatura era mas seguro que rodearse de tantas personas en tan mal estado físico y mental.

170. La farmacia del hospital es un imán para los adictos a drogas.

Lo que Mario menos imaginaba era que en ese preciso momento algunos pacientes, que lucían más como adictos a drogas que como enfermos regulares, venían a la farmacia a obtener su medicina. Cuando llueve ¡diluvio! Ellos no se comportaban como pacientes promedio que están débiles debido a sus enfermedades. Ellos exigían su medicamento hablando, mas bien gritando, bastante alto y caminaban de lado a lado inquietos. ¡Limosnero y con garrote!

Cuando Violeta vino a ver a su yerno, el estaba más que dispuesto a marcharse. No lo culpo; una cosa es lidiar con un adicto a drogas cuando pasan por tu lado en una ocupada calle urbana y otra es enfrentar no sólo a uno sino a varios con una actitud y peculiar sentido de merecerlo todo. Mi esposo pudo finalmente marcharse de este abrumador lugar cuando le dije a mi progenitora, luego de entrar una vez más para chequear a su hija, que se fuera a descansar porque eran casi las 5 de la mañana y parecía que aun tendría que esperar por más horas. Al menos me encontraba en un lugar seguro, rodeada por pacientes. Esa no era la situación de mi esposo a estas horas de la mañana. En ese momento estaban fuera todos los vampiros de la sociedad, chupando cada gota de medicamento que podían arrancarle al sistema público de salud.

171. La sala de emergencias es para emergencias; necesidades especiales tendrán que esperar.

En ese preciso momento otro joven y guapo doctor anglosajón vino a mi cama; le dejé saber que el líquido de contraste que había bebido para la prueba estaba volviendo loco a mi estómago. El médico cerró algunas cortinas e inmediatamente improvisó un pequeño cuarto en el pasillo. Chequeó mi tubo de alimentación y confirmó que la medicina de contraste había trastornado mis órganos internos; un líquido amarillo estaba saliendo a través de una apertura pequeña en mi piel, contigua al tubo de alimentación.

La actriz en mi divisó otra oportunidad de salirme con lo que quería, que me removiesen el tubo. Mostré mi mas tierna sonrisa; era tan dulce que empalagaba, no tan evidente como la del gato de Shrek pero era bastante conmovedora. -¿Va a remover mi tubo de alimentación? Le pregunté al doctor con el tono mas inocente que pude pretender. -También se está saliendo. Le aseguré. Para convencer al doctor de que removiera mi tubo describí cuan dolorosos eran los gases provocados por la pompa y cuan incómoda era y como, en mi opinión, ya no la necesitaba pues también me alimentaba por boca y ahora ya estaba comiendo comidas saludables completas.

No se que me hizo olvidar que al que le hablaba era a un doctor. Estos doctores se las saben todas. No sólo han estudiado mas que cualquiera sino que han tratado a miles de personas y probablemente cientos habían tratado de sobornarlos, usando la actitud de la víctima exhibida por mi en ese momento. Pero como en dicho instante me encontraba tan decidida a hacer cumplir mi necesidad especial, no tuve tiempo de usar la lógica.

Estaba convencida de que había cubierto todas mis bases; sonaba convincente e inofensiva y mi petición se basaba en hechos así que ya estaba disfrutando mi victoria cuando el doctor, para mi total sorpresa, sacó lo que parecía aguja e hilo y comenzó a coser unos puntos en mi estómago para que el tubo de alimentación no se saliera por completo. ¡Ay no! ¿Vas a usar esa aguja y ese hilo para mantener ese tubo pegado a mi? Eso es lo que quería decirle pero me mantuve callada y observé el nada agradable suceso. Ciertamente no lo esperaba.

-Esto va a doler un poco. El doctor señaló e hizo tres puntadas que me dolieron considerablemente. Por qué será que cuando dicen: -esto va a doler poco, lo que en verdad quieren decir es: -agárrate porque esto va a doler muchísimo. Por supuesto, una vez te han advertido no quieres lucir como si no tuvieses modales así que no importando cuanto duela aguantas y hasta te las arreglas para mirar a otro lado, pretendiendo que ni siquiera te llama la atención. Cuando el terminó, finalmente pude respirar aliviada. Ay mamá, eso si que dolió. Ni modo, mi petición especial tendría que esperar.

172. Por mas cansado que estés,
lo mas probable el doctor ha tenido menos descanso que tu.

El médico entonces cambió mis gasas, las cuales estaban completamente mojadas otra vez, ahora con el líquido amarillo provocado por la solución contraste en el área alrededor de los tubos. Tengo que darle crédito por ello, al menos tener gasas secas cubriendo mis heridas me hacía sentir mejor; que bueno era estar seca otra vez. Esa noche algo llamaba mi atención mas que mi propia condición. Me preocupaba el doctor; lucía muy agotado. No pude resistir darle una receta al médico: -usted tiene que cuidarse ahora. -Necesita descansar. Le dije, no con ánimos de convertirme en su doctor sino preocupada porque lucía con menos energías que su paciente. -Aún no. El respondió amablemente. -Tengo que estar aquí por unas cuantas horas más. Le pregunté cuanto tiempo había trabajado ese día y descubrí que ya había estado allí por catorce horas. No en balde lucía drenado y sin embargo él no se preocupaba por si mismo; sus pacientes eran primero.

-¿Cuantas horas duermes? Le pregunté mientras me curaba. —Cinco, cuando tengo suerte. Respondió. ¿5 horas? Eso es casi la mitad de lo que duerme gran parte de la gente que conozco. Tan cansada y enferma como me sentía, era afortunada de ser atendida por alguien que había tenido menos tiempo para descansar, no sólo el día de hoy sino casi todos los días.

173. En una sala de emergencias todos están ocupados; si necesitas ayuda, debes pedirla.

El doctor partió luego de decirme que aún estaban esperando para llevarme a un CAT Scan. Probablemente la prueba no ocurriría; me tocaba esperar hasta que sucediera, sin la asistencia de mi madre o mi esposo. Sin ellos me sentía perdida pero dejarlos ir a descansar fue lo mas saludable; mis soldados necesitaban recargar baterías para estar listos para otra batalla. Mientras tanto, traté de dormir pero no pude. La parte superior de mi cama estaba levantada verticalmente y no contaba con las fuerzas necesarias para cambiarla de posición.

Traté de divisar alguna enfermera pero no había ninguna alrededor. Sentía como si estuviese repitiendo mi experiencia anterior en este mismo lugar. Una vez mas estaba en medio de un campo minado sin aliados para ayudarme. En ese momento me entraron deseos de ir al baño; a mala hora se le ocurrió a mi cuerpo hacer sus necesidades. No había ido al baño en mas de 12 horas pues no quería usar inodoros tan visitados por temor a infectar mi herida abierta. Algo me dice que esperé demasiado; esto era ahora alerta roja. Tenía que conseguir a alguien rápido así que traté de parar a cualquiera que me hiciese caso. Por mas que traté no logré detener a ninguna enfermera y opté por parar a un joven voluntario. El aceptó empujar mi cama hasta llegar al baño.

Esas eran buenas noticias; me las había arreglado para encontrar a un aliado en terreno hostil. Que bueno que en mi no había ni una onza de timidez. No quiero imaginar lo difícil que es para alguien tímido sobrevivir aquí. Cada empleado está ocupado salvando a alguien; si uno no habla y pide lo que necesita, lo mas probable nadie se lo de, a menos de que esté muriendo. El mismo voluntario empujó mi cama de regreso al pasillo. Se iba a marchar rapidito pero fui mas veloz que él y le pedí otro favor, que bajase la parte superior de mi cama para poder dormir. El voluntario así lo hizo. Le agradecí y me acomodé como mejor pude para dormir pero no tenía suficiente fuerza para acomodarme y cuando quise pedirle ayuda otra vez ya se había marchado. Ahora si que esto se puso difícil. El único aliado que había conseguido desertó demasiado rápido. Pude haberlo llamado otra vez pero me dio pena que estaba trabajando de gratis, muy tarde en la noche, y obviamente se quería ir. Eso significaba que una vez mas me las tenía que arreglar solita.

174. La sala de emergencias es súper ruidosa; trae algo de música si quieres dormir.

Estaba acostumbrada a que mis familiares siempre me acomodaban en la cama para poder dormir. Sin su ayuda mis probabilidades de caer dormida eran muy pocas. Me sentía muy débil para poder cuidar de mi misma. Cerré mis ojos tratando de obtener el tan necesitado descanso pero había demasiado ruido en el pasillo. No habían bombas explotando o el sonido de rifles y pistolas pero el corre y corre de camas, doctores, familiares, y pacientes era para mi igualmente ensordecedor y desesperante.

Me había acostumbrado tanto a la paz de mi cuarto que no me era posible caer dormida en este caótico lugar. Todo el mundo que venía a la sala de emergencias, a esa hora del día, caminaba frente a mi cama. Que lástima que no traje conmigo el mp3 que me había regalado mi esposo; me hubiese venido a las mil maravillas. Pero sin audífonos ni reproductor de música podía escucharlo todo y comencé a sentir la urgencia de regresarme a casa.

175. El CAT Scan se siente como una bola de fuego pero es inofensiva y de gran ayuda.

Sentí un gran alivio cuando un asistente de enfermera finalmente me recogió para la prueba. El sabía del largo tiempo que había esperado y me dijo que me seguían saltando porque había un gran número de víctimas de accidentes esa noche y ellos tenían que ser atendidos primero porque estaban en situaciones de vida o muerte. Mientras el asistente empujaba mi cama y me platicaba, dejamos atrás la ruidosa sala de emergencias y llegamos a un pasillo inmenso y totalmente vacío donde no se escuchaba ningún ruido.

Aquí si que no molestaba esperar. El asistente estacionó mi cama al lado de la puerta donde hacían la prueba del CAT scan y me dijo: -quiero que esperes aquí para que te vean y finalmente te atiendan. -De otra forma, seguirán dejándote para después. El asistente de enfermera tenía razón; tan pronto como los técnicos se asomaron y me vieron allí, decidieron hacerme la prueba.

A mi no me gustaba el CAT Scan. Si a esas vamos, no me gustaba ninguno de los estudios pero este era verdaderamente desagradable. Lo había tenido varias veces mientras estuve en el hospital; provoca una sensación de estarse quemando por dentro. Te sientes como una antorcha viviente y dicho sentimiento aumenta cuando inyectan más liquido de contraste en tus venas a través del suero. Esta dosis extra de medicina, según me explicaron, es para que todos los órganos puedan verse mas claramente y así poder descubrir que está mal. Ese líquido para aclarar la visibilidad de los órganos provoca esa sensación de estarse quemando vivo.

Cada vez que me hacían este examen, sentía como si mi cuerpo estuviese en llamas.

Permanecía calmada pero sentía como si fuese a explotar; era como si fuese una gran bola de fuego pero como ya tenía experiencia en la prueba, sabía que esta sensación sólo dura unos pocos momentos. También era de mi conocimiento el incalculable valor de este estudio para mi tratamiento. En esta ocasión su importancia estribaba en que revelaría la condición del páncreas y el daño, si alguno, que estaban causando los líquidos que salían de este órgano al resto del cuerpo. Estaba convencida de que mis oraciones habían sido respondidas. Seriamente creía que mi páncreas había comenzado a sanar por si sólo y que los doctores verían este milagro con esta prueba CAT scan.

*176. El que los doctores quieran estudiar
tu caso mas a fondo trabaja a tu favor.*

Culminada la prueba, me trasladaron de regreso al pasillo de la sala de emergencias; allí esperé cuatro horas más por el resultado del examen. Estaba exhausta; no había podido dormir. También estaba hambrienta y sólo quería irme a casa. A las 11:00 a.m. tres doctores vinieron a verme: una mujer y dos hombres. Aun con el cansancio me mantuve a la expectativa pues esperaba me dieran a conocer las noticias de mi milagrosa recuperación. La doctora fue la primera en comunicarme el resultado: -hemos decidido dejarte en el hospital por unos pocos días. Me quedé sin palabras pero mi mente estaba pensando mil cosas a la vez. ¿Escuché bien? Se supone que dijera que estaba sanada y me podía ir a casa. ¿Está bromeando verdad? Para ser un chiste es bastante de mal gusto. Pensé.

Pero los doctores no estaban sonriendo, estaban serios. No podía creer mi suerte y lloré mientras con voz entrecortada traté de convencerlos de que no me dejaran allí. -¿Pero por qué? -Me siento mejor. Les dije tratando de cambiar su decisión. -Tenemos que ponerte en observación y hacer más pruebas. Uno de los doctores masculinos respondió. Mi corazón estaba hecho pedazos, metafóricamente hablando claro esta; supongo que es bueno aclarar esto cuando se habla desde un hospital. Tenía tantas emociones encontradas. Por una parte sabía que lo que los doctores decidiesen era por mi bien pero por otra regresar a un cuarto de hospital realmente me aterraba.

<u>*177. Regresar a un hospital no es tan malo cuando ya tienes experiencia.*</u>

Estaba ponderando en torno a mi regreso al hospital cuando mi madre, Dios la bendiga, entró con una sopa hecha en casa. Que alivio me dio su presencia. Rápidamente comí la deliciosa sopa, con la urgencia de quien no ha ingerido alimento por demasiado tiempo; esta era mi primer cena en mas de veinte horas. Le expliqué a mi madre, con lágrimas en mis ojos, que tenía que quedarme en el hospital y que mi cama había sido asignada en ese momento. Supongo que esperaba que mamá se uniera a mi tragedia de novela pero ella me dio otra lección con su tranquila forma de enfrentar situaciones difíciles; serenamente me explicó que al menos ahora sabíamos que hacer.

Esperaba que mamá sintiera pena por su pobrecita hija. Quizás deseaba una lágrima o dos en solidaridad por mi desfortuna. En vez de eso, la autora terrestre de mis días fue tan relajada al respecto que también comencé a ver la situación de forma aceptable. A mi esposo le permitieron entrar para cargar algunas de mis pertenencias que habían traído de casa. El estaba igualmente tranquilo; no había drama ni me acompañaba en mi actitud de "pobrecita yo". Así que como no encontré a nadie que se uniera a mi momento de auto-pena renuncié a manifestar compasión por mi misma; expresar lástima por uno mismo no es tan divertido si nadie te secunda. Además, la deliciosa sopa que acababa de comer había calmado mi carácter irritable.

Mami tiene razón, ya somos expertos en estadía en hospitales y conocemos donde está todo y también sabemos lo que viene. Quienes están en desventaja son los nuevos, nosotros ya somos veteranos. Con esa alentadora perspectiva, mi esposo cariñosamente me ayudó a sentarme en la silla de ruedas y los tres partimos hacia mi nuevo cuarto en el 10mo piso.

178. Si te enfocas en los logros, en vez de los fracasos, sanarás mas rápido.

Según entré al cuarto me sentí más relajada. El ambiente parecía más tranquilo que en mi habitación anterior. Hasta las pacientes lucían en condiciones menos severas que mis antiguas compañeras. Un enorme televisor estaba encendido; se transmitía un programa de deportes. Quizás el regresar al hospital no era tan terrible como había pensado. Mi mama y mi esposo se quedaron conmigo hasta que culminaron las horas de visita y se encargaron de todo; me bañaron con toallas, peinaron mi cabello, sanaron mis heridas, me alimentaron, y mas. Por mi parte, podía lavar mis dientes.

Mario también trajo el artefacto mp3 con muchas canciones que me ayudaron durante mis días mas críticos. Mi prima Glorita me había enviado dos CDS con música religiosa y mi hermana Carmen me había enviado un CD de Mozart y un CD con música religiosa que me motivaba mucho. Mario también trajo la computadora portátil que nuestro amigo Lucio había prestado para que pudiese leer e-mails si me aburría. Violeta trajo revistas en español que compró en una tienda en el primer piso del hospital y un bolso lleno con comida de bebé, jugos naturales, y medicina para el dolor para su Jackie. También trajo una figura del Arcángel San Rafael para que recordara que los ángeles me protegían.

Qué alguien me refresque la memoria ¿por qué era que estaba sintiendo pena por mi? Si cualquier persona en las historias post-apocalípticas encontrara la cantidad de comida que tenía conmigo se pondría eufórica. No sólo tenía mas comida que la que podía comer sino que además contaba con entretenimiento, protección celestial, una familia, y un hospital cuidándome. De repente, ya no era una victima. Había todo un reino de mi lado como si fuese una gran reina.

Quizás las lágrimas cuando me notificaron que tenía que quedarme en el hospital respondían a una realidad que ya no era la mía. Estaba aún débil y en condición delicada pero me encontraba mejor que hace dos meses atrás cuando fui admitida por primera vez al hospital luego de mi accidente. Entonces estaba al borde de la muerte. Ahora hasta podía hablar y caminar, lento pero seguro. Una vez me percaté de esto, la idea de estar de regreso en el hospital no era tan aterradora después de todo. Había vencido muchos obstáculos, mis triunfos eran evidentes.

Una vez mis familiares se marcharon, conocí a mis nuevas compañeras de cuarto y me percaté de que estaba en mejor condición que al menos una de ellas. La dama había tenido un accidente de autos; estaba seriamente lesionada y no se podía mover de su cama. Una paciente de accidente automovilístico

¡ay no! ¿Significaba esto que tenía que prepararme para otra noche ruidosa? La observé detenidamente y me pareció muy civilizada. Estaba despierta pero no hacía ruidos. No se quejó ni una sola vez aun cuando tenía varios equipos controlando sus movimientos.

Ella si que se veía en muy mal estado. En cambio, mi condición física era mucho mejor que la de esa compañera. Aun cuando la otra paciente no podía mover ni un dedo, a mi me tocaba el lujo de no sólo caminar sino hasta de poder ir al baño. Mas fabuloso aún era el que con la ayuda de mi asiento para hacer más alto el inodoro hasta podía sentarme sin herir mi páncreas y lo mejor de todo era que no necesitaba ayuda de nadie. Me tomaría algún tiempo llegar al baño pero al menos podría hacerlo por mi misma. Gracias dama del accidente de autos por recordarme que estoy súper bien. Este no es un día malo después de todo. Con este pensamiento recibí la última inyección de la noche y me fui a dormir luego de dar gracias a Dios por ayudarme a sobrevivir tan largo día.

179. Si no te toca en intensivo o en traumas, habrá menos emergencias en tu cuarto.

Cerré mis ojos y mi corazón estaba lleno de felicidad cuando los abrí nuevamente y me percaté de que había dormido la noche entera, con sólo una breve interrupción para mi inyección. Nadie se había quejado en medio de la noche, ningún paciente fue admitido en condiciones críticas y no hubo ni una sola emergencia. Aparentemente este cuarto tenía convalecientes en mejor condición de salud que la sala de intensivo, la de emergencias, o el cuarto de traumas. Adicional a esto, hasta las visitas al baño eran posibles para mi en este cuarto; contrario al anterior, aquí no tenía que esperar por nadie para cambiarme el pañal.

Esa mañana, cuando los doctores vinieron estaba feliz de reportarles que me sentía bien. Parecían sorprendidos de que mi cuerpo estuviese reaccionando positivamente a pesar de que mis líquidos pancreáticos aún no estaban contenidos. Un nuevo y guapo joven doctor, alto, de tez blanca, y cabello negro, Dr. Boland, era quién dirigía a mi nuevo equipo médico. Llegó con otros doctores, incluyendo uno de mis médicos de cabecera originales, el doctor Hammond.

180. Confía en el hospital con escuela de médicos; los profesores supervisan a sus alumnos.

El Dr. Hammond es muy formal, quizás esta es su manera de estimular el respeto entre sus estudiantes de medicina. Por mi parte no soy muy convencional y como me encontraba tan contenta de ver a uno de mis antiguos doctores atendiéndome, no resistí besar su mano para expresar mi agradecimiento. Sus rojos cachetes delataron que el gesto lo tomó por sorpresa pero parecía satisfecho; al menos eso deduje al ver su tímida sonrisa. En mi pueblo natal es tan normal abrazar, besar, o tomar la mano de la persona que nos cae bien, independientemente de que sea familiar de uno o no, que muy a menudo no me percato de que ya no estoy en Kansas (Kansas siendo Puerto Rico, claro está).

Lo cierto es que el profesor, a manera de no perder la atención de sus alumnos, comenzó hablarles de mi condición de manera muy didáctica. El Dr. Hammond le preguntó a sus estudiantes que había sucedido y que se estaba haciendo con la paciente. También preguntó que precauciones se tomarían para contener los fluidos pancreáticos que salían de la apertura dejada por el tubo. Ni siquiera una mujer expresiva, besándole la mano, arruinaría su forma disciplinada de enseñar a sus estudiantes.

Más tarde, en ese mismo día, uno de sus alumnos, que también era mi nuevo doctor de cabecera, tuvo una idea. Junto a otra hermosa y diestra doctora pusieron un pequeño sorbeto/popote/paja en el hueco dejado por el tubo y a su alrededor posicionaron un cartón con pega y lo pegaron a mi cuerpo. El cartón tenía una bolsa plástica con una tapa que estaba perfecta para remover líquidos que salían del páncreas. Este proceso, como todos los realizados por médicos novatos, fue inspeccionado por el profesor. Para mi era un alivio el que la nueva bolsa fuese pequeña, contrario a las bolsas que recogían mis líquidos anteriormente. Por ende, no ocupaba mucho espacio. Esto hacía que mis movimientos fueran menos restringidos. Tanto los alumnos como el profesor y la paciente estábamos felices de percatarnos de que el invento funcionaba.

181. Si te lo han recetado, mantén siempre el medicamento para el dolor cerca de ti.

Me encontraba en mejor condición que cuando llegué al hospital la primera vez pero ese día comencé a sentir un dolor agudo donde el sorbeto había sido puesto. Le pedí a la enfermera algo de medicina pero se tardaba en llegar. Afortunadamente mi mamá había dejado varias píldoras, de las que me habían recetado, dentro de la mesita de noche. Así que luego de esperar un tiempo razonable (alrededor de cinco minutos) para hacer todo el proceso "legal" tomé mi propia medicina. En pocos minutos me sentí fabulosamente. Estaba feliz, relajada con la medicación y lista para los exámenes restantes e inyecciones del día.

Atrás habían quedado los momentos en que pasé seis horas con dolor agudo por un músculo torcido. Ahora no tenía que esperar por nadie. Para cuando la enfermera regresó ya habían pasado cuatro horas y vino sólo a informar que no había podido conseguir al doctor que aprobaría la medicina para el dolor. No se como no notó que esta paciente había hecho trampa y estaba "en un viaje". ¿Acaso no veía ella mi cara de "felicidad"? Le dije que me encontraba bien y que ya no necesitaba el medicamento. Luego, cuando se fue la enfermera, hasta bromeé con mis nuevas compañeras de cuarto; les dejé saber que tenía pastillas para el dolor a la venta. Las otras pacientes se rieron pero afortunadamente ninguna pidió medicamento. Aunque estuviese volando alto, mi plan de viaje era uno responsable.

Sólo tome una píldora. Sabía que esas medicinas hacen que uno se sienta feliz por un rato pero se desquitan con creces por mucho mas tiempo. No me entusiasmaban sus efectos secundarios, especialmente los calambres en mis piernas así que durante los días restantes preferí aguantar el dolor.

Capítulo 10

Dominando el arte de ser PACIENTE

*182. Una segunda estadía en el hospital
podría mostrarte cuanto has avanzado.*

EN ESE ENTONCES YA HABÍA ESTADO EN EL HOSPITAL por casi 40 días: 35 la primera vez y 5 en esta ocasión. Habían transcurrido 61 días desde mi accidente y había progresado bastante; podía comer, caminar, respirar, hablar, cepillar mis dientes, y más, todo lentamente pero era posible hacerlo. Podía también aconsejar a mis compañeras y "adiestrarlas" en los procedimientos que experimentarían. ¿Como no esparcir mis palabras sabias? ¿Que hay de divertido en un gran trauma si no puedes darle al mundo unas palabras no solicitadas de aliento? Les podía dar la primicia que sólo pueden otorgar los que han experimentado el desastre y han vivido para contarlo.

¿Quién hubiese pensado que mi traumática experiencia traería tantas cosas positivas? Mi dolor serviría para decirle a otros como sobrevivirlo y como siempre hay personas dispuestas a ayudarnos cuando estamos abajo. Este era, después de todo, un gran lugar para estar, un sitio para aprender y enseñar al mismo tiempo, para recibir y para dar, para ir más despacio y pensar en torno a lo que has logrado en tu vida y lo que quieres lograr antes de morir. ¿Acaso me encontraba bajo los efectos de la medicina? Ese no era el caso pero mi forma filosóficamente positiva de verlo todo era un tanto divertida para mis familiares. Ellos me aman tanto que me escuchan aunque esté filosofando y cuando hay una audiencia continúo hablando.

El estar de regreso en el hospital no era coincidencia; esto tenía que suceder. Sólo volviendo a este lugar podía darme cuenta de lo que había ganado de esta dolorosa experiencia y cuanto más obtendría al compartirla. Es por ello que cuando un enfermero en entrenamiento me dijo que escribiera todo lo que había pasado en un libro, el accidente comenzó a tener sentido para mi. Me había "graduado" en dolor y estaba lista para ayudar a los que estaban cerca y alrededor del mundo con los nuevos conocimientos adquiridos. Casualmente, nunca más vi a ese empleado. ¿Era en realidad un enfermero en entrenamiento o un ángel disfrazado dándome un mensaje claro?

Un ángel suena mas poético y hasta sobrenatural. No puedo confirmar ninguno de los dos. Todo lo que vi fue un enfermero humano que nunca mas volví a ver. Sus palabras me motivaron a escribir este relato, destinado a animar a quienes lo lean y hacerles saber que aun los eventos mas dolorosos se pueden sobrevivir porque siempre contaremos con ayuda en el camino.

183. Se amable con todos; los hospitales son pequeños y verás a la misma gente otra vez.

Al día siguiente me hicieron varias pruebas. Mi madre esperó por mi en una sala del 2ndo piso. Allí los asistentes de enfermeras recogían a sus pacientes después de estos exámenes. Fue allí donde volví a ver a la joven de Bangladesh; la misma que había conocido cuando ambas estábamos en la sección de traumas. Que experiencia agradable fue verla acompañada por mi mamá, quién la reconoció mientras caminaba por el pasillo. Muchas veces me pregunté si ella había ganado la batalla, si había sobrevivido la debacle de su tumor. Si estaba aquí significaba que al menos no había perdido la guerra aun y estas eran noticias grandiosas.

La joven nos dijo que había sido dada de alta dos días después de mi partida pero como aún devolvía todo lo que comía, tuvo que regresar al hospital y esta vez la pusieron en un cuarto aislado. Que pena sentí por ella; aún se encontraba en condición delicada. Lejos estaban los días en que sus llamados a las enfermeras me molestaban. Que bueno que nunca le dije lo incómodo que eran sus gritos. Haber sido prudente me ganó una nueva amistad; verla con vida me puso súper feliz.

184. Ayudar a alguien en peor condición que tu puede ayudarte a sentir mejor.

Sentí un poco de culpabilidad; sabía que si la mamá de la joven estuviese allí lo más probable hubiese sido alimentada correctamente y estaría en una mejor condición. En ese momento tuve una idea, no estaba su madre pero la mía si. ¿Que tal si mi mamá preparase algo de su mágica sopa? Quizás la joven de Bangladesh comenzaría a comer una vez más, sin devolver. Luego de varios minutos hablando, la joven tenía que regresar a su cuarto y todas intercambiamos abrazos.

Mami y yo permanecimos un poco más en el cuarto de espera y le compartí mi nuevo brillante plan para salvar al mundo, bueno quizás no el mundo entero sólo a la chica de Bangladesh pero eso era un buen inicio. -Tenemos que ayudarla. Le dije a mamá, poniendo a caminar mi actitud de estratega. -Estoy segura de que tu sopa es lo que necesita. -Pondrá su estómago más fuerte. Comenté a mi progenitora con un tono de complicidad, como si no quisiese que algún potencial espía descubriese nuestro brillante plan maestro.

Tal y como la gran camarada que ella siempre había sido, mi madre inmediatamente aceptó. Rápidamente planeó como traería la sopa al día siguiente. Su plan era sencillo pero muy efectivo; cargaría la sopa en un termo para que permaneciera caliente durante todo el día; simplemente brillante. Como adoro las ventajas de tener a una cómplice tan inteligente. Poniendo a un lado las historias de espías, ambas estábamos felices con nuestros planes para el próximo día.

185. Si alguien te acompaña,
no tienes que esperar a empleados que olviden recogerte.

Pronto nos dimos cuenta de que mi asistente de enfermera había olvidado recogerme. Algo que en mi previa estadía hubiese sido bastante triste por mi frágil condición no era tan alarmante en esta ocasión. Me encontraba en mejor condición física así que esperar no era tan doloroso. Además, mi consentidora madre estaba conmigo así que todo lo que teníamos que hacer era pedir permiso para regresar al cuarto, junto a la autora terrenal de mis días.

Según mami empujaba mi silla de ruedas para pasar por el lado del vestíbulo de enfermeras contiguo a mi nueva habitación, ellas se percataron de que nadie del personal me había recogido. Se disculparon preocupadas pero les dije que no había problema mientras apuntaba a mi mamá, quién les sonrió satisfecha. Hice lucir todo como que no era gran cosa pero en realidad me sentía tan orgullosa como los atletas luego de obtener la mas alta puntuación en las olimpiadas. Presumí a mi entrenadora, mi madre. Estos dos familiares mostraron que podían correr un tramo y llevarse la delantera hacia la mejoría aun si los otros miembros del equipo (las enfermeras) se habían quedado atrás.

Mi madre tenía una sonrisa que valía un millón. No les estaba echando en cara el olvido pero sabíamos que después de este recordatorio las probabilidades de que el descuido se repitiera eran pocas. En esta ocasión nada derrumbaba al equipo de madre e hija.

186. Preguntando se llega a Roma y por ende a cualquier cuarto en un hospital.

El dúo dinámico pudo ayudar a alguien más el día siguiente. Bueno, al menos quería verlo así; deseaba pensar que estaba ayudando aun cuando mi mamá era la que hacía todo el trabajo. No obstante ella es mi mamá así que eso tiene que contar algo ¿o no? Fuimos al piso donde habíamos visto a la joven de Bangladesh con un termo lleno de caldo hecho en casa. Esa mañana, Mario había llevado a su suegra a comprar el termo y allí ella puso la sopa que Dios mediante ayudaría a la joven a comer otra vez.

No sabíamos en que cuarto se encontraba la chica pero como recordábamos el piso nos aventuramos a llegar preguntando. Con la ayuda del andador caminé lentamente pero feliz al lado de mi madre, buscando el cuarto donde estaba la joven de Bangladesh. Encontramos la habitación luego de preguntarle a un conserje Afro-Americano de mediana edad. -¿Señor sabe donde están los cuartos aislados? Le pregunté al caballero quién lucía amable. -¿A quién están buscando? Respondió presto a ayudar. -No puedo recordar su nombre pero ella es de Bangladesh. Dije con pena por no saber como se llamaba. -Quizás es la dama que camina mucho con el palo. El hombre se preguntaba mientras consultaba con otro señor a su lado. Al menos yo no era la única que desconocía el nombre de la joven. -Ella está en el cuarto contiguo a las enfermeras. Dijo el amable señor y luego de agradecerle madre e hija nos dirigimos al mismo.

Entramos a un cuarto que se encontraba al lado del vestíbulo de enfermeras pero la joven de Bangladesh no estaba allí. Pregunté a una enfermera y nos llevó a una habitación que tenía un pequeño cristal para ver hacia adentro. En su interior distinguimos a la joven de Bangladesh. -¿Es ella? La enfermera nos preguntó. –Si. Respondí contenta por haberla hallado.

187. Los cuartos aislados son para proteger al paciente, no al visitante.

La enfermera nos dio instrucciones de ponernos guantes y una máscara antes de entrar al cuarto. Tan pronto se fue la empleada, madre e hija nos miramos brevemente, preocupadas por la joven de Bangladesh; si necesitaba tanto aislamiento, pensamos, debe de estar en condición muy delicada. No sabíamos si tantas medidas de salubridad eran para proteger a la joven o a nosotros. Entramos al cuarto y la chica se puso feliz de vernos. Estaba conmovida cuando mi mamá le dio el termo lleno de sopa hecha en casa. Buscó un envase para poner la sopa pero mami rápidamente le dijo: -es para ti. La joven de Bangladesh estaba agradecida y se puso más contenta cuando le aclaramos que también me estaba quedando en el hospital. Ella estaba bajo la impresión de que yo había venido sólo para una cita el día anterior.

Ahora que había descubierto que me encontraba a sólo unos pocos pisos prometió visitarme el día siguiente. También nos aclaró que las medidas de protección eran para protegerle a ella como paciente y a quienes le proveían el cuidado de salud.

188. Una persona en estado delicado de salud necesita motivación para comer.

Luego de una breve conversación sobre nuestras condiciones y familias el esposo de la joven llegó. Trajo varios artículos de comer a su chica de una tienda de comida naturista local. Algunos eran alimentos que pude recomendarle a ella cuando conversamos el día anterior y que podían ser calentados en un horno microondas. Que gusto me dio que me hubiese prestado tanta atención el previo día cuando le platiqué de las cosas que podía comer sin que me afectara el estomago. Saber que alguien te escucha, sobre todo si lo haces para ayudarle al compartirle lo que te benefició a ti, es gratificante.

Algunos artículos fueron recomendados por un vendedor de una tienda naturista; el esposo de la joven estaba contento de mostrar lo que allí compró. La chica de Bangladesh parecía motivada a comer, ahora que habíamos platicado sobre como recobré el deseo de ingerir alimentos. Estas comidas estaban destinadas a crear el mismo efecto en la joven de Bangladesh y la posibilidad de que su esposa ingiriese alimentos otra vez, sin devolver, realmente entusiasmaba a su marido. Todos nos estábamos esmerando en encontrar la forma en que ella pudiese comer sin devolver. Había esperanza en el aire para ella y esto nos hacía felices a todos. -Comienza poco a poco. -Seis cucharadas está bien para empezar para que no devuelvas. Le comenté en torno a la sopa con la actitud de "ya estuve allí, ya lo hice". Un incidente como el mío tenía que ser bueno para algo ¿o no?

Era mi intención esparcir mi recién adquirido conocimiento y como contaba con una audiencia cautiva aproveché la ocasión. -Luego, poco a poco, aumenta la cantidad hasta que tu estómago se ponga fuerte. Le dije a la joven con la sabiduría y seguridad de quien ya ha atravesado el mismo incidente. Luego de unos instantes me comencé a sentir un poco débil y necesitaba descansar. Esta motivadora tenía todo el espíritu de animar pero carecía de las energías físicas para continuar. Todos dijimos adiós con la promesa de visitarnos otra vez y de conocer si este esfuerzo por motivar a la joven de Bangladesh a comer funcionaba. Mañana platicaríamos al respecto, ahora necesitaba recargar mis propias "baterías".

> <u>189. Ayudar a otros cuando estés físicamente mejor
> hará que te sientas útil otra vez.</u>

Ese día madre e hija nos sentíamos felices; no sólo ayudamos a alguien mas sino que también este nuevo deber parecía infundir más fuerzas en mi. Casi sin darme cuenta, había caminado con mi andador desde el piso 10 hasta el segundo. Claro, estaba el elevador para llevarme entre pisos pero me sentía como si hubiese logrado la mas grande hazaña; en mi aun delicada condición el haber caminado desde mi cuarto hasta el elevador y luego hacia otro cuarto era en realidad asombroso.

Para alguien lleno de salud eso no es nada pero para alguien tan delicado era tan meritorio como subir el monte Everest. Bueno quizás no tan espectacular, a lo mucho mi caminada equivalía a subir una simple loma pero eso no impresiona a nadie así que al que me pregunte le diré que soy toda una atleta. Estaba tan feliz con mi nueva misión que para mi el esfuerzo valía como si hubiese traído a casa una medalla de oro. Me sentía útil otra vez y eso me hacía sentir mejor.

190. El que alguien te acompañe puede ser la diferencia entre la vida y la muerte.

Cuando madre e hija llegamos a mi cuarto había una gran conmoción en el. Mario notó que la paciente que no se podía mover por sus múltiples fracturas se estaba ahogando. Sabiendo que no le era permitido asistir a otras convalecientes él rápidamente llamó a las enfermeras; ellas a su vez cambiaron la posición de la cama pues la paciente del accidente se estaba ahogando con su propia saliva y no podía cambiar su posición o pedir ayuda. Unos pocos segundos más y se hubiese ahogado si Mario no la hubiese visto y hubiese alertado a las enfermeras. Ni quiero imaginar que habría pasado si mi esposo no hubiese estado allí. El tener a alguien pendiente a uno en un hospital es una de las mejores formas de prevenir catástrofes.

Que día para toda la familia era este; habíamos venido al hospital buscando ayuda y terminamos socorriendo a otros, casi sin proponérnoslo. Espiritualmente este lugar es como una universidad donde a través de duras experiencias de la vida real y dependiendo de las selecciones hechas, cualquiera puede obtener un grado en "mejoramiento del alma". Los doctores, varias enfermeras, y algunas asistentes de enfermera habían pasado el examen con altos grados; mami, mi esposo, y yo estábamos por buen camino. Todos nos enseñaron con su ejemplo que al ayudar nos estamos ayudando a nosotros mismos.

191. Conocer la condición de tus compañeros de cuarto es beneficioso para todos.

Esa noche me sentía feliz aún cuando mis parientes se habían ido; sabía que mi cuerpo estaba respondiendo bien al tratamiento. Hice amistad con todo el mundo en mi nuevo cuarto e indagué sus condiciones, en caso de que hubiese una emergencia. Una anciana que sólo hablaba español fue admitida al hospital luego de caerse de una escalera en su casa; otra que se cayó de una escalera. ¿Ven como no soy la única torpecita? En realidad debo admitir que soy mas torpe pues la señora me lleva como 30 años. Pobrecita, se había dislocado la parte de abajo de su pierna pero parecía estar relajada. No podía moverse de su cama. Todo lo que hacía era orar con su rosario a toda hora, hasta a las 2 de la mañana mientras todas dormíamos.

Al lado de la dulce anciana estaba la mujer Hispana que estuvo a punto de ahogarse con saliva. Se encontraba entre sus 30's o principios de sus 40's. No podía moverse debido a sus fracturas luego de un choque automovilístico. O necesitaban arreglo las autopistas de Los Ángeles o tenemos que enviar a mucha gente de regreso a la escuela de manejo. Esta era la tercera paciente inmovilizada por un accidente de auto en mi cuarto, dos en el anterior y una en este. Los cuartos con varones tenían aun mas de este tipo de pacientes. Afortunadamente esta mujer no era como las otras dos pacientes de la previa habitación. Ella no era un bebe llorón. Muchas veces estaba adolorida pero contaba con la bendición de una inmensa familia y amigos que constantemente la visitaban y la ayudaban a comer, entre muchas otras tareas.

A su lado estaba otra mujer Hispana que tenía alrededor de 20 años y que trabajaba en una tienda por departamentos. Me comentó que le había pedido a Dios unas vacaciones pero prometió ser más específica en sus oraciones la próxima vez ya que obtuvo una vacación, el hospital, pero ella hubiese preferido otro destino. Esta joven se encontraba aquí por un dolor agudo en su abdomen. Su primer gran prueba sucedería al día siguiente y estaba muy nerviosa. Traté de hacerla sentir mejor, diciéndole que también me habían hecho ese examen y que no causaba dolor. La joven mujer no estaba muy convencida pero creo que mi seguridad le dio algo de alivio.

En realidad no me habían hecho ese examen; era la prueba con la pequeña cámara que el gastroenterólogo había decidido no realizar en mi. Sabía que la joven paciente se sentiría mejor si escuchaba de alguien que lo hubiese experimentado. Mentí pero no me sentí culpable al respecto porque sabía que la joven necesitaba todo el ánimo que pudiese obtener pues estaba aterrada porque nunca le habían hecho un examen en un hospital en su vida.

Ahora que conocía las condiciones de todas las pacientes en el cuarto me sentía mas tranquila. En las noches cuando no hay ni familiares ni empleados cerca, nosotras mismas éramos nuestra mejor ayuda pues podíamos solicitar socorro por la otra, en caso de que no pudiese hacerlo la paciente en cuestión.

192. Trae equipo de entretenimiento pero escóndelos bien cuando duermas.

La paciente en sus 20's y yo teníamos algo en común: habíamos venido al hospital listas para vencer el aburrimiento. En mi caso, tenía un artefacto mp3 mientras la joven mujer poseía un artefacto mp3 con audífonos "bluetooth". A mi me habían prestado una computadora portátil mientras mi compañera tenía su propia máquina DVD con pantalla incluida. Ambas poseíamos muchas películas en DVD y las intercambiábamos cuando la otra culminaba. Era tan surreal el ver a estas dos pacientes, sus camas frente a frente con los artefactos tecnológicos más recientes dentro de un cuarto de hospital.

Habíamos sido advertidas por un asistente de enfermero a que guardásemos todo bien mientras dormíamos pues la gente inescrupulosa aprovecha cuando los convalecientes duermen para robar. Le hicimos caso y por suerte nada de lo nuestro desapareció.

193. Ver que otros están en peor estado que tu
te rebelará cuan afortunado eres.

Al día siguiente enfrenté una situación que había vivido varias veces en mi cuarto anterior; mi compañera de habitación en la cama contigua se iba a casa. Era una mujer de mediana edad, Hispana, que había desarrollado una hernia mientras cargaba pavos pesados para ser cortados en partes para la venta. Aparentemente cargó más de lo que podía y su cuerpo decidió que necesitaba un receso de ese trabajo.

La intuición me dice que el preparar pavos para la venta, en temperaturas que congelan, no estaba entre su lista de primeras 10 opciones de trabajo cuando llegase a los Estados Unidos. Desafortunadamente la situación financiera en su casa parecía ser muy dura y sus planes eran regresar a trabajar al mismo lugar que había provocado su hernia. Para mi, la reina del sentido común, ese era un plan absurdo. Sin embargo, mi reino no se parece al de esta dama. Soy ciudadana Norteamericana; puedo irme y regresar cuantas veces desee. Mi compañera de cuarto, por su parte, no puede irse pues si lo hace nunca podrá regresar. Su estatus legal en los Estados Unidos aún está pendiente. Por ende tiene que aceptar trabajos que otros Americanos rechazan, los más difíciles, de menor paga, menos glamorosos, y altamente físicos.

Su educación tampoco es la mejor. Desde que ella tiene uso de razón tiene que trabajar; los estudios fueron un lujo que nunca se pudo dar. Adicional a esto, dicha paciente no cuenta con el mismo apoyo que recibo de mi familia. Sus parientes le ayudarían pero hasta cierto punto, el cual no parecía incluir darle tiempo para sanar y encontrar un mejor trabajo. Mientras en mi caso contaba con el 100 por ciento de apoyo familiar, mi compañera de cama contigua no poseía tanta suerte aun cuando tenía esposo e hijos mayores de 21 años. Esta paciente me mostró, sin intención de hacerlo, que mis problemas eran pequeños al lado de los suyos. Dicen que el que otros estén en peor situación no es aliciente pero al menos es un recordatorio de que si otros en peor situación tienen el coraje de seguir adelante, nosotros también podemos.

194. -Esto también pasará.

Ese día mi compañera de cuarto abandonó el mismo para esperar por sus parientes en el primer piso. Ellos estaban tarde y ella sabía que su cama era necesaria para otra persona así que se despidió de mi y se fue a esperar a su familia en el recibidor. No me dio tristeza el ver a mi nueva amiga partir mientras me quedaba en el cuarto. Esta vez no estaba tan desesperada por ir a casa. Me encontraba aún en condición delicada pero estaba mucho mejor que cuando llegué. Podía lidiar con quedarme en el hospital hasta que mis doctores me diesen de alta.

Ese día mi esposo y mami vinieron a verme a las once de la mañana, tan puntuales como siempre. Para este entonces ellos eran extremadamente hábiles en la rutina de "sanación": mami limpiaba mi cuerpo con toallas, a mi me tocaba lavar mis dientes y peinar mi cabello mientras Mario traía nuevas películas en DVD para que viese en la computadora portátil. Luego los tres intercambiábamos conversaciones en torno a quienes enviaban sus saludos o cualquier novedad. Cuando habíamos hablado lo suficiente, cada uno tenía un libro o revista para leer, tal como la familia que habíamos visto cuando primero llegamos al cuarto de traumas. En aquel entonces, sólo podíamos soñar con el día en que me sintiera lo suficientemente bien como para sentarme a leer. Recuerdo que en esos días mi hermana me repitió una frase que a ambas nos gusta mucho: -esto también pasara. Cuan sabio es ese dicho, cuan profética y profunda su enseñanza. Lo peor había pasado; había completado el círculo y mi familia junto a mi.

195. En un hospital todo puede cambiar en segundos.

Esa tarde la joven de Bangladesh me visitó. Vino con el tubo de cargar el suero y medicamentos y tenía una máscara puesta en su rostro y guantes en sus manos. Lucía como un personaje directo de una película de ciencia ficción; sin embargo, no parecía darse cuenta o no le molestaba. A mi madre y a mi nos causó gran felicidad verla otra vez. La joven nos comunicó que había comido seis cucharadas de sopa y su cuerpo las había aceptado. Era un gran comienzo y todos estábamos feliz al respecto. Ayer no podía ingerir nada y hoy su cuerpo había aceptado el alimento. Le dije que ahora tenía que aumentar la dosis poco a poco para que su estómago se pusiese fuerte como se puso el mío. Le hablé como una madre a un niño chiquito; sentí que era mi responsabilidad lograr que esta joven volviera a alimentarse. Charlamos un poco más y pronto fue hora de que la chica de Bangladesh regresara a su cuarto a descansar. Prometimos vernos otra vez al día siguiente.

Poco imaginé que una de mis nuevas doctoras me haría una visita sólo veinte minutos después de que la joven de Bangladesh se había ido. -¿Te gustaría regresar a casa esta noche? La rubia y hermosa joven doctora me dijo. Sorprendida miré a mami y a Mario. —Claro. Fui rápida en responder. La doctora inmediatamente salió del cuarto. Unos segundos antes yo había prometido recibir la visita de otra paciente al día siguiente pero en un hospital hacer planes no es algo muy sabio. Miré a mami y lágrimas cubrieron nuestros ojos. No había necesidad de palabras. ¿Sería esto todo? ¿Concluiría aquí mi odisea? ¿Acaso mostró mi examen que un milagro había ocurrido y un órgano que no se supone que se regenere, como el páncreas, lo había hecho? Siempre había soñado en grande ¿por qué detenerme ahora?

Otros hubiesen estado felices con simplemente salir del hospital con vida pero a mi me apetecía el plato principal; quería ser la primera persona en reportar que tenía un páncreas que se había auto-regenerado. Mientras lloraba feliz junto a mi madre, Mario no podía entender la razón de nuestras lágrimas. -¿Y por qué lloran? Preguntó. Los hombres simplemente no entienden. Las mujeres lloramos y sabemos exactamente por qué y si no sabemos, lloramos de todas maneras para mostrar solidaridad. Mi esposo apoyaba pero no era una mujer y por lo tanto no estaba en la misma línea de pensamiento así que le tuve que explicar. -Es que hemos pasado tanto y... Respondí mientras comencé a llorar. Hasta ahí llegó mi habilidad para explicar lo que sucedía a mi esposo. Mami me acompañó en mi emoción así que tampoco podía explicar. Mario lucía confundido y su cara sólo nos hacía reír mientras lagrimas felices cubrían nuestros ojos. Mi destino había cambiado en segundos y no podíamos estar mas felices.

JACKIE TORRES

196. Si te preguntan si quieres ir a casa, prepara tus pertenencias pues regresas a casita.

Todos sabíamos lo que teníamos que hacer y gustosos probaríamos cuan diestros nos habíamos convertido en la materia. Así que con nuestra música imaginaria y en cámara rápida comenzamos a empacar todo tan velozmente como pudimos. Mamá puso todo en bolsas. Mario ubicó la computadora en su portafolio. Yo puse mi artefacto mp3 y mis cepillos en una bolsa y rápidamente me cambié de ropa. Sin perder tiempo, mi esposo llevó todo al auto y regresó con mi silla de ruedas. Si hubiésemos estado en uno de esos programas de juegos donde compites para hacer todo en un minuto o menos, hubiésemos ganado.

Para cuando la enfermera vino a notificarnos que había sido dada de alta y que mi próxima cita sería en dos semanas, ya me encontraba sentada en mi silla de ruedas con mis propias ropas puestas y con esa presumida y al mismo tiempo relajada mirada de una experimentada paciente. Mi madre y mi esposo tenían la misma actitud de quienes ya tienen bastante experiencia en la materia. No pudimos resistir presumirle a la enfermera que sabíamos lo que nos iba a decir. Claro, no éramos tontos; dejamos que ella hiciera su trabajo, simplemente no brincamos de la emoción. Nosotros éramos el grupo "chévere", "chido", "cool". Teníamos la actitud de "ya estuve allí, ya hice eso" sin necesidad de sacarlo en cara.

La enfermera sonrió; ella también tenía la actitud de "ya estuve allí" y reconoció la nuestra. La empleada nos dio bastantes artículos de curación para que mi mamá pudiese cambiarme las gasas de la herida abierta en casa. Debido a que el doctor no nos dijo cuales habían sido los resultados del examen, sólo podíamos especular en torno a ellos; sin embargo, estábamos sorprendidas de descubrir que mi dosis de inyecciones había sido duplicada. No descubriríamos por qué hasta mi próxima cita pero estaba feliz de ir a casa, no porque me urgiese salir del hospital como la primera vez sino porque el marcharme en esta ocasión significaba un mejor estado de salud.

197. Cuidados del hospital + familia + paciencia +actitud positiva = SALUD

No nos dijeron cual era el estatus de mi páncreas. Todo el que me conocía estaba orando por un milagro; queríamos que ese órgano sanara completamente y que fuera uno sólo, no uno partido. Nunca paramos de pedirlo en oración. Estaba convencida de que Dios me había sanado y sólo esperaba que los doctores lo confirmaran. No le pregunté a mis médicos sobre el estado del páncreas. Supongo que había aprendido a ser paciente. Por ahora mantendría mi actitud de persona en control e iría a casa con mi familia a continuar nuestra rutina de sanación.

El aumento en medicamento que me dieron venía con un alto costo; mi piel estaba seca y dura y mi cabello se estaba cayendo tan drásticamente que todos comenzamos a evaluar si afeitar mi cabeza como los pacientes de cáncer sería necesario. Pero esto no me preocupaba mucho; lo que importaba era que mi salud estaba mejorando. ¿Quien lo diría? En el mundo "normal" no sería una dama aceptable a menos que mi cabello y piel lucieran saludables. No estaba presentable para exponerme en nuestra sociedad regular y de alguna forma esto no me molestaba ni en lo mas mínimo.

Los publicistas que se alimentan de la necesidad de la gente en "lucir bien" se hubiesen ido a la bancarrota conmigo en este momento de mi vida. Ahora tenía otra forma de medir quien "lucía bien" y no tenía nada que ver con algo que pudiese ser publicitado o comprado. Mi meta era tener salud otra vez y la forma de lograrlo, fuera de los cuidados del hospital y la familia, eran paciencia y una actitud positiva, ninguna de las cuales viene empacada.

198. Con buen cuidado
se puede eliminar la necesidad de otras operaciones.

Un día fui de regreso al hospital para un chequeo; allí mi nuevo doctor de cabecera me examinó. Me urgía saber cuando sería mi próxima operación. De forma secreta el médico me dijo que a lo mejor no necesitaría otra cirugía. Me estuvo raro que tuviese que darme tan buenas noticias como si no quisiese que nadie mas escuchase. Que triste es que los doctores tengan que gastar su valiosa energía en cerciorarse de que no los demanden. Como sociedad, debería darnos vergüenza el que exista tanta gente tan enfocada en ganar dinero donde no lo trabajaron. Este es el caso de las personas que demandan a los doctores por cualquier cosa. La actitud de hacer dinero fácil de tantas personas, en esta parte del mundo, es realmente vergonzosa.

El doctor continuó su conversación diciéndome que no necesitaría otra cirugía; esto dependía de los líquidos que salían del páncreas. Si se detenían, la operación no sería necesaria. Este mensaje "confidencial y extraoficial" era una excelente noticia para mi pues no me gustaba nada la idea de otra cirugía. Sin embargo, estaba un poco confundida; tenía la impresión de que la cirugía era para arreglar el páncreas pero ahora había descubierto que era para secar líquidos pancreáticos. ¿Entonces cual era el estatus de mi páncreas? No habían respuestas para esto aún y tampoco presioné por ellas. Mis recién adquiridas destrezas de paciencia estaban en pleno despliegue. Lo que si sabía es que estaba tan bien que no tendrían que operarme otra vez y esta era razón suficiente para celebrar.

*199. Si el doctor y quienes te cuidan aprueban algo,
la opinión de los demás sobra.*

Con este positivo prospecto la navidad llegó y fui lo suficientemente bendecida como para pasarla con mi familia, quienes me mimaban constantemente. Aún me estaba rehabilitando; caminaba lentamente con la ayuda del andador, tenía que ser muy cuidadosa con todo lo que comía y era curada dos veces al día por mi mamita, Violeta. Estaba feliz de pasar tan gran ocasión junto a mi familia. Fuimos a las montañas para despedir el año. Otros amigos y parientes estaban muy preocupados por esto; no pensaban que estuviese lista para un viaje.

¿Por qué a todo el mundo le gusta compartir opiniones no solicitadas? No me malentiendan, apreciaba su preocupación pero era mi momento para finalmente obtener algo de control sobre mi vida y no iba a renunciar a ese derecho sólo porque alguien mas pensara que debía quedarme en casa. Que vayan y se queden en una cama de hospital por dos meses y luego traten de decirme que hacer. Es siempre mas fácil decirle a alguien mas que haga algo que nosotros mismos ni siquiera sabemos si podríamos soportar. Estaba sintiéndome un poco rebelde. Para mi suerte ambos, mi madre y mi esposo, estaban cansados de estar en casa también. Así que su aprobación y el permiso del doctor era todo lo que realmente necesitábamos. La preocupación de cualquier otra persona era apreciada pero no tomada en consideración.

Necesitábamos irnos tan lejos como pudiésemos de cualquier ambiente de hospital.

Nos fuimos rumbo al norte en un viaje que duró alrededor de ocho horas. Estaba tan feliz de ver las montañas de California repletas de nieve que bien valía la pena. Nos detuvimos a mitad de camino porque se desató una tormenta de nieve y tuvimos que quedarnos en un pequeño hotel que estaba como a una hora de nuestro destino: el Lago Tahoe. Yo estaba emocionada por todo hasta por la tormenta de nieve. A mami le causó estrés, se preocupó por mi; ni idea tenía de que su hija estaba emocionadísima. Es mas, si por mi hubiese sido esa misma noche hubiésemos atravesado las montañas, en plena tormenta de nieve. Y que conste que esta vez no tenía medicamento en mis venas pero estaba tan contenta que la adrenalina me mantenía en movimiento. Después de haber estado encerrada en un hospital, salir y ver esas montañas llenas de peligrosa nieve alimentaba mis deseos de existir.

Afortunadamente, mi madre vio el desastre antes de que ocurriera y decidió que nos quedáramos en un pequeño hotel que encontramos, justo antes de las montañas. Para ese entonces mis gasas necesitaban ser cambiadas, algo que mami pudo hacer tan pronto como llegamos al cuarto. Sin perder tiempo, mamá y mi esposo transformaron la cama de hotel en una de hospital; pusieron almohadas por todas partes y prepararon el área para limpiar mis heridas. Estaban preocupados por mi pero esta paciente se estaba divirtiendo muchísimo.

200. Después de la tormenta vendrá la calma; lo mismo sucederá en tu vida.

Dos días después nuestra familia despidió el año en un acogedor restaurante rodeado por montañas. Mi vestimenta es un festivo y elegante traje de pantalón rojo, mi primer atuendo de civil en buen tiempo. Que elegante me sentía; había usado pijamas por demasiado tiempo. Mi maquillaje maravillosamente esconde los rastros del accidente. Bajo mis coloridas ropas estaban mis tubos y la herida abierta cubierta por gasas pero estaba tan flaca que todo cabía sin problemas. Para mi suerte, lo único que la gente veía esa noche, en este restaurante digno de una postal con vista de ensueño del Lago Tahoe y rodeado por montañas repletas de nieve, era una mujer llena de vida con una inmensa sonrisa en el rostro y con una corona en su cabeza que decía: "Feliz Año Nuevo".

Estaba compartiendo este gran momento con mi esposo y mi mamá. Después de dos tormentas, la de anoche de nieve y la de mi accidente, estar en este lugar festejando era una clara prueba de que después de una tormenta siempre llega la calma. Nuestras sonrisas valían millones. Mi hermana gemela, su esposo, y sus padres nos acompañaban. Era un frío día de invierno en las montañas de California y Nevada, en los

Estados Unidos ero el calor y la felicidad que se sentía en este acogedor restaurante era increíble. El lugar estaba lleno de entusiastas familias que compartían la noche de año nuevo con sus seres queridos.

<u>201. *Valerse por uno mismo es una*</u>
<u>*de las metas primordiales de cualquier persona enferma.*</u>

Hoy, mas que nunca, estaba feliz de tener el permiso de mi doctor para ingerir comida por boca. Podría saborear las delicias que el chef había preparado para esta ocasión especial y que hacían agua mi boca. Estaba sintiendo tanta alegría esa noche que apenas me percaté de los dolorosos gases provocados por la comida, los líquidos y los medicamentos en mi ahora frágil estómago. Con orgullo le dije a todos que iría al baño, sin ayuda de mi andador. Mis parientes apoyaban mi empeño de vivir una vida "normal" tan pronto como fuese posible pero no podían evitar echar un vistazo mientras lentamente me abría paso hacía el baño mas cercano.

Usaba las paredes a mi paso para apoyarme cuando un hombre maduro en sus 60's me vio y con un tono de complicidad exclamó: -¿feliz año nuevo, verdad? Luego me guiñó su ojo derecho. Le sonreí, no había necesidad de traducción; él obviamente pensó que estaba borracha y que esa era la razón por la cual caminaba lento y me apoyaba con las paredes. No sentí la necesidad de explicar. Estaba feliz en descubrir que la gente me veía como alguien "normal" otra vez. "Feliz Año Nuevo", las palabras del anciano hacían eco en mi mente mientras una sonrisa satisfecha cubría mi rostro y completé mi recorrido. Que hermoso era poder ser una mas de la sociedad y mas grandioso aun poder valerme por mi misma, saber que al menos para esta labor no tendría que molestar a nadie mas. ¡Este sería, después de todo, un mejor año!

202. Cuando desees un tubo removido,
solicítalo al doctor de cabecera.

Regresé al centro médico temprano en enero, llena de energía para enfrentar los meses de rehabilitación que aun restaban. En esta visita pedí que mi tubo del estómago fuese removido. La doctora que me atendió tenía rasgos físicos del Medio Oriente y formaba parte de mi nuevo equipo de doctores. Ella estaba dispuesta a quitarme el tubo pero necesitaba permiso de mis médicos de cabecera y ellos no se lo concedieron. Eso me desanimó pues el tubo me hería cuando rozaba mi piel y afectaba todos mis movimientos. Además ya no tenía ningún uso pues se había puesto allí en caso de que surgiera otra operación.

Mi próxima cita sería el mes siguiente y no quería esperar tanto tiempo cargando ese pesado tubo en mi estómago. Cuando mami, mi esposo, y esta paciente estábamos a punto de partir, nuestra amiga Elba apareció; venía ayudar con el papeleo de solicitud del plan médico del estado para mi. Para este entonces mi cuenta del hospital era más de lo que había ganado en toda mi vida. Elba sabía esto así que fue al primer piso del hospital para cerciorarse de que mi solicitud estaba siendo tramitada.

En el elevador le comenté a Elba de mi tubo sin uso en el estómago y como el personal del hospital se rehusaba a removerlo. Ella sugirió que habláramos con mi doctor de cabecera y sin pensarlo dos veces fuimos a su oficina; allí Elba encontró a una de sus antiguas amigas de sus días de empleada en el hospital, quien para mi suerte resultó ser la secretaria de mi doctor de cabecera. El doctor Salim no estaba, había ido con sus estudiantes de piso en piso a visitar sus pacientes. Dejé una nota para el médico con su secretaria y me resigné a la idea de que no le vería hoy.

Todos estábamos saliendo de su oficina cuando vi al Dr. Salim con varios de sus estudiantes frente al elevador de personal. No se de donde saqué las fuerzas pero tan rápido como pude caminé con mi andador hacia ellos y los alcancé, justo antes de que entraran al elevador. -Dr. Salim. Exclamé mientras me acercaba para cerciorarme de que no pudiese escapar. -Se que está ocupado pero ¿podría preguntarle algo rapidito? Le dije casi obligándolo a salir del elevador. El Dr. Salim se me acercó mientras los otros doctores partieron en el elevador. Le acompañaba el Dr. Boland, mi nuevo médico de cabecera. Esta era mi gran oportunidad, algo que se da una sola vez en la vida; era ahora o nunca. Debía ser rápida en convencerles de que me liberaran de esos molestosos tubos así que hablé tan veloz y claramente como pude. -El tubo en mi estómago realmente me duele. -Se atasca en todas partes. -¿Lo podría remover por favor, por favor, por favor? Cara tierna activada para conmover a los doctores. -Si alguien puede hacerlo, son ustedes. Les dije con un tono dulce y convincente. Entonces añadí: -también mi pompa de alimentación no ha trabajado en más de una semana. He estado comiendo comidas completas desde hace algún tiempo y mi cuerpo ha reaccionado grandiosamente. -¡Por favor! Les supliqué una vez mas.

El Dr. Salim miró al Dr. Boland; ambos intercambiaron información sobre mi. Se comunicaron en términos médicos que para mi sonaban como si estuviesen hablando un idioma extra-terrestre. No estaban convencidos de qué hacer. Sabía que si convencía al profesor el estudiante accedería. -Por favor. Volví a suplicar al Dr. Salim con el más dulce tono. Estudiante y profesor intercambiaron mas detalles con énfasis en los líquidos pancreáticos. Lo único que podía inferir de su conversación era que el Dr. Boland le estaba comunicando al Dr. Salim a través de medidas y expresiones médicas que los líquidos estaban disminuyendo constantemente. -De acuerdo, sácalos. Dijo el Dr. Salim. Sonreí feliz y mi familia conmigo.

Una gran orquesta interpretando música de triunfo llenaba el callado pasillo en mi mente. ¡Yupi! Esta paciente saldría con dos tubos menos de este hospital.

203. *Los tubos del estomago salen fácilmente.*

Sin perder tiempo el Dr. Boland me llevó a la unidad de cuidado intensivo, la cual estaba justo al lado del pasillo donde conversábamos. Era la misma sala donde esta paciente había estado por los primeros diez días en el hospital. Entré y me senté en una silla mientras el doctor pidió unas tijeras. Una de las enfermeras ofreció un cuarto privado para el procedimiento pero el médico dijo que no lo necesitaba. Me preocupé un poco; el tenía tijeras en sus manos y se estaba poniendo guantes. ¿Acaso haría el procedimiento allí mismo y sin anestesia? No cuestioné nada dado a que quería los tubos removidos.

El doctor me dijo que sostuviera mi camiseta y pensé que iba a echarle un vistazo a mi abdomen. De repente sentí algo saliendo de mi estómago. ¡Eran los tubos! Habían sido jalados al mismo tiempo; dolió un poco pero era el impacto de verlos saliendo repentinamente de mi estómago lo que más me sorprendió. El médico era muy bueno; no había duda. Pero él ciertamente estaba tan acostumbrado a este tipo de procedimiento que me pregunto si tenía la más mínima idea de lo que significaba estar en el lugar del paciente.

Todo lo que él tenía eran tijeras en su mano y la mente del paciente puede viajar a lugares misteriosos muy rápido. Pensé que el doctor iba a cortar mi piel de alguna manera. No me culpen a mi; culpen a Jason, Freddy Kruegger, o a cualquiera de esos asesinos que salen en los noticieros y que con un cuchillo o cualquier objeto puntiagudo, tales como tijeras, cortan a sus víctimas. Así que los pocos momentos antes de que el médico jalara los tubos sentí ganas de gritar; me contuve porque era mas mi deseo de quedarme sin ellos que el de pedir auxilio. Que bueno que no grite; imagínense que ridícula me hubiese sentido al percatarme de que las tijeras eran sólo para cortar los dos puntos que aguantaban el tubo de alimentación. Afortunadamente aquí no había nada que lamentar. Casi tan pronto como el médico jaló mis tubos anunció que eso era todo. Me inquieté por las heridas abiertas dejadas por esas mangueras y le pregunté al doctor que debería hacer para curarlas, no fuese a ser que se infectaran con algún virus en este lugar. El médico, sin proponérselo, me mostró cuan desinformado era mi temor cuando subió mi camisa para enseñarme que la piel donde estaba el tubo ya era una pequeña cicatriz. Que vergüenza sentí; hasta mi cuerpo parecía estar burlándose de mi preocupación. En un segundito se auto-sanó sin nada de drama como quien espera que unos intrusos salgan para rápidamente cerrar las puertas. Una vez removidas esas mangueras, sólo una pequeña gota de sangre era visible en una de las incisiones; la otra cicatriz ni siquiera eso tenía.

Y tan mal pensada que fui al creer que mi sangre iba a correr por todas partes. Pero no me culpen, con tanto asesino suelto mis temores tienen algo de fundamento ¿o no? Lo cierto es que estaba viva, sin un rasguño y me sentía grandiosamente. No en balde los otros doctores me preguntaban si había jalado mis tubos; nunca lo había hecho pero ahora conocía cuan fácil hubiese sido deshacerme de ellos. Probablemente no habría tenido el valor para removerlos; ambos dolían hasta con el más mínimo movimiento. Mi médico de cabecera, el Dr. Salim, había quitado otro de mis tubos en una ocasión previa pero nunca pasó por mi mente encargarme de hacerlo personalmente. Los doctores, sin embargo, eran otra historia; jalar un tubo era una tarea fácil para ellos y sabían que mientras más rápido lo hiciesen menor sería el dolor de su paciente.

El movimiento fue tan veloz que ni siquiera tuve tiempo para pensar en ello; era como remover una curita de tu piel. Si la jalas lentamente duele más, mientras más rápido lo hagas menos duele.

> *204. Con tiempo lucirás mejor;*
> *ignora lo desmejorado que luces ahora.*

Mi salud progresaba diariamente pero mi piel, peso, y cabellos continuaban afectándose dramáticamente con los medicamentos. Estaba perfecta para el papel de un extraterrestre en una película: tenía piernas delgadas, cuerpo extremadamente flaco, baja estatura, una cabeza enorme gracias a la perdida de tanto peso, y la calvicie característica de los extraterrestres Hollywoodenses. Muchos de mis conocidos no podían esconder su sorpresa cuando me visitaban sin avisar y veían mi frágil cuerpo. Hasta un productor primerizo que antes del accidente me había escogido como actriz para su primer película, no pudo disimular su sorpresa cuando vio mi delgado cuerpo al visitarme en casa. El no ocultó su preocupación. Menos mal que nunca he tenido problemas de auto-estima; de lo contrario, la opinión de esta persona me habría afectado grandemente.

Un amigo, que también iba a estar en la misma película, fue rápido en decirme que no prestara atención a este productor pues estaba perfecta para modelar en Milano, su pueblo natal. Se que él estaba exagerando; las modelos en Milán son mas altas, jovencitas y bellísimas pero su elocuente halago era justo lo que mis oídos necesitaban escuchar. Si alguien necesita algunas palabras de aliento para continuar, eso es lo que se le debe dar. Este actor conocía esa simple ley de vida y eso me hizo sentir mejor.

205. Agua sobre una herida
es uno de los mejores métodos para sanarla.

A mediados de enero regresé al hospital, esta vez para anunciar que mis líquidos pancreáticos ya no estaban saliendo y para que mi herida abierta fuera evaluada en la clínica. Con mis líquidos pancreáticos secos, la doctora le dijo a mamá que podía dejar que cerrase la herida; ya no tendría que llenarla con gasa mojada pues las infecciones habían desaparecido. También fui alentada a tomar una ducha y permitir que la herida se limpiase con el agua apuntándole directamente. No estaba tan convencida de empapar la herida con agua pero una vez lo intenté deseé haberlo hecho antes.

Que pena que ninguna de las enfermeras o los doctores me hubiese dicho algo tan sencillo pero tan valioso anteriormente. Supongo que el personal del hospital asume que el paciente está al tanto de este tipo de información que para ellos es tan básica pero para el convaleciente no lo es; quien está enfermo trata de seguir las indicaciones de los doctores y enfermeras al pie de la letra. Por ello, los profesionales de la salud deben siempre orientar a sus pacientes en torno a que hacer para el cuidado de su salud en el hospital y en el hogar aun si dichos consejos podrían interpretarse como simple sentido común. La apariencia de mi piel mejoró dramáticamente con cada ducha y al ver la increíble transformación de mi dermis, no podía evitar preguntarme cuanto mas rápido hubiese sanado si hubiese conocido algo tan simple como el beneficio de apuntar con agua a una herida.

206. El hombre propone, Dios dispone.

Según pasaron los días comencé a ganar mi peso de vuelta lento pero constantemente. La próxima vez que vi al doctor fue en febrero, una fecha que había estado esperando ansiosamente por meses; sería entonces cuando conocería los resultados de mi reciente CAT Scan. Finalmente descubriría el estatus de mi páncreas. Este era el momento decisivo; todo mi ser había esperado por el. Mi corazón estaba latiendo como loco, como si se fuera a salir. Sentía mariposas en el estomago. Luego de tantos meses de cuidado diligente, todos mis amigos y familiares habían estado orando por un milagro final.

¿Se había regenerado mi páncreas milagrosamente aún cuando este órgano no se regenera? ¿Necesitaría otra cirugía para ayudarle a hacer su trabajo? La respuesta vino de uno de mis doctores originales: el Dr. Pierce. Me sentía verdaderamente honrada de verlo una vez más. Que persona tan perfecta para darme la noticia. -¿Habrá otra operación? Fui rápida en preguntarle. -No, a menos que comiences a levantar cosas y te de una hernia. El Dr. Pierce respondió con una amplia y confortante sonrisa.

¡Milagro, milagro! Pensé, anticipando que el CAT Scan había revelado un páncreas regenerado. Con mi corazón latiendo tan rápido como la emoción me dictaba, continué el interrogatorio. -¿Cual es el estado del páncreas? ¿Se regeneró a si mismo? Fanfarria musical esperando en suspenso la respuesta. -No, el páncreas no hace eso. Silencio total por mi parte, actitud de "shock" mientras escucho al doctor y su voz parece desaparecer en la distancia. -Esta aún partido pero parece estar funcionando. Siguió diciendo el doctor Pierce de manera casual y amigable.

Lo miré sorprendida; no podía creer mi suerte. Tenía emociones encontradas; tantas plegarias, cuidado y espera sólo para descubrir que mi páncreas aún estaba colgando dentro de mi cuerpo y partido en dos y ni siquiera sabía cual mitad estaba trabajando y cual no. Lo admito, la reina del drama en mi no podía renunciar a sentirse la víctima. Supongo que lo que me decía el doctor era bueno pero esta era mi historia; quería mi propio final feliz, el que mis familiares, seres queridos y yo habíamos escrito, no el que me había sido designado sin mi consentimiento.

207. Aunque no tengas el control sobre tu destino,
si lo tienes sobre como te sientes.

¿Que significaba esto? Estaba confundida. Alguien escribió otro final para mi historia y no se me había consultado; así no era como vislumbraba este momento. Estaba experimentando tantos sentimientos al mismo tiempo; era como si justo en ese preciso instante sintiese todo lo que experimenté durante mis días en el hospital: la incertidumbre de mi condición, la compasión de los doctores y enfermeras que me cuidaban, mi fe y la de los que me amaban en una cura milagrosa, el dolor de mis momentos mas oscuros, la felicidad de mi supervivencia y la gratitud hacía todos los que me habían ayudado, ahora representados por el Dr. Pierce.

Me sentía tan bendecida y tan abrumada al mismo tiempo que comencé a llorar. Mi amiga Elba estaba a mi lado y lloró conmigo. ¿Recuerdas lo que te dije antes? Se llama empatía femenina y si no se llama así, oficialmente proclamo autoría del concepto. Mi amiga Elba lloró conmigo y no tenía idea de por qué era que lloraba su amiga. Pero ella entendía a las mujeres y nosotras las damas simplemente necesitamos a alguien para compartir nuestro dolor. El doctor tenía la misma mirada atolondrada que mi esposo mostró cuando mi madre y yo lloramos durante la última vez que me dieron de alta. Era un médico pero también era un hombre así que esta chica no esperaba que ese varón entendiera.

Elba, sin embargo, era mujer y entendía y por ello decidió interpretarle al doctor mis lágrimas: -doctor, es que mi amiga... mi amiga... Dijo Elba con gran elocuencia, justo antes de unírseme al coro de lágrimas. Hasta ahí llegó su intención de explicar lo que sucedía con palabras. Con este concierto de lloronas ¿quién le quitaría la cara de asustado al médico? Pobrecito, entre nuestros llantos y nuestro hablar mezclando el inglés y el español, tan común entre Elba y yo pero tan extraño para él medico, lo teníamos loco. Elba entonces decidió tomar control ya que su amiga no podía parar el llanto. Dijo que yo había estado llorando mucho y que pensaba que era por las medicinas que había tomado durante mi tratamiento. También le comunicó al médico cuan difícil y doloroso era aún para mi realizar cosas básicas tales como caminar. Como actividades sencillas tales como estornudar, toser, o incluso bostezar eran bastante dolorosas.

El Dr. Pierce entendió todo; él verdaderamente conocía la condición humana y había tratado a cientos sino a miles de personas con todo tipo de enfermedades. Con una sonrisa compasiva él me explicó que podía regresar a hacer lo que hacía antes del accidente pero debía darle tiempo al cuerpo para sanar, por dentro y por fuera. -Escucha a tu cuerpo. Me dijo, antes de extender mi periodo de incapacidad. Pocos días después un doctor del estado reafirmó mi necesidad de permitirle al cuerpo sanar; era el último paso necesario para aprobar el seguro médico del estado.

Mi familia, mis amigos, y yo habíamos orado por un milagro; todos queríamos que mi páncreas se regenerara. No obstante, Dios, quién es pura luz y sabiduría, respondió de manera diferente. El Todopoderoso dejó mi páncreas partido pero de alguna forma estaba trabajando como si estuviese completo. ¡El milagro se había cumplido! No precisamente como mi familia, amigos, y yo habíamos pedido en nuestras oraciones pero ¿quiénes somos nosotros para decidir como Dios hace los milagros? La verdad es que estoy viviendo día a día con un órgano vital roto que de alguna manera funciona como si estuviese saludable. Fui operada una vez más; tal y como predijo el Dr. Pierce desarrollé una hernia, no porque hubiese levantado nada sino por la dramática incisión que se hizo para salvar mi vida en la primera operación. Estaba mental y físicamente lista para este segundo procedimiento. No tenía miedo; sabía que estaba en manos del Omnipotente. Con este pensamiento fui operada una vez más, un año y un mes después de mi primer intervención. El procedimiento fue un éxito. La hernia fue arreglada; el páncreas aún está partido pero estoy finalmente en paz.

Sé que la vida nunca será la misma para mi pero siento que ahora estoy preparada para enfrentar mucho mas de lo que podía resistir antes del accidente. Mi "tragedia" nos había transformado en personas mas fuertes a mis seres queridos y a mi. El increíble trabajo de los doctores y enfermeras de mi hospital de los milagros, junto al amor y cuidado que he recibido de mi familia y amigos y hasta el apoyo del estado que muchas veces había sido tan frío y que ahora era lo suficientemente atento como para brindarme plan médico para que pudiese sanar, han logrado juntos lo que parecía imposible: brindarme una segunda oportunidad de vivir. ¿A quién le importa si la vida es diferente ahora? Ha cambiado para mejorar; cada herida, puntada, cicatriz, y momento pasado en tratamiento médico ha sido el más grande regalo que he recibido, un obsequio directo de las manos de Dios, un presente de amor y supervivencia, de dolor y sanación, de paciencia, de entendimiento de la condición humana un poco más y en el proceso hacerme más compasiva. Algún día los achaques físicos ya no se sentirán pero la riqueza ganada por mi espíritu vivirá conmigo y con los míos por toda la eternidad.

FIN

Mejor dicho... y fueron felices para siempre.

Mi regalo para ti

Ya que compartiste conmigo un libro tan especial, deseo invitarte a disfrutar de valiosas ofertas en mi página web: www.jackietorres.com

Sobre la autora

Jackie Torres es una comunicadora que se ha destacado como productora, directora, actriz y escritora de cine, televisión y teatro. Sus películas urbanas han sido material de estudio de varias universidades. Sus programas televisivos han logrado los primeros lugares de audiencia. En "Sálvame a mi Primero" Torres usa sus experiencias como comunicadora, como sobreviviente de trauma físico severo, como profesora de comunicaciones en una facultad de teología y como miembro del equipo actoral de entrenamiento a estudiantes de medicina, en una reconocida universidad, para descifrar la manera mas eficiente de comunicarnos con quienes proveen servicio médico, con nuestros seres queridos y con el mundo celestial.

Dedicatoria

Dedicado con todo mi amor a mi madre, Violeta, por darme la felicidad de cuidarme una vez más, tal como cuando era un bebé. Y a todo el mundo que oró por mi y que me ayudó a través del momento más difícil de mi vida hasta ahora, especialmente mis hermanas Janet, Carmen, Omayra, y mi esposo Mario, quién ha sanado casi tan drásticamente como yo.

Reconocimientos

Gracias mil a quienes leyeron mi libro en sus diversas etapas y me proveyeron, en el proceso, sabios consejos: Violeta Milagros Rolón, Janet Torres, Heidi Horst y a mi mas grande crítico y compañero esencial para la publicación de este libro, Mario Ramírez Reyes.

Portada del libro: Mario Ramírez Reyes.

SALVAME A MI PRIMERO

Por Jackie Torres
©Copyright 2016 Library of Congress

Todos los derechos reservados. Este libro está protegido por las leyes de derecho de autor de los Estados Unidos de América. Ninguna parte de este libro puede ser archivada electrónicamente, transmitida, copiada, reproducida, o re-impresa para ganancia comercial o lucrarse sin previo permiso escrito de Editorial Jakmar o Jackie Torres. Peticiones de permiso pueden ser enviadas electrónicamente a jackietorresnet@gmail.com o enviadas a Editorial Jakmar a la dirección provista abajo. Sólo el uso de citas breves o el copiar ocasional de páginas, para estudio personal o de grupo, es permitido sin permiso escrito.

Los datos provistos en este libro están destinados a informar. Su información no debe ser usada para brindar un diagnóstico, algún tratamiento de la salud o alguna receta médica. Para cualquier problema médico se debe consultar a un profesional de la salud y la información aquí expuesta no sustituye una consulta profesional con expertos de la salud y la medicina.

Editorial Jakmar
P.O. Box 2771
Toluca Lake, CA 91610

www.ingramcontent.com/pod-product-compliance
Lightning Source LLC
LaVergne TN
LVHW051540070426
835507LV00021B/2347